Übungsbuch- und Testbuch

Mit Erfolg zum
Goethe-Zertifikat C2: GDS

von

Claudia Boldt
Andrea Frater

 Alles Digitale zu diesem Buch kann auf der Lernplattform **allango** von Ernst Klett Sprachen abgerufen werden. So geht's:

 | QR-Code scannen oder **www.allango.net** aufrufen | Buchtitel oder ISBN in der Suche eingeben und auf das Buchcover klicken | Zum Inhalt navigieren, direkt abrufen oder speichern

Zu diesem Buch auf allango verfügbar: **Audios, Transkriptionen, Antwortbogen, Kopiervorlagen**

Ernst Klett Sprachen
Stuttgart

Mit Erfolg zum
Goethe-Zertifikat C2: GDS
Übungs- und Testbuch

Claudia Boldt und Andrea Frater
unter Mitarbeit von Uta Loumiotis

1. Auflage   1 17 16 15 14 13 | 2029 28 27 26 25

Alle Drucke dieser Auflage sind unverändert und können im Unterricht nebeneinander verwendet werden. Die letzte Zahl bezeichnet das Jahr des Druckes. Das Werk und seine Teile sind urheberrechtlich geschützt. Jede Nutzung in anderen als den gesetzlich zugelassenen Fällen bedarf der vorherigen schriftlichen Einwilligung des Verlags.

© Ernst Klett Sprachen GmbH, 2013
Alle Rechte vorbehalten. Die Nutzung der Inhalte für Text- und Data-Mining ist ausdrücklich vorbehalten und daher untersagt.
www.klett-sprachen.de

Redaktion: Uta Loumiotis
Lektorat: Jürgen Franssen
Herstellung: Claudia Stumpfe
Gestaltung und Satz: Cellworks nmc GmbH
Umschlaggestaltung: Claudia Stumpfe
Druck und Bindung: Salzland Druck, Staßfurt

Printed in Germany
ISBN 978-3-152-675838-3

Inhalt

Vorwort	4
Fragen und Antworten zum Goethe-Zertifikat C2: GDS	4
Fragen und Antworten zu diesem Buch	7
Modul Lesen	8
Aufbau und Aufgabenstellung	8
Lesen Teil 1	10
Beschreibung des Prüfungsteils	10
Schritt für Schritt zur Lösung	10
So sehen die Prüfungsseiten aus	21
Lesen Teil 2	24
Beschreibung des Prüfungsteils	24
Schritt für Schritt zur Lösung	25
So sehen die Prüfungsseiten aus	32
Lesen Teil 3	34
Beschreibung des Prüfungsteils	34
Schritt für Schritt zur Lösung	34
So sehen die Prüfungsseiten aus	46
Lesen Teil 4	49
Beschreibung des Prüfungsteils	49
Schritt für Schritt zur Lösung	50
So sehen die Prüfungsseiten aus	57
Modul Hören	60
Aufbau und Aufgabenstellung	60
Hören Teil 1	62
Beschreibung des Prüfungsteils	62
Schritt für Schritt zur Lösung	63
So sehen die Prüfungsseiten aus	66
Hören Teil 2	68
Beschreibung des Prüfungsteils	68
Schritt für Schritt zur Lösung	69
So sehen die Prüfungsseiten aus	72
Hören Teil 3	73
Beschreibung des Prüfungsteils	73
Schritt für Schritt zur Lösung	74
So sehen die Prüfungsseiten aus	80
Modul Schreiben	82
Aufbau und Aufgabenstellung	82
Schreiben Teil 1	84
Beschreibung des Prüfungsteils	84
Schritt für Schritt zur Lösung	85
So sehen die Prüfungsseiten aus	96
Schreiben Teil 2	97
Beschreibung des Prüfungsteils	97
Schritt für Schritt zur Lösung	98
So sehen die Prüfungsseiten aus	107
Modul Sprechen	110
Aufbau und Aufgabenstellung	110
Sprechen Teil 1	113
Beschreibung des Prüfungsteils	113
Schritt für Schritt zur Lösung	114
So sehen die Prüfungsseiten aus	119
Sprechen Teil 2	121
Beschreibung des Prüfungsteils	121
Schritt für Schritt zur Lösung	122
So sehen die Prüfungsseiten aus	127
Modelltest 1	130
Lesen	130
Hören	142
Schreiben	147
Sprechen	150
Modelltest 2	152
Lesen	152
Hören	164
Schreiben	169
Sprechen	172
Lösungen und Kommentare: Übungsteil	174
Lösungen: Modelltest 1 und 2	180
Transkriptionen des Übungsteils	181
Übersicht der Audio-Dateien	192

Vorwort

Liebe Benutzer und Benutzerinnen dieses Übungs- und Testbuches,

Sie verfügen bereits über Deutschkenntnisse auf hohem Niveau, und Ihr Ziel ist es nun, sich mit diesem Übungs- und Testbuch auf die Prüfung „Goethe-Zertifikat C2: Großes Deutsches Sprachdiplom" vorzubereiten. Bevor Sie mit der Arbeit beginnen, finden Sie an dieser Stelle Antworten auf Ihre Fragen zur Prüfung und zur Arbeit mit diesem Buch.

Fragen und Antworten zum „Goethe-Zertifikat C2: Großes Deutsches Sprachdiplom"

Was ist das „Goethe-Zertifikat C2: GDS"?

Das „Goethe-Zertifikat C2: GDS" wurde vom Goethe-Institut entwickelt und dokumentiert Kenntnisse des Deutschen auf dem Niveau C2 (Gemeinsamer Europäischer Referenzrahmen für Sprachen*). Im Einzelnen bedeutet das, dass Sie

- annähernd muttersprachliche Kenntnisse besitzen.

- praktisch alles, was Sie lesen oder hören, mühelos verstehen können.

- Informationen aus verschiedenen schriftlichen und mündlichen Quellen zusammenfassen und dabei Begründungen und Erklärungen in einer zusammenhängenden Darstellung wiedergeben können.

- sich spontan, sehr flüssig und genau ausdrücken und auch bei komplexeren Sachverhalten feinere Bedeutungsnuancen deutlich machen können*.

Wie sieht die Prüfung aus?

Die Prüfung besteht aus vier Modulen – Lesen, Hören, Schreiben und Sprechen –, die einzeln, in Kombination oder als Ganzes abgelegt werden können. Jedes Modul besteht aus mehreren Teilen, und es können in jedem Modul jeweils maximal 100 Punkte erreicht werden. Die Bestehensgrenze liegt jeweils bei 60%, es müssen also pro Modul mindestens 60 Punkte erreicht werden.

*Gemeinsamer Europäischer Referenzrahmen für Sprachen: lernen, lehren, beurteilen. Europarat. Rat für kulturelle Zusammenarbeit. Berlin/ München u.a.: Langenscheidt 2001 / Ernst Klett Sprachen 2013

Übersicht über die Module

Modul	Prüfungsziel	Anzahl der Teile	Höchstpunktzahl	Bearbeitungszeit in Minuten
Lesen		4	100	80
Teil 1	Verstehen von Meinungen, Einstellungen, Hauptaussagen, Einzelinformationen, impliziten Bedeutungen		40	25
Teil 2	Verstehen von Hauptaussagen		18	20
Teil 3	Erkennen der Textstruktur		18	25
Teil 4	Schnelle, selektive Entnahme von detaillierten Informationen		24	10
Hören		3	100	circa 35
Teil 1	Verstehen von Hauptaussagen und Einzelinformationen		30	circa 12
Teil 2	Verstehen von explizit und implizit geäußerten Standpunkten und Meinungen		20	circa 5
Teil 3	Verstehen von Hauptaussagen, Einzelinformationen und Meinungen		50	circa 20
Schreiben		2	100	80
Teil 1	Sprachliche Varianten formulieren		20	20
Teil 2	Informationen referieren, erklären, vergleichen, Meinungen äußern und begründen, abwägen, argumentieren, Empfehlungen geben, überzeugen		80	60
Sprechen		2	100	15
Teil 1	Produktion: monologisches Sprechen zu einem Thema		50	10
Teil 2	Interaktion: dialogisches Sprechen zu einem Thema		50	5

Vorwort

Welche Themen, welcher Wortschatz, welche Grammatik werden in der Prüfung verlangt?

Die Themen des Goethe-Zertifikats C2: GDS umfassen alle Bereiche des öffentlichen und privaten Lebens. Somit erübrigt sich eine Aufzählung der Themen. Der Inhalt der Texte orientiert sich an dem Wissen allgemein gebildeter Zeitungsleserinnen und -leser, wobei Weltwissen und Vertrautheit mit der europäischen Lebenswelt vorausgesetzt werden. Fachwissen wird jedoch nicht verlangt.

Von den Prüfungsteilnehmern wird ein reicher Wortschatz erwartet, der sie in die Lage versetzt, sich differenziert und flüssig auszudrücken und Texte ohne Wörterbuch zu erschließen.

Die grammatischen Strukturen der deutschen Sprache sollten sicher beherrscht werden und mit einer hohen Flexibilität eingesetzt werden können.

Welche Hilfsmittel darf man in der Prüfung benutzen?

Hilfsmittel wie Wörterbücher, Mobiltelefone und elektronische Geräte allgemein sind nicht erlaubt.

Wichtiger Hinweis!

Die Antwortbögen dürfen nur mit Kugelschreiber beschrieben werden. Mit Bleistift ausgefüllte Antwortbögen werden nicht korrigiert bzw. bewertet!

Wie wird das Prüfungsergebnis berechnet?

In jedem Modul sind maximal 100 Punkte erreichbar. Sind 60 %, also 60 Punkte erreicht, ist das Modul bestanden. Die Noten errechnen sich wie folgt:

100 – 90 Punkte = sehr gut
 89 – 80 Punkte = gut
 79 – 70 Punkte = befriedigend
 69 – 60 Punkte = ausreichend

Wie oft kann man die Prüfung wiederholen?

Sie können die Prüfung beliebig oft, entweder als Ganzes oder in Modulen, wiederholen.

Wie können Sie sich auf die Prüfung vorbereiten?

Sie können einen C2-Kurs besuchen. Aber auch dieses Übungsbuch bereitet Sie umfassend auf die Prüfung vor. Darüber hinaus sollten Sie in den Wochen vor der Prüfung so viel wie möglich Deutsch lesen, hören und sprechen.

Fragen und Antworten zu diesem Übungs- und Testbuch

Was finden Sie in diesem Übungs- und Testbuch?

Das Buch bereitet Sie optimal auf die Prüfung vor.

Jedem Modul ist ein eigenes Kapitel gewidmet. Zu Beginn finden Sie ausführliche Informationen darüber, was Sie wissen und können müssen. Dann beginnt das Schritt-für-Schritt-Trainingsprogramm: „So geht´s". Es enthält Informationen und Übungen zu den verschiedenen Aufgabentypen der Prüfung, zahlreiche Übungen zu sprachlichen und inhaltlichen Details und Hinweise, wie Sie in der Prüfung Schritt für Schritt vorgehen können. Dazu gibt es Tipps zur Vorbereitung auf die Prüfung und Vorschläge für den besten Lösungsweg: Es schließen sich danach jeweils drei Übungsaufgaben an. Am Ende des Buches finden Sie **zwei komplette Modelltests,** die Sie mit Hilfe der in dem Buch vermittelten Informationen Schritt für Schritt lösen können. Die Modelltests umfassen alle Module der Prüfung „Goethe-Zertifikat C2: GDS": Lesen, Hören, Schreiben und Sprechen. Antwortbögen finden Sie auf allango (siehe Erklärung auf S. 1).

Im Anhang finden Sie darüber hinaus einen Lösungsschlüssel mit Kommentaren sowie die **Transkription der Hörtexte** und eine **Übersicht der Audio-Dateien** (S. 192), die Sie alle auf allango finden.
Zusätzlich stehen Ihnen auf allango zum Modul Sprechen **Argumentationskärtchen** und zum Modul Schreiben **Beispielaufsätze** bzw. zwei korrigierte Aufsätze zur Verfügung. Die **Antwortbögen** zu sämtlichen Modulen finden Sie ebenfalls auf allango.

Wie können Sie mit dem Übungs- und Testbuch arbeiten?

- Sie können das Übungs- und Testbuch von vorne nach hinten durcharbeiten. Sie können aber auch „querlesen", d.h. jeden Prüfungsteil einzeln herausgreifen und bearbeiten, denn jedes Kapitel enthält alle Informationen und Aufgaben, die für diesen Prüfungsteil wichtig sind.
- Beginnen Sie nicht erst ein paar Tage vor der Prüfung mit der Erarbeitung dieses Übungsbuches, sondern planen Sie langfristig.
- Schauen Sie erst dann in die Lösungen, wenn Sie mit einer Übung fertig sind und Ihnen auch bei längerem Nachdenken nichts eingefallen ist. Auch in der Prüfung müssen Sie die Lösungen ganz allein finden.

Mit Hilfe dieses Übungs- und Testbuches können Sie ...

- erproben, ob Ihre Deutschkenntnisse dem Prüfungsniveau entsprechen,
- sich mit den Prüfungsformen und Aufgabenstellungen vertraut machen,
- sich in einige Prüfungsthemen einarbeiten,
- Ihre Lösungen überprüfen,
- sich die zeitökonomischsten Lösungsstrategien aneignen,
- insgesamt Ihre Lösungskompetenz mit Hilfe der Kommentare verbessern,
- Ihre Schwachstellen, welche die Grammatik und den Wortschatz betreffen, aufdecken, um danach gegebenenfalls weiteres Übungsmaterial heranziehen zu können.

Viel Erfolg bei der Arbeit mit diesem Buch und natürlich auch bei der Prüfung wünschen Ihnen
Verlag und Autorinnen!

Modul Lesen

Beschreibung des Moduls

Übergreifendes Prüfungsziel

Das Modul Lesen besteht aus vier Teilen mit unterschiedlichen Aufgaben. Dabei sollen Sie zeigen, dass Sie

- in kurzer Zeit größere Textmengen bewältigen und mit verschiedenen Textsorten umgehen können.
- Hauptaussagen, Meinungen und Einstellungen, Einzelinformationen und implizite Bedeutungen verstehen können.
- die Struktur eines Textes erkennen und in sehr kurzer Zeit einem Text selektiv detaillierte Informationen entnehmen können.
- sowohl den Gesamtzusammenhang als auch Einzelheiten verstehen können.
- verschiedene Lesestile zielgerecht einsetzen können.

Die Ziele entsprechen dem Niveau C2 des Gemeinsamen Europäischen Referenzrahmens für Sprachen (GER):

- Ich kann ein breites Spektrum anspruchsvoller, längerer Texte verstehen und auch implizite Bedeutungen verfassen.
- Ich kann praktisch jede Art von geschriebenen Texten mühelos lesen, auch wenn sie abstrakt oder inhaltlich und sprachlich komplex sind, z. B. Handbücher, Fachartikel und literarische Werke.
- Ich kann lange, komplexe Sachtexte und literarische Texte verstehen und Stilunterschiede wahrnehmen.
- Ich kann Fachartikel und längere technische Anleitungen verstehen, auch wenn sie nicht in meinem Fachgebiet liegen.

Die Aufgaben

Modul Lesen, Teil 1
Sie erhalten ein vierseitiges Aufgabenblatt mit einem Sachtext oder Kommentar von circa 1000 Wörtern und dazu 10 viergliedrige Multiple-Choice-Aufgaben sowie ein Beispiel.

Indem Sie entscheiden, welche der in den Multiple-Choice-Aufgaben genannten Aussagen den Text adäquat wiedergibt, zeigen Sie, dass Sie sowohl Meinungen und Einstellungen verstehen können als auch die Hauptaussagen im Text ebenso erkannt haben wie auch Einzelaussagen und implizite Bedeutungen.

Modul Lesen, Teil 2
Sie erhalten ein zweiseitiges Aufgabenblatt mit 8 Aussagen und einem Beispiel sowie einem Text von circa 700 Wörtern, dem die Aussagen zugeordnet werden müssen, wobei zwei Aussagen nicht passen.

Indem Sie entscheiden, welche Aussage zu welchem Abschnitt des Textes passt, zeigen Sie, dass Sie die Hauptaussagen in einem Sachtext erkennen und zuordnen können.

Modul Lesen, Teil 3
Sie erhalten ein Aufgabenblatt mit einer Reportage von circa 1000 Wörtern, aus der 6 Textabschnitte entfernt wurden und ein Blatt mit 7 Textabschnitten, die in die Lücken einzusetzen sind. Ein Textabschnitt lässt sich nicht zuordnen und ein Textabschnitt ist bereits als Beispiel eingefügt.

Indem Sie entscheiden, welcher Abschnitt an welcher Stelle des Textes einzusetzen ist, zeigen Sie, dass Sie den Aufbau und den logischen Zusammenhang in dem Text erfasst haben und dass Ihnen Bezüge und Verbindungswörter geläufig sind.

Modul Lesen, Teil 4

Sie erhalten ein Aufgabenblatt mit 8 Aussagen und einem Beispiel sowie zwei Seiten mit 4 Zeitungsanzeigen (insgesamt circa 800 Wörter), denen die Aussagen zuzuordnen sind. Jede Aussage trifft nur auf eine Anzeige zu, aber jeder Anzeige lassen sich unter Umständen mehrere Aussagen zuordnen.

> Indem Sie entscheiden, welche Aussagen auf welche Anzeige zutreffen, zeigen Sie, dass Sie einen Text in kurzer Zeit überfliegen und ihm dabei selektiv detaillierte Informationen entnehmen können.

Dauer

- Für die Lösung des Moduls Lesen haben Sie **insgesamt 80 Minuten** Zeit. Innerhalb der 80 Minuten müssen Sie auch Ihre Lösungen auf den Antwortbogen übertragen.

Bewertung

Im Modul Lesen können Sie maximal 100 Punkte bekommen. Bestanden haben Sie das Modul Lesen, wenn Sie mindestens 60 Punkte (= 60%) erreicht haben.

Wichtige Hinweise

- Sie müssen die Lösungen auf einen separaten Antwortbogen* übertragen. Nur dieser Antwortbogen wird ausgewertet. Die Zeit dafür ist in dem vorgegebenen Zeitrahmen bereits enthalten, d.h. Sie erhalten dafür keine Extra-Zeit.

- Markieren Sie Ihre Lösungen nur mit **Kugelschreiber**. Antwortbögen, die mit Bleistift ausgefüllt werden, werden nicht korrigiert.

- Wörterbücher, elektronische Hilfsmittel sowie Mobiltelefone sind während der gesamten Prüfung nicht erlaubt.

Überblick über die Teile des Moduls Lesen

Teil	Textsorte	Aufgabentyp	Aufgabenzahl	Bearbeitungszeit	Punkte
Modul Lesen Teil 1	Kommentar / Stellungnahme	Multiple Choice (4-gliedrig)	10 Aufgaben	25 Min.	40
Modul Lesen Teil 2	Sachtext	Zuordnung	6 Aussagen	20 Min.	18
Modul Lesen Teil 3	Reportage	Lückentext (Textrekonstruktion)	6 Textabschnitte	25 Min.	18
Modul Lesen Teil 4	Anzeigen, Auszüge aus Informations- und Werbematerialien bzw. Broschüren	Zuordnung	8 Aussagen	10 Min.	24
			Dauer: 80 Minuten		

*Antwortbögen zu allen Modulen finden Sie unter auf allango.

Modul Lesen, Teil 1

Beschreibung des Prüfungsteils

Was bekommen Sie?

- Sie erhalten:
    - ein Aufgabenblatt mit einem Beispiel und zehn Multiple-Choice-Aufgaben mit jeweils vier Antwortoptionen.
    - einen Text (Stellungnahme/Kommentar zu einem gesellschaftlich relevanten Thema) im Umfang von circa 1000 Wörtern.

Was sollen Sie tun?

- Sie sollen entscheiden, welche der vier Antwortoptionen (**a**, **b**, **c** oder **d**) den Textinhalt adäquat wiedergibt. Achtung: Das Beispiel (0) ist bereits zugeordnet!

Was wird geprüft?

- In dem Teil wird Ihre Fähigkeit geprüft, in einem Text sowohl **Hauptaussagen**, **geäußerte Meinungen** und **Einstellungen** als auch **implizite**, also nicht eindeutig geäußerte **Ansichten** zu verstehen. Außerdem sollen Sie zeigen, dass Sie auch **wichtige Einzelinformationen** im Text erkennen und verstehen können.

Dauer

- Für die Lösung dieser Aufgabe haben Sie 25 Minuten Zeit.

Wie wird diese Aufgabe bewertet?

- Sie erhalten für jede richtige Lösung einen Punkt. Die erreichte Punktzahl wird mit vier multipliziert. Das Maximum für diesen Prüfungsteil sind also vierzig Punkte.

Überblick über das Modul Lesen, Teil 1

	Prüfungsziele	Textsorte	Aufgabentyp	Aufgabenzahl	Punkte
Lesen Teil 1	Verstehen von Meinungen und Einstellungen, Hauptaussagen, Einzelinformationen und impliziten Bedeutungen	Kommentar/ Stellungname	Multiple-Choice (viergliedrig)	10	40

Schritt für Schritt zur Lösung

In den folgenden Abschnitten lernen Sie, wie Sie bei der Lösung dieser Aufgabe Schritt für Schritt vorgehen können. Wir beschreiben zunächst den Lösungsweg 1.

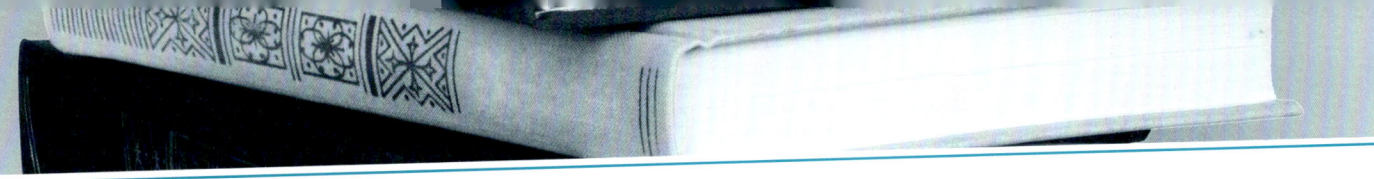

Lösungsweg 1

Text durchlesen, Schlüsselwörter und Aussagen markieren

1. Bearbeitungsschritt

1. Lesen Sie sich folgenden Text einmal ganz durch und markieren Sie beim Lesen Schlüsselwörter bzw. wichtige Aussagen.

Gesundheit in Bewegung

„Es gibt kein Medikament und keine Maßnahme, die einen vergleichbaren Effekt hat wie das körperliche Training. Gäbe es ein solches Medikament mit
5 solch hervorragenden Wirkungen und quasi ohne Nebenwirkungen, wäre jeder Arzt gehalten, es zu verschreiben." (Prof. Wildor Hollmann, Sportmediziner)

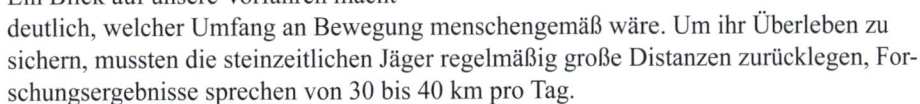

10 Der Mensch ist ein Bewegungswesen. Ein Blick auf unsere Vorfahren macht deutlich, welcher Umfang an Bewegung menschengemäß wäre. Um ihr Überleben zu sichern, mussten die steinzeitlichen Jäger regelmäßig große Distanzen zurücklegen, Forschungsergebnisse sprechen von 30 bis 40 km pro Tag.

15 Die körperlichen Anlagen des Menschen haben sich in den folgenden Jahrtausenden nur wenig verändert, und es ist deshalb plausibel, dass Trägheit auch uns heutigen Menschen nicht bekommt. Um gesund zu bleiben, ist ein Minimum an körperlicher Aktivität unbedingt erforderlich. Der Bundesgesundheitssurvey spricht davon, dass über alle Altersklassen hinweg gerade einmal 13% aller Deutschen die Voraussetzungen einer aus-
20 reichenden körperlichen Betätigung erfüllen.

Diese selbstverschuldete Untätigkeit hat dramatische Auswirkungen: Körperliche Inaktivität zählt die Weltgesundheitsorganisation heute zu den meist verbreiteten gesundheitlichen Risiken in den Industrieländern. Damit wird Inaktivität als ähnlich riskant bewertet wie das Übergewicht oder das Rauchen.

25 Auf der anderen Seite senken gute Fitness und regelmäßige körperliche Aktivität die Gesamtsterblichkeit und tragen zu einem längeren Leben bei. Aktive Menschen erkranken seltener an den so genannten Zivilisationskrankheiten. Dies gilt für Männer wie für Frauen und ist unabhängig von genetischen Faktoren und dem Alter. Auch eine spätere Veränderung des Lebensstils lohnt sich also noch. Je höher das Ausmaß der körper-
30 lichen Aktivität, das belegen die entsprechenden Forschungsdaten, desto deutlicher fällt die Senkung der Mortalität aus.

Was müssen wir also tun, um - in Anlehnung an ein bekanntes Zitat - dem Leben nicht nur mehr Jahre, sondern den Jahren mehr Leben zu geben? Die Antwort ist einfach und
35 lautet: wir müssen uns mehr bewegen – aber wie kann das aussehen? Beginnen kann man schon bei den Alltagsaktivitäten: im Garten arbeiten, mit den Kindern toben oder ein regelmäßiger, strammer Spaziergang. Und natürlich die eigenen transportbezogenen Gewohnheiten unter die Lupe nehmen: Treppen statt Aufzug oder Rolltreppe benutzen und das Auto mal stehen lassen und zu Fuß gehen oder mit dem Fahrrad fahren.
40 Damit ist schon eine Menge erreicht, aber ausreichend ist dies sicher noch nicht. Zusätzlich zur normalen Alltagsaktivität wird ein Kalorienverbrauch von 800-1000 kcal pro Woche als gesundheitlich relevante Minimalbeanspruchung empfohlen. Erst ein regelmäßiges körperliches Training stellt also einen zuverlässigen Schutzfaktor dar. Wie muss nun aber dieser Sport aussehen, um seine präventiven Wirkungen entfalten zu
50 können? Denn nicht jeder Sport ist, wie man weiß, per se gesund.

Modul Lesen, Teil 1

Zunächst einmal gilt: einmal ist besser als keinmal, auch wenn die Trainingswissenschaft mindestens drei Einheiten pro Woche empfiehlt und diese auch anzustreben sind. Aber das kommt möglicherweise von ganz allein, wenn ein wichtiges didaktisches Prinzip beachtet wird: auch Gesundheitssport soll Spaß machen. Denn Menschen sind und bleiben nur
55 dann motiviert, wenn sie mit Freude trainieren. So kann auch die eine oder andere Anfangsschwierigkeit überwunden werden.

Wichtige Inhalte präventiver Sportprogramme sind Ausdauertraining, Kraft- und Beweglichkeitstraining sowie Koordinations- und Entspannungstraining. Ein moderates Ausdauer-
60 training, z.B. durch Sportarten wie Laufen, Schwimmen, Radfahren oder Skilanglauf, wirkt sich positiv auf das Herz-Kreislauf-System aus, verbessert die Blutfettwerte und senkt den Blutdruck. Es beugt somit verschiedenen sogenannten Wohlstandskrankheiten vor, stärkt das Immunsystem und bessert erwiesenermaßen bereits eingetretene körperliche Beeinträchtigungen. Dabei entfaltet sich seine gesundheitsprotektive, ja sogar heilende Wirkung,
65 was für den Gesundheitssport ganz allgemein gilt, aber erst dann, wenn er kontinuierlich und langfristig betrieben wird.

Ab dem 25. Lebensjahr verlieren wir ohne entsprechende Gegenmaßnahmen etwa ein Prozent unserer Muskelmasse pro Jahr. Gerade die Rumpfmuskulatur, die den aufrechten Gang ermöglicht, neigt zur Abschwächung. Als Folge treten häufig funktionale Beschwerden auf,
70 die mit Massagen allein nicht wirksam behandelt werden können. Ein wohldosiertes Krafttraining bewirkt eine Stabilisierung und Sicherung der Wirbelsäule, schützt zudem vor Osteoporose und stellt ein wichtiges Element der Sturzprophylaxe dar.

Auch das Koordinationstraining ist in diesem Zusammenhang von großer Bedeutung, trägt es doch dazu bei, den Alltag selbständig und sicher bis ins Alter bewältigen zu können.
75 Das komplexe Zusammenspiel von Nervensystem und Muskulatur, das unsere Bewegung überhaupt erst ermöglicht, muss regelmäßig trainiert werden, damit es zuverlässig funktioniert. Wir alle wissen, wie schwierig es ist, eine neue Bewegung zu erlernen - zum Beispiel Schlittschuhlaufen -, wie oft man probieren und üben muss und zwischendurch immer wieder hinfällt, bis sich ein stabiles Bewegungsmuster herausgebildet hat. Wird dieses System
80 nicht mehr beansprucht, geht auch die Bewegungskoordination und damit die Körperbeherrschung zunehmend verloren.

Durch ein gezieltes Training der Beweglichkeit und der Dehnfähigkeit lassen sich ungünstige Alltagshaltungen und einseitige Beanspruchungen - der moderne Mensch verbringt den größten Teil seines Tages im Sitzen - kompensieren. Damit kann die natürliche Bewe-
85 gungsfähigkeit erhalten und einer Einschränkung der Alltagsmotorik vorgebeugt werden. Der Stellenwert von Entspannungsübungen schließlich erklärt sich angesichts unserer immer hektischer werdenden Arbeitswelt und dem Dauerfeuer moderner Kommunikationsmedien fast von selbst. Eine breite Palette verschiedenster Möglichkeiten bietet sich dem Interessierten, dem Einsichtigen. Angefangen bei Yoga und autogenem Training über progres-
90 sive Muskelentspannung bis zu Meditationsübungen und Achtsamkeitstraining stehen eine Vielzahl von Kursen und Selbstlernbüchern zur Verfügung.

Ergänzend nämlich zu den vor allem auf physische Aspekte bezogenen Trainingswirkungen werden durch den so genannten Gesundheitssport auch psychosoziale Gesundheitsressourcen gefördert. Dazu gehören ein verbessertes Stimmungsmanagement, denn Sport hebt
95 erwiesenermaßen die Stimmung und beugt Depressionen vor, und der Erwerb von Handlungs- und Kompetenzwissen als Voraussetzung für ein gesundheitsförderndes Alltagsverhalten. Durch Zunahme der Beweglichkeit und durch die Entstehung eines neuen Körperbewusstseins kommt es zur Entwicklung eines positiven Körperkonzepts. Durch die Erfah-
100 rung, dass für unerreichbar gehaltene Ziele machbar wurden, entsteht die Entwicklung von Selbstwirksamkeitsüberzeugungen sowie durch Sport in der Gruppe die Erfahrung von sozialer Kompetenz und Einbindung.

Das Engagement für das eigene Wohlbefinden und die eigene Gesundheit ist wichtiger Bestandteil einer selbstbestimmten Lebensgestaltung. Deshalb sollten Sport und Bewegung im
105 Alltag einen selbstverständlichen Platz einnehmen.

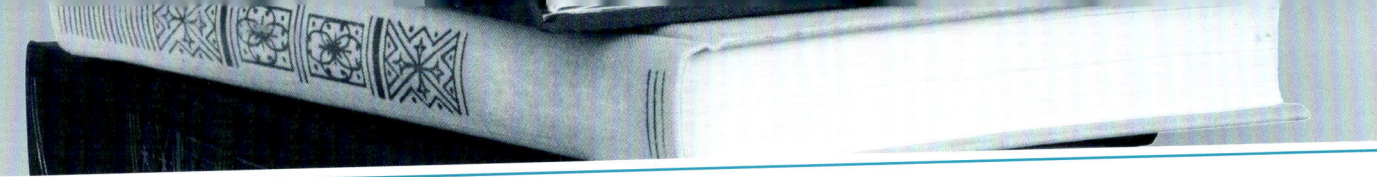

Sie haben nun die Schlüsselwörter und Aussagen markiert. Den ersten Absatz betreffend könnte das folgendermaßen aussehen:

Der Mensch ist ein Bewegungswesen. Ein Blick auf unsere Vorfahren macht deutlich, welcher Umfang an Bewegung menschengemäß wäre. Um ihr Überleben zu sichern, mussten die steinzeitlichen Jäger regelmäßig große Distanzen zurücklegen, Forschungsergebnisse sprechen von 30 bis 40 km pro Tag.
Die körperlichen Anlagen des Menschen haben sich in den folgenden Jahrtausenden nur wenig verändert, und es ist deshalb plausibel, dass Trägheit auch uns heutigen Menschen nicht bekommt. Um gesund zu bleiben, ist ein Minimum an körperlicher Aktivität unbedingt erforderlich. Der Bundesgesundheitssurvey spricht davon, dass über alle Altersklassen hinweg gerade einmal 13% aller Deutschen die Voraussetzungen einer ausreichenden körperlichen Betätigung erfüllen.
Diese selbstverschuldete Untätigkeit hat dramatische Auswirkungen: Körperliche Inaktivität zählt die Weltgesundheitsorganisation heute zu den meist verbreiteten gesundheitlichen Risiken in den Industrieländern. Damit wird Inaktivität als ähnlich riskant bewertet wie das Übergewicht oder das Rauchen.

Gesamtaussage des Textes erkennen

2. Bearbeitungsschritt

So geht´s

Formulieren Sie in eigenen Worten die Gesamtaussage des Textes. Was möchte die Autorin/ der Autor uns mit ihrem/seinem Text mitteilen?
Besonders hilfreich sind dabei häufig der Schluss des Textes und der Titel.
In welchem Bezug steht der Titel des Textes zur Gesamtaussage?

Im vorliegenden Text ergänzen sich Titel und Schluss: Es geht um Engagement für die Gesundheit, und Engagement bedeutet schließlich immer „Bewegung in etwas bringen", also „Gesundheit in Bewegung" im doppelten Sinne, da wiederum Bewegung gesund hält.

Markieren der Schlüsselwörter in Items und Antwortoptionen

3. Bearbeitungsschritt

So geht´s

2. Lesen Sie nun die Items und die Antwortoptionen genau durch. Unterstreichen Sie die Schlüsselwörter.

Hierbei ist es wichtig zu wissen, dass
→ die Items mit dem Text „mitlaufen".
→ sich das Beispiel auf die ersten Informationen im Text bezieht, die dann nicht noch einmal abgefragt werden.

Anhand des Beispiel-Items lässt sich veranschaulichen, wie Sie dabei vorgehen:
So markieren Sie die Schlüsselwörter:

TIPP: In der Prüfung werden Sie kaum Zeit finden, Schlüsselwörter und Aussagen zu markieren. Wenn Sie das jedoch während der Zeit Ihrer Vorbereitung auf die Prüfung an Zeitungsartikeln immer wieder üben, trainieren Sie Ihren Blick für das Wesentliche.

Beispiel

0 Der Sportmediziner Hollmann glaubt, dass
- ☐ a körperliches Training in seinen Nebenwirkungen absolut einzigartig ist.
- ☐ b jeder Arzt gerne Sport als ein ausgezeichnetes Medikament verschreibt.
- ☐ c sich die Wirkung von Sport mit der keines Medikaments vergleichen lässt.
- ☐ d sich der Effekt des körperlichen Trainings nicht verschreiben lässt.

Modul Lesen, Teil 1

4. Bearbeitungsschritt   Vergleich der Aussagen des Items mit denen des Textabschnittes

So geht´s

Nun vergleichen Sie die in dem Item enthaltenen Aussagen mit dem Text, im Falle des Beispiels mit dem ersten Absatz.

„Es gibt kein Medikament und keine Maßnahme, die einen vergleichbaren Effekt hat wie das körperliche Training. Gäbe es ein solches Medikament mit solch hervorragenden Wirkungen und quasi ohne Nebenwirkungen, wäre jeder Arzt gehalten, es zu verschreiben." (Prof. Wildor Hollmann, Sportmediziner)

↳ Aussage „a" kann nicht richtig sein, da im Text ja gerade gesagt wird, Sport habe <u>keine</u> Nebenwirkungen.
↳ Aussage „b" ist ebenfalls falsch, da Sport kein Medikament ist und auch im Text gesagt wird, dass jeder Arzt ein so wirkendes Medikament gern verschreiben würde, wenn es ein solches gäbe, was in der Realität also nicht der Fall ist.
↳ Aussage „c" ist richtig, denn es wird ja im Irrealis gesagt: „Gäbe es ein solches Medikament" mit der Wirkung von körperlichem Training. Es gibt also kein solches Medikament und damit lässt sich in der Realität die Wirkung von Sport nicht mit der eines Medikaments vergleichen.
↳ Aussage „d" ist falsch, da im Text nichts über das Verschreiben eines Effekts gesagt wird.

3. Üben Sie den 4. Bearbeitungsschritt anhand der weiteren Items:

1 Die Ähnlichkeit des modernen Menschen mit seinen steinzeitlichen Vorfahren bedeutet,
- [ ] a dass es dem Menschen entspricht, auch heutzutage 30 bis 40 km pro Tag zu laufen.
- [ ] b dass der moderne Mensch, um gesund zu bleiben, Bewegung braucht.
- [ ] c dass der Mensch sich von der Steinzeit bis heute physisch nur wenig entwickelt hat.
- [ ] d dass der moderne Mensch sein Überleben durch tägliches Laufen sichern muss.

2 Der Mangel an körperlicher Aktivität
- [ ] a ist bei 13 % aller jungen Deutschen festzustellen.
- [ ] b führt zu Fettleibigkeit und Nikotinsucht.
- [ ] c gefährdet extrem die Gesundheit.
- [ ] d ist ein Merkmal der Industrieländer.

3 Je mehr Sport in einer Gesellschaft getrieben wird, desto
- [ ] a höher ist die Lebenserwartung ihrer Individuen.
- [ ] b stärker verändert sich der Lebensstil.
- [ ] c seltener treten erblich bedingte Krankheiten auf.
- [ ] d weniger wird der Mensch von seinen Genen abhängig.

4 Um länger und besser zu leben, ist
- [ ] a es ausreichend, die Struktur des Alltags zu überdenken.
- [ ] b es gut, täglich 1000 Kalorien zu verbrauchen.
- [ ] c nicht jede Sportart anspruchsvoll genug.
- [ ] d nur regelmäßiger Sport von vorbeugender Wirkung.

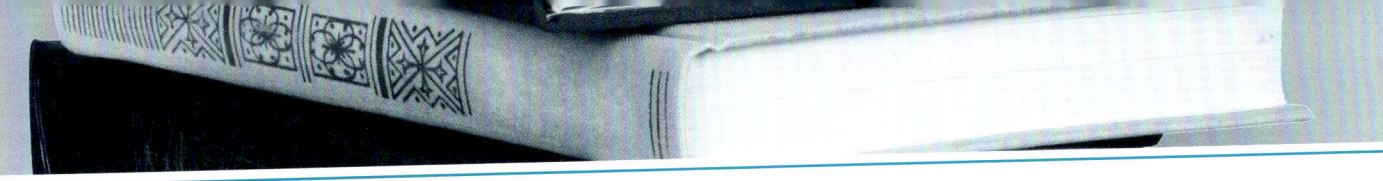

5 Sport wirkt nur präventiv, wenn man
- a mindestens dreimal wöchentlich trainiert.
- b unter didaktisch wertvoller Anleitung trainiert.
- c die Probleme zu Beginn gespürt hat.
- d durch Freude an der Bewegung motiviert bleibt.

6 Ausdauertraining als Teil eines Sportprogramms
- a wirkt positiv, sowohl prophylaktisch als auch therapeutisch.
- b beugt den Nachteilen ausgeprägten Wohlstands vor.
- c beeinträchtigt die Abwehrkräfte nicht.
- d entfaltet als Gesundheitssport allgemeine Wirkungen.

7 Wenn wir nichts für unsere Fitness tun,
- a verlieren wir schnell an Muskelmasse.
- b treten oft körperliche Beeinträchtigungen auf.
- c muss der Stützapparat stabilisiert werden.
- d stellt sich häufig früh Osteoporose ein.

8 Der moderne Mensch muss dafür sorgen, dass er
- a seine natürliche Bewegungsfähigkeit wieder herstellt.
- b im Alltag nicht nur eine Körperseite beansprucht.
- c den Alltag nicht sitzend verbringt.
- d seine falsche bzw. ungünstige Körperhaltung ausgleicht.

9 Entspannungsübungen
- a erweisen sich automatisch als unverzichtbar.
- b kann man anhand von Sachbüchern lernen.
- c sind in einem Alltag ohne Ruhe und Muße besonders wichtig.
- d erlernt man am besten in Kursen.

10 Durch Sport werden psychosoziale Gesundheitsressourcen gefördert, indem die Menschen lernen,
- a ihr seelisches Befinden zu verstehen und zu beeinflussen.
- b allgemein zu erkennen, was sie tun können.
- c sich auf ihren eigenen Körper zu konzentrieren.
- d eigene Überzeugungen zu entwickeln.

Lösungsweg 2

So geht's

Thema des Textes erfassen   1. Bearbeitungsschritt

1. Beachten Sie den Titel und den ersten Satz des Textes. Überlegen Sie, worum es in dem Text geht.

2. Lesen Sie den Text einmal ganz durch, ohne an schwierig erscheinenden Stellen länger zu verweilen. Versuchen Sie im Anschluss, die Gesamtaussage kurz in eigene Worte zu fassen!

Modul Lesen, Teil 1

Gesamtaussage:
....

....

....

3. Lesen Sie nun den Text

Lernziel: Umgang mit Literatur

Lesen zu können ist die Voraussetzung unserer Allgemeinbildung schlechthin. Es ist gleichzeitig die Grundlage für gesellschaftliche Teilhabe und politische Mitbestimmung sowie dafür, sich im Alltag zurechtzufinden. Ohne Lesen und Schreiben ist Bildung nahezu unvorstellbar. Die Quote der Analphabeten gilt als Richtlinie zur Ein-
5 schätzung des Bildungsniveaus einer Gesellschaft, deren Mitglieder über Informationen und Fakten, Ideen, Wertvorstellungen und kulturelle Inhalte verfügen sollten, die mehrheitlich über Texte transportiert werden. Nicht ohne Grund wird der Gebildete auch als ‚belesen' bezeichnet.
Obwohl Lesekompetenz grundlegend im Sprachunterricht in der Grundschule erwor-
10 ben wird, ist ihre Entwicklung am Ende der Grundschulzeit, wenn auch die Schriftsprache erfolgreich erworben wurde, noch keineswegs abgeschlossen. Das Erlernen und Einüben von Techniken und Strategien des verstehenden Lesens erfolgt vermehrt erst im Verlauf der weiteren Schulzeit beziehungsweise sogar danach. Der Lesekompetenz kommt aufgrund ihres Charakters als universelles Kulturwerkzeug eine Schlüs-
15 selstellung unter den in der Schule zu erwerbenden Kompetenzen zu. Lesekompetenz ist schließlich eine Voraussetzung für den Wissenserwerb in mehr oder weniger allen schulischen Fächern. Auch in der Ausbildung und im Studium müssen neue Textsorten mit anspruchsvollen Inhalten effizient erschlossen und zum Lernen genutzt werden. Nicht nur Lesen im Sinne einer elementaren Kulturtechnik fungiert als Zugangs-
20 bedingung zu weiterer Bildung, sondern auch Lesen als ein tieferes Begreifen der Inhalte des Lesestoffes, und zwar literarischen Lesestoffes. Diese literarische Kompetenz nimmt eine Sonderstellung ein, was die allgemeine Lesekompetenz und ihre Bedeutung für die Entwicklung des Individuums betrifft.
Folgt man aber dem Kompetenzbegriff, wie er von Jürgen Habermas (1975) entwickelt
25 worden ist, dann ist insgesamt die ästhetische Kompetenz von grundlegender Bedeutung für den Menschen. Dabei versteht man darunter die Fähigkeit, sich mit den Mitteln der Musik, Kunst und Literatur selbst auszudrücken und zu sich und seiner Umwelt in Beziehung zu setzen. Damit zählt die ästhetische Kompetenz auch zu den anthropologischen Grundfähigkeiten, über die Menschen verfügen. Diese bieten ihnen
30 Möglichkeiten zur Entwicklung ihrer Persönlichkeit. Fehlt oder verkümmert die ästhetische Kompetenz, dann drohen Defizite bei der Individuation, der Sozialisation und der Enkulturation. Tritt dies ein, dann kann der Mensch sich eben nicht mehr in gleicher Weise mit sich selbst, seinen Mitmenschen und seiner Umwelt auseinander setzen. Zur ästhetischen Kompetenz zählt die literarische Kompetenz. Sie erst ermöglicht
35 eine umfassende kulturelle Bildung und damit auf längere Sicht die Entwicklung einer Persönlichkeit, die sich selbstbestimmt und kritisch in einer modernen globalisierten Welt zu bewegen vermag.
Der Umgang mit Literatur jedoch muss angeregt, erlernt und durch entsprechende Vorbilder attraktiv gestaltet werden. Studien der Leseforschung haben gezeigt, dass
40 nur 17% der Eltern ihren Vorschulkindern täglich vorlesen (Stiftung Lesen, 2007). Die Wirkung des frühen Vorlesens aber wurde in mehreren Untersuchungen deutlich. Kinder, denen von den Eltern regelmäßig und häufig vorgelesen wird, erleben auch Freude am eigenen Lesen, befassen sich während der Pubertät und darüber hinaus mehr mit Lesestoff und können neben einer verstärkten Freude an Bewegung und künstlerischen

Aktivitäten auch höheren Erfolg in der Schule aufweisen. Von diesen positiven Wirkungen, so hat sich gezeigt, profitieren am stärksten die Jungen. Damit zeigt sich, dass frühes Vorlesen kein unnötiges Vergnügen ist, sondern einen zentralen Impuls für eine Entwicklung von Kompetenzen in ganz unterschiedlichen Bereichen darstellt, also auch nicht allein von literarischer Kompetenz.

Dennoch nimmt die Literaturvermittlung im Bildungskanon eine gesonderte Stellung ein, denn sie bietet grundsätzlich die Möglichkeit, sich Wissen ganz selbstständig anzueignen. Damit trifft die literarische Bildung den Kern eines Bildungsverständnisses, das kultureller Bildung seit dem 18. Jahrhundert bis heute zugrunde liegt: Kulturelle Bildung erfordert eine aktive Eigentätigkeit des sich bildenden Subjektes. Bildung, und damit auch Lesen, ist ein Akt der Selbst-Bewusstwerdung in Auseinandersetzung zwischen dem Selbst und der das Individuum umgebenden Welt. Eine gute Literaturvermittlung fördert damit das Eigeninteresse und regt an, sich selbsttätig mit Inhalten auseinanderzusetzen. Es geht dabei nicht darum, einen spezifischen kulturellen oder literarischen Kanon zu lehren, eine Liste der klassischen Literatur aus der eigenen Kultur abzuarbeiten, sondern neugierig zu machen auf die Möglichkeiten und Potenziale, die in unterschiedlichster Literatur und im Umgang mit Sprache verborgen liegen. Literaturvermittlung hat damit ihren Ort natürlich in der Schule, aber vor allem auch außerschulisch, da sich schulische Bewertungsmaßstäbe von Literatur oftmals nicht mit einem sich je nach Individuum unterschiedlich entwickelnden Eigeninteresse vertragen. Der Schüler mag sich im Unterricht mit Literatur als Teil des Lehrplans auseinandersetzen, Gewinn für sich selbst aber zieht er vielleicht aus modernsten literarischen Formen wie Poetry Slams und anderen Formen des Story Tellings.

Neben der Schule gibt es inzwischen zahlreiche Bildungsinstitutionen, die Literaturvermittlung als eine ihrer zentralen Aufgaben betrachten. Hierzu zählen selbstverständlich auch die öffentlichen Bibliotheken. Sie sind generationenübergreifend die ersten Anlaufstellen für die Verbreitung von Literatur, aber auch für Literaturvermittlungsangebote. Lesenächte, Leseclubs, Fort- und Weiterbildungen für Lehrkräfte oder Autorenlesungen stellen nur eine kleine Auswahl der Aktivitäten von Bibliotheken dar, die zunehmend auch in Kooperation mit außerschulischen Anbietern kultureller Bildung neue Angebotsformate entwickeln oder gezielt auf Kindergärten oder Schulen zugehen. Ein Beispiel dafür ist das Projekt „Vorlesepaten für Kindergärten", in dem geschulte, meist ehrenamtliche Vorleser von den Bibliotheken regelmäßig Kindergärten besuchen, oder verschiedene Lese-Mentoring-Projekte, in denen ältere Kinder und Jugendliche Jüngere zum Umgang mit Literatur anregen – ein häufig durchaus ehrgeiziges Vorhaben.

Die Herausforderung für Literaturvermittler/-innen und Institutionen der Literaturvermittlung besteht im 21. Jahrhundert in der Tat darin, das literarische Angebot nicht ausschließlich den Marktgesetzen zu überlassen und sich einer Eventkultur anzubiedern, sondern Zugänge auch zu sperriger und unbequemer Literatur zu ermöglichen, ohne einem allzu traditionellen Literaturverständnis anzuhängen. Gleichzeitig sind jedoch Vermittlungswege und -formate zu entwickeln, die den Lebenswelten gerade von Kindern und Jugendlichen nahe kommen. Der steigende elektronische Medienkonsum, der mittlerweile überall, selbst unterwegs, stetig zur Verfügung steht und unseren Alltag bestimmt, hat natürlich Auswirkungen auf das Leseverhalten einer breiten Masse. Eine Studie der Stiftung Lesen zeigt, dass eine häufige Mediennutzung vor allem die Gelegenheitsleser davon abhalte, öfter zum Buch zu greifen und dass auch die Länge der Textabschnitte, die gelesen werden, immer kürzer wird. All dies gilt es bei innovativen Formaten der Literaturvermittlung zu berücksichtigen. Literaturvermittlung sollte jedoch keinesfalls als nachfrageorientierte und auflagensteigernde kommerzielle Aufgabe begriffen werden, sondern stellt eine kulturell und politisch gesamtgesellschaftlich folgenreiche Aufgabe dar. Da eine allen Menschen gleichermaßen zugängliche, selbstbestimmte und kritische Meinungsbildung für die Aufrechterhaltung und positive Entwicklung demokratischer Gesellschaften unabdingbar ist, stellt die (frühe) intermediale Entwicklung von literarischer Kompetenz nicht nur ein dringendes Anliegen künstlerisch-kultureller, sondern auch politischer Bildung dar.

Prof. Dr. Vanessa-Isabelle Reinwand-Weiss, Universität Hildesheim teachsam

Modul Lesen, Teil 1

2. Bearbeitungsschritt

Markieren der Schlüsselwörter

So geht's

Der Text ist in sieben Absätze unterteilt. Markieren Sie sehr großzügig die wichtigsten Schlüsselwörter in jedem Absatz. Formulieren Sie nun ganz knapp und möglichst in eigenen Worten die Kernaussage in jedem einzelnen Absatz.

Kernaussagen
Absatz 1: ....
Absatz 2: ....
...

3. Bearbeitungsschritt

Schlüsselwörter in Multiple-Choice-Aufgaben finden

So geht's

Machen Sie sich zunächst die Tücken der Multiple-Choice-Antworten bewusst:

→ Achten Sie auf Verneinungen.
→ Bedenken Sie, ob in der Frage dargestellte kausale oder sonstige Zusammenhänge dem im Text Gesagten entsprechen.
→ Vorsicht mit Antworten, die verabsolutierende Begriffe wie „nie" oder „immer" enthalten. Sie dienen häufig der Irreführung.
→ Die Antwort, die besonders wissenschaftlich klingt, ist nicht immer die richtige.

4. Markieren Sie nun in den unten stehenden Multiple-Choice-Aufgaben die Schlüsselwörter.

4. Bearbeitungsschritt

Entscheidung für richtige Lösung

Jetzt sollten Sie versuchen, die Aufgaben zügig zu lösen.

So geht's

→ Lesen Sie die **ersten vier** Multiple-Choice-Aufgaben noch einmal aufmerksam durch und lösen Sie die Aufgaben, indem Sie nur den Teil des Textes in Betracht ziehen, der hierfür nötig ist. Nehmen Sie dabei Ihre Markierungen und Notizen aus den Bearbeitungsschritten 1 bis 4 zu Hilfe.
→ Lesen Sie nun die **nächsten drei** Aufgaben durch und lösen Sie sie ebenso.
→ Lesen Sie nun die **letzten drei** Aufgaben zu dem letzten Teil des Textes und finden Sie die jeweils richtige Lösung.
→ Zum Schluss lesen Sie konzentriert noch einmal die Multiple-Choice-Aufgaben zusammen mit Ihren Lösungen durch. Wird der Sinn des Textes richtig wiedergegeben?

Tipp:
In der Anfangsphase Ihrer Vorbereitung auf das „Zertifikat C2: Großes Deutsches Sprachdiplom" ist es hilfreich, wenn Sie selbst als „Prüfer" Fragen und Antworten an Ihren Text entwerfen.

5. Lesen Sie noch einmal die Stellungnahme auf den Seiten 16 und 17. Wählen Sie bei den Aufgaben **1–10** die Lösung **a**, **b**, **c** oder **d**. Es gibt nur **eine** richtige Lösung.

Beispiel
0   Die Autorin hält Lesen-Können für unbedingt notwendig, weil
☒ a   es neben Schreiben-Können die Voraussetzung für Bildung ist.
☐ b   es mehrheitlich Wertvorstellungen vermittelt.
☐ c   nur Leser politisch mitbestimmen können.
☐ d   man nur so ein vollwertiges Mitglied der Gesellschaft sein kann.

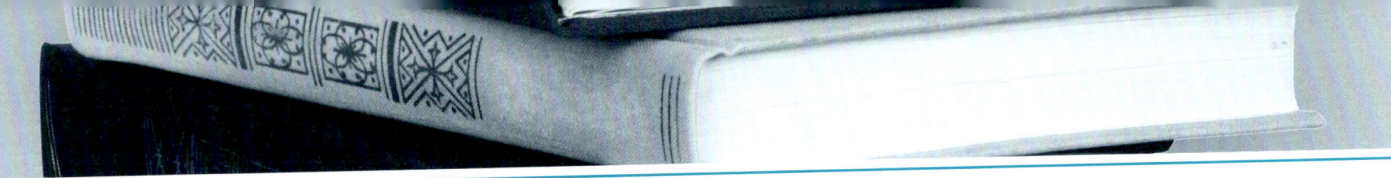

1 **Die Lesekompetenz wird in der Schule**
- [ ] a in fast allen Fächern unbedingt benötigt.
- [ ] b grundsätzlich erst nach der Grundschule erworben.
- [ ] c in technischen Fächern vorausgesetzt.
- [ ] d als Schlüssel zu einer gelungenen Entwicklung gesehen.

2 **Die Autorin hält die ästhetische Kompetenz für**
- [ ] a verantwortlich für Defizite in der Persönlichkeitsentwicklung.
- [ ] b unentbehrlich, da der Mensch sich durch Kultur ausdrückt.
- [ ] c wichtig für das gesamte Umweltbewusstsein des Menschen.
- [ ] d unverzichtbar, da der Mensch in einer globalisierten Welt lebt.

3 **Untersuchungen belegen nach Ansicht der Autorin, dass**
- [ ] a der frühe Umgang mit Literatur sich vorteilhaft auf die gesamte Entwicklung auswirkt.
- [ ] b nur etwa in jeder fünften Familie den Kindern vorgelesen wird.
- [ ] c frühes Vorlesen allen Beteiligten attraktiv gemacht werden muss.
- [ ] d der Umgang mit Literatur bei entsprechenden Vorbildern von alleine erlernt wird.

4 **Wenn man sich mit Literatur befasst, so**
- [ ] a eignet man sich ohne Einwirkung von Lehrern Wissen an.
- [ ] b wird man von alleine selbstständiger.
- [ ] c ist das für jeden Lernenden etwas ganz Besonderes.
- [ ] d entspricht man dem Bildungsverständnis des 18. Jahrhunderts.

5 **Literaturunterricht in der Schule**
- [ ] a sollte Interesse für verschiedene Literatur wecken.
- [ ] b kann nicht die ganze klassische Literatur vermitteln.
- [ ] c hemmt das Eigeninteresse der Schüler.
- [ ] d führt oft zu Auseinandersetzungen zwischen Schülern und Lehrern.

6 **Schüler profitieren am meisten vom Literaturunterricht, wenn sie**
- [ ] a mit dem Lehrer über diesen diskutieren können.
- [ ] b vermittelt bekommen, was im Lehrplan steht.
- [ ] c durch selbst formulierte Texte etwas verdienen.
- [ ] d dadurch offen für Literatur in ganz neuer Gestalt werden.

7 **Die Vermittlung von Literatur betrachten als eine ihrer wichtigsten Aufgaben**
- [ ] a viele verschiedene Institute.
- [ ] b unter anderen Einrichtungen die Büchereien.
- [ ] c die für die Bildung Zuständigen.
- [ ] d die Bildungsstätten neben den Schulen.

8 **Die Angebote der öffentlichen Bibliotheken**
- [ ] a richten sich an Jung und Alt.
- [ ] b können nur eine kleine Auswahl zeigen.
- [ ] c sind ganz neu gestaltet.
- [ ] d bestehen vor allem in Vorlesestunden.

Modul Lesen, Teil 1

9 Wer heutzutage Literatur vermittelt, gerät leicht in die Gefahr
- [ ] a zu unbequeme Literatur zu vermitteln.
- [ ] b sich zu wenig um Angebot und Nachfrage zu kümmern.
- [ ] c sich zu sehr an der Konsumgesellschaft zu orientieren.
- [ ] d den elektronischen Medienkonsum zu unterschätzen.

10 Der Umgang mit Literatur lehrt auch
- [ ] a demokratisches gesellschaftliches Verhalten.
- [ ] b sich künstlerisch-kulturell zu betätigen.
- [ ] c eine bestimmte Meinung aufrecht zu erhalten.
- [ ] d politisches Verantwortungsbewusstsein zu entwickeln.

Nachdem Sie anhand der ersten beiden Übungstexte verschiedene Lösungswege ausprobiert haben, wählen Sie nun den für Sie persönlich zeitsparendsten Weg aus.

Bearbeiten Sie nun die folgende Prüfungsaufgabe. Lesen Sie dazu noch einmal die Bearbeitungsschritte für das Modul Lesen, Teil 1.

1. Bearbeitungsschritt	**Thema des Textes erfassen**
2. Bearbeitungsschritt	**Markieren der Schlüsselwörter**
3. Bearbeitungsschritt	**Schlüsselwörter in Multiple-Choice-Aufgaben finden**
4. Bearbeitungsschritt	**Entscheidung für richtige Lösung**

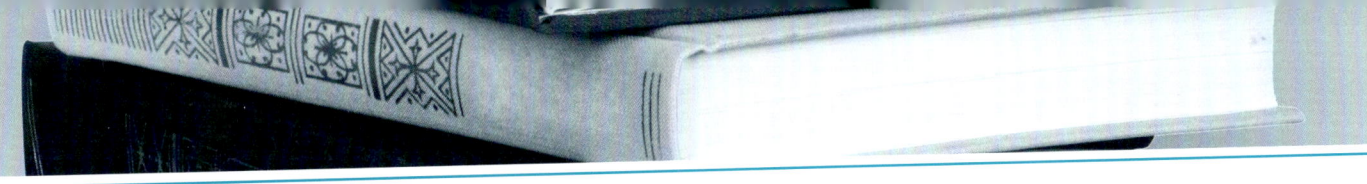

So sehen die Prüfungsseiten aus
Modul Lesen, Teil 1
Dauer: 25 Minuten

Lesen Sie den folgenden Kommentar. Wählen Sie bei den Aufgaben **1–10** die Lösung **a**, **b**, **c** oder **d**. Es gibt nur **eine** richtige Lösung. Markieren Sie Ihre Lösungen auf dem **Antwortbogen**.

Enoch zu Guttenberg: Ich trete aus dem BUND* aus

Vor 37 Jahren habe ich den BUND mit gegründet - für eine schönere, gesündere Welt. Das Ziel wurde verfehlt, es geht nicht mehr um die Natur und ihren Schutz. Mir reicht es.

5 Von Enoch zu Guttenberg

Zu den unvermeidlichen Lektüren unserer Jugend zählte neben Karl May, Jack London und Jules Verne auch H. G. Wells; und so, wie keiner Winnetou, Wolfsblut und Kapitän Nemo je vergessen wird, so
10 blieb uns allen aus Wells' „Krieg der Welten", geschrieben 1898, eine Szene unauslöschlich in Erinnerung: die erste Begegnung des Erzählerhelden mit jenen Maschinenmonstern, mit denen die Marsbewohner ihre Invasion der Erde einleiten: „Anfangs
15 achtete ich nur auf die Straße vor mir; plötzlich aber wurde meine Aufmerksamkeit durch etwas anderes erregt. Ein ungeheurer Dreifuß, höher als
20 viele Häuser, fuhr über die jungen Fichten und schmetterte sie zur Seite. Ohne lange zu überlegen, riss ich das Pferd herum."

25 Inzwischen wurde die Horrorvision von vor bald 120 Jahren Wirklichkeit. Es gibt sie, diese stählernen Monster, auch wenn
30 sie sich statt mit drei Füßen mit drei Rotorblättern durch die Landschaft fräsen. Doch sie sind kein Werk außerirdischer Invasoren. Sie sind einzig von uns selbst gemacht. Die
35 Vernunft sagt mir: Es hilft der laufenden Debatte herzlich wenig, die Windenergie zu dämonisieren. Sie hat innerhalb eines umfassend neu bedachten Energiekonzeptes durchaus ihre sinnvolle Funktion. Doch jedes Mal, wenn jäh nach einer Steigung auf
40 dem nächsten Gipfelkamm vier oder fünf von diesen Ungeheuern aus dem Nichts auftauchen, befällt mich die alte H.-G.-Wells-Horror-Vision: ein panisches Bedürfnis, das Steuer herumzureißen; das Steuer politisch herumzureißen, um die Menschen vor dieser
45 Ungeheuerlichkeit zu bewahren.

Inzwischen werden die Windräder zumal aus der politischen Ecke der Grünen als „schön" gepriesen und in der Werbung für Windenergiesysteme heißt es: „Die Anlagen sind architektonisch und städtebau-
50 lich gut integrierbar und fügen sich besonders in eine zukunftsweisende Bauästhetik homogen ein." Doch unser wenigstens in Teilen immer noch berückend schönes altes Deutschland besteht nun einmal nicht allein aus „zukunftsweisender Bauästhetik". Es besteht aus einer in Jahrtausenden gewachsenen, ge-
55 formten Landschaft, einem singulären Reichtum zivilisatorischer Strukturen und historischer Substanz.

Nach der Energiewende des Sommers 2011 geht es nicht länger bloß um „zukunftsweisende Bauästhetik", also um unbewohntes Gelände und planierte
60 Autobahnbrachen. Dort sind Windräder tatsächlich „städtebaulich gut integrierbar". Doch davon reden wir hier leider nicht. Inzwischen nämlich geht es um die Kernregionen deutscher Geschichte und Kultur, um Landschaftsschutzgebiete, bislang sorgsam be-
65 wahrte Kulturräume und Ensembles, die man um unseres unstillbaren Energiehungers willen im Verein mit den unsagbaren Photovoltaik-Untaten auf den Dächern alter Ortsgefüge, in ihrer Identität, in ihrem Wert hinrichtet und vernichtet.
70

Was wir in Bayern angesichts der laufenden Planfeststellungsverfahren noch als Schreckensszenario diskutieren, ist anderswo längst desa-
75 ströse Realität. In Niedersachsen zum Beispiel, das derzeit mit mehr als 5500 Anlagen den Rekord unter den deutschen Bundesländern hält.
80

Kann es das wirklich sein? Dieses Elendsbild eines besetzten, seiner selbst beraubten Landes nunmehr auch in Bayern - wenn auch unter
85 umgekehrter Prämisse? Denn hier sind es nicht die Ebenen, welche die Planer reizen, sondern die im „Bayrischen Windatlas" vermerkten Hügel, Berge, Gipfel, Höhenkämme.

Während man in Niedersachsen die Fläche und Weite 90 einer Landschaft hemmungslos verspargelte, geht es in Bayern um die prägenden Sichtachsen, die großen Perspektiven unseres Landschaftsbildes. Die Kabarettistin Luise Kinseher fand dafür eine glänzend böse Formulierung: „Bayern, das erste Land mit ro-
95 tierenden Gipfelkreuzen." Der Witz ist gut genug, um ihn für eine Minute ernst zu nehmen. Denn was sind Gipfelkreuze, wenn nicht Erinnerungszeichen, dass man dort, wo Ebenen und Täler unter einem liegen, wo der Ausblick grenzenlos und frei ist und da-
100 rüber einzig noch der Himmel; dass man eben dort demütig werden sollte und, vielleicht, dem Herrgott danken für die Wunder, die wir Schöpfung nennen?

Windkraftanlagen sind nicht nur Geländefresser. Sie erfordern nicht nur die Erschließung, also die Ent-
105

Modul Lesen, Teil 1

waldung ganzer Höhenzüge. Sie sind zudem hocheffiziente Geräte zur Vernichtung von Vögeln und Fledermäusen. Die „Hinweise zur Planung und Genehmigung von Windkraftanlagen" der Bayerischen Staatsregierung vom 20. Dezember 2011 benennen als besonders gefährdet gerade ohnehin bedrohte Vogelarten, die vom Sog der Windräder eingezogen und buchstäblich zerhäckselt werden. Den Fledermäusen lässt bereits der Druckunterschied im Umkreis der Rotoren ihre Lungen platzen.

Dazu kommen Arten, welche die Nähe von Windkraftanlagen – vermutlich wegen der Geräuschemissionen und der Bewegung der Rotorblätter - panisch meiden. Die Autoren der bayerischen „Planungshinweise" nennen diesen Artenverlust durch Abwanderung sehr treffend „Scheuchwirkung". Das Bayerische Staatsministerium für Umwelt und Gesundheit beschränkt sich laut einer Pressemitteilung darauf, die Ausmaße dieser „Scheuchwirkung" lediglich an 26 von 386 Vogelarten zu prüfen, wenn es um die Zulassung von Windenergieanlagen geht. Hier fühlt sich auch der BUND im Interessenskonflikt Energie – Wald – Artenschutz und beteuert auf Nachfrage, dass es aktuell keine Daten gebe, die in Deutschland eine Gefährdung von Populationen von Tier- oder Pflanzenarten nahelegten oder belegten.

Woher dieser Enthusiasmus für die Windkraft, der den BUND in Baden-Württemberg sogar zu einem Internetauftritt mit dem Titel „Argumente für Windenergie" veranlasste? Woher die Chuzpe, darin auch noch das folgende Unfassbare zu formulieren: „Landschaftsschutz kann dabei nur ein Unter-Argument in der Abwägung sein. Schon immer prägte der Mensch massiv seine Umwelt." Ich kann mich des fatalen Eindrucks nicht erwehren: Hier geht es gar nicht um Natur und ihren Schutz. Hier geht es möglicherweise schlicht um Geld.

Dies jedoch, diesen Verdacht der Käuflichkeit, vermag ich nicht länger mitzutragen. Daher erkläre ich schweren Herzens und in großer Trauer hiermit meinen Austritt. Ich will nicht Teil sein und teilhaben an all dem, was nunmehr - und sei es in bester Absicht - an unkündbar scheinenden Prinzipien über Bord geworfen wurde. Bei aller Sympathie für alternative Energien kann und werde ich mich nicht auch nur vage daran beteiligen, wenn die Grundbelange des Natur- und Denkmalschutzes, so wie wir sie damals dachten, korrumpiert werden.

Wir werden gegen Wände reden, wenn wir immer neu belegen, dass sich das ganze Problem vermutlich gar nicht stellte, wenn man die Alternative einer Halbierung des gegenwärtigen Energieverbrauchs nur beherzt angegangen wäre, statt sie auf das Jahr 2050 zu verschieben. Allein durch ein Verbot des Stand-by-Modus an elektrischen Geräten und den konsequenten Ersatz handelsüblicher Haushaltsgeräte durch energieeffiziente Varianten ließen sich pro Jahr Milliarden Kilowattstunden einsparen.

Erinnern Sie sich noch, woran bei H. G. Wells die Invasion der Marsbewohner scheiterte? Sie scheiterte am Allerkleinsten dieser Welt. Sie scheiterte an den Mikroben, den Bakterien und Viren unserer Atemluft - ein bestrickend moderner Gedanke. Mir jedoch bleibt hier nur eine vage Hoffnung: dass die Invasion der Riesen vom Berge doch noch am verschwindend Kleinsten dieser Welt, nämlich an der Mikrobe menschlicher Vernunft, verenden könnte. Diese Hoffnung aber gebe ich - wider besseres Wissen - nicht auf.

Enoch zu Guttenberg, Jahrgang 1946, ist ein deutscher Dirigent.
*BUND: **B**und für **U**mweltschutz und **N**aturschutz **D**eutschland

Beispiel

0 Welche Figur ist der Generation Enoch zu Guttenbergs aus der Jugendlektüre in Erinnerung geblieben?
- [ ] a Ein Monster namens „Dreifuß".
- [ ] b Eine Maschine auf der Straße.
- [x] c Ein außerirdisches Ungeheuer.
- [ ] d Ein junges Pferd vom Mars.

1 Dem Verfasser ist bewusst, dass
- [ ] a Windräder nicht außerirdischer Herkunft sind.
- [ ] b über Windenergie neu nachgedacht werden muss.
- [ ] c Energiekonzepte dazu neigen, Wind zu verteufeln.
- [ ] d man die Windenergie nicht grundsätzlich ablehnen sollte.

2 Wer Windräder als schön und ästhetisch betrachtet,
- [ ] a glaubt, dass Deutschland über großen Reichtum verfügt.
- [ ] b vergisst, dass sie nicht in jede beliebige Landschaft passen.
- [ ] c lobt, dass Teile Deutschlands atemberaubend schön sind.
- [ ] d meint, dass Windräder sich in jede Stadt integrieren lassen.

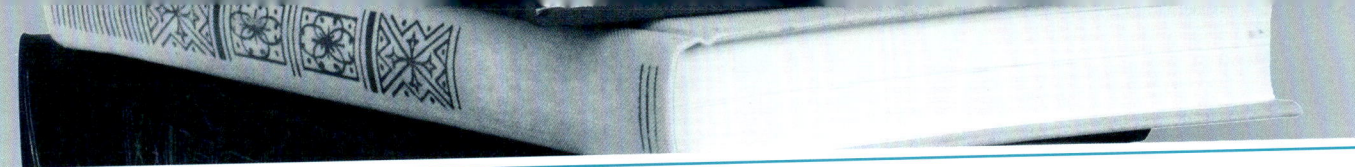

3 Enoch zu Guttenberg beklagt die Vernichtung von Landschaften aufgrund
- a der Kernenergie.
- b menschlicher Gier.
- c technischer Fehlgriffe.
- d des Vereinslebens.

4 Regionale Unterschiede in der Errichtung von Windrädern sieht der Autor darin, dass
- a in Niedersachsen die Etablierung von Windenergie ein Desaster ist.
- b es in Bayern zur Orientierung den „Bayrischen Windatlas" gibt.
- c Niedersachsen den einsamen Rekord in der Anzahl von Anlagen hält.
- d in Bayern die Planer die Schönheit der Berge zu zerstören drohen.

5 Die Gipfelkreuze auf den Bergen entsprechen
- a sich drehenden Zeichen der Demut.
- b einer Aufforderung zu mehr Bescheidenheit.
- c einem Wunder des Schöpfers.
- d einem Ausblick in das Tal und die Ebene.

6 Das großflächige Betreiben von Windkraftanlagen
- a hat mittlerweile das Aussterben von seltenen Vogelarten hervorgerufen.
- b wird nur genehmigt, wenn Vogelarten keinen Schaden nehmen.
- c hat zur Folge, dass sich viele Arten einen anderen Lebensraum suchen.
- d hat laut offizieller Untersuchungen des BUND keine Auswirkungen auf die Tier- und Pflanzenwelt.

7 Welche mutmaßliche Motivation sieht Enoch zu Guttenberg hinter dem Engagement des BUND für die Windenergie?
- a Die Einsicht, dass der Mensch seine Umwelt modern gestalten muss.
- b Den Glauben, dass in Form von Stiftungen mehr erreicht werden kann.
- c Die Möglichkeit, durch die Betreiber finanzielle Vorteile zu gewinnen.
- d Den Wunsch, die Natur und ihren Schutz optimal fördern zu können.

8 Enoch zu Guttenberg erklärt seinen Austritt aus dem BUND mit
- a der nachgewiesenen Bestechlichkeit des BUND.
- b der Aufgabe der Grundprinzipien seitens des BUND.
- c seiner Sympathie für alternative Energien.
- d den Bedürfnissen des Naturschutzes.

9 Das Energieproblem hätte sich lösen lassen, wenn
- a man energisch für eine Senkung des Verbrauchs um 50% eingetreten wäre.
- b man rechtzeitig daran gegangen wäre, es zu verschieben.
- c man eine Halbierung des Energieverbrauchs als Alternative gesehen hätte.
- d man ineffiziente Haushaltsgeräte beherzt durch andere ersetzt hätte.

10 Eine Parallele zwischen den Mikroben bei Wells und der menschlichen Vernunft sieht zu Guttenberg darin, dass beide Phänomene
- a zeitlos sind.
- b in dieser Welt zugrunde gehen.
- c von eminenter Bedeutung sein können.
- d den Verfasser hoffen lassen.

Modul Lesen, Teil 2

Beschreibung des Prüfungsteils

Was bekommen Sie?

- Sie erhalten:
  - ein Aufgabenblatt mit einem Beispiel und acht Aussagen,
  - einen Sachtext im Umfang von circa 700 Wörtern.

Was sollen Sie tun?

- Sie sollen die Aussagen (**A–H**) den jeweiligen Textabschnitten (**11–16**) zuordnen. Achtung: das Beispiel (0) ist bereits zugeordnet und **zwei** Aussagen passen nicht.

Was wird geprüft?

- In dieser Aufgabe wird Ihre Fähigkeit geprüft, die Hauptaussagen eines Textes zu verstehen.

Mögliche Lösungswege

- Streichen Sie das Beispiel (0), denn es ist bereits vergeben und wird in den Lösungen nicht mehr vorkommen.

Es bleiben acht Aussagen (**A–H**), von denen Sie die sechs passenden den entsprechenden Abschnitten des Sachtextes zuordnen sollen.

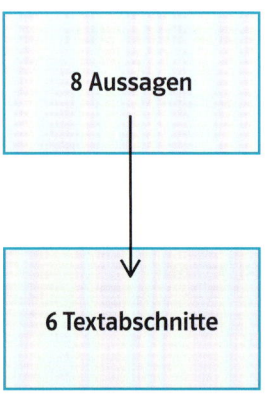

Lesen Sie zunächst die Einleitung, um sich Klarheit über das Thema zu verschaffen. Danach lesen Sie die Aussagen und unterstreichen die Schlüsselwörter. Überfliegen Sie dann die Textabschnitte im Sachtext, unterstreichen Sie auch dort die Schlüsselwörter und ordnen Sie zu.

Alternativ kann auch mit dem Sachtext begonnen werden. Diese Variante ist jedoch zeitintensiver und daher weniger zu empfehlen.

Dauer

- Die Bearbeitungszeit für Teil 2 des Moduls Lesen beträgt 20 Minuten.

Wie wird dieser Teil bewertet?

- Sie erhalten für jede richtige Lösung einen Punkt. Die erreichte Punktzahl wird mit drei multipliziert. Das Maximum für den Prüfungsteil sind also achtzehn Punkte.

Überblick über das Modul Lesen, Teil 2

	Prüfungsziele	Textsorte	Aufgabentyp	Aufgabenzahl	Punkte
Lesen Teil 2	Verstehen der Hauptaussagen	Sachtext	Zuordnung	6	18

Schritt für Schritt zur Lösung

In den folgenden Abschnitten lernen Sie, wie Sie bei der Lösung der Aufgabe Schritt für Schritt vorgehen können.

Thema des Textes erkennen

1. Bearbeitungsschritt

Verschaffen Sie sich möglichst schnell einen Einblick in das übergeordnete Thema des Moduls Lesen, Teil 2. Lesen Sie dazu den Titel und den ersten Ausschnitt aus dem Sachtext „Schon Grundschüler leiden unter Stress".

So geht's

Aufgabe 1

1. Lesen Sie die Überschrift und die ersten Sätze des Textes:

Schon Grundschüler leiden unter Stress

Sie sind erst sieben bis neun Jahre alt, aber sie leiden schon unter Leistungsdruck: Jedes dritte Kind in der zweiten und dritten Klasse fühlt sich laut einer Studie von Unterricht und Hausaufgaben gestresst. Fast die Hälfte wünscht sich dringend mehr Erholung.

2. Unterstreichen Sie Schlüsselwörter.

3. Überlegen Sie mit Hilfe der Schlüsselwörter, worum es in dem Text geht. Bringen Sie in einem Satz und möglichst mit eigenen Worten den Inhalt auf den Punkt:

....

....

....

Schlüsselwörter in den Aussagen markieren

2. Bearbeitungsschritt

Nachdem Sie den Titel und das Beispiel gelesen haben, wissen Sie bereits, was das Thema des Teils 2 im Modul Lesen ist. Nun geht es darum, möglichst schnell zu erfassen, *was* genau in den einzelnen Aussagen steht.

Modul Lesen, Teil 2

So geht's
Aufgabe 2

1. Lesen Sie sich die folgenden Aussagen der Reihe nach genau durch. Was steht darin? Was genau wird beschrieben? Unterstreichen Sie Schlüsselwörter wie im Beispiel (0)

Beispiel

0   Die Studie hat ergeben, dass fast 50% der befragten Grundschüler mehr Entspannung möchten.

Aussagen

A   Ein unerwartetes Ergebnis war, dass die Schule bereits in so jungen Jahren einen relativ großen Stressfaktor bildet.

B   In fast allen an der Umfrage beteiligten Bundesländern ist die Schule Spitzenreiter in Sachen Stress.

C   Freunde und Familie nehmen im Zusammenhang mit Stress zunehmend an Bedeutung zu.

D   Eine ungesunde Entwicklung bildet die Tatsache, dass fast ein Fünftel der Grundschüler es bevorzugt Limonade zu trinken statt Wasser oder Tee.

E   Gut 25% der Kinder im Alter zwischen sieben und neun stehen der Studie zu Folge oft bis sehr oft unter Stress.

F   Die weichenstellenden Entscheidungen in Bezug auf ihre akademische Zukunft tragen bei Neun- und Zehnjährigen erheblich zu deren hohem Stressniveau bei.

G   Die Studie befasst sich neben Stressfaktoren auch mit einem gesunden Lebenswandel.

H   Über 50% der befragten Kinder spielen zur Stressbewältigung oder treiben Sport.

Tipp:
Schlüsselwörter zu markieren ist eine wichtige Arbeitstechnik für diesen Prüfungsteil.

3. Bearbeitungsschritt   Textabschnitt der entsprechenden Aussage zuordnen

Nachdem Sie die Schlüsselwörter in den Aussagen markiert haben, geht es nun darum, möglichst schnell den richtigen Textabschnitt zu finden. Überfliegen Sie dazu die Textabschnitte nacheinander und markieren Sie die Hauptidee des jeweiligen Abschnitts. Zu welcher Aussage passt sie? Ordnen Sie den Aussagen die passenden Textabschnitte zu.

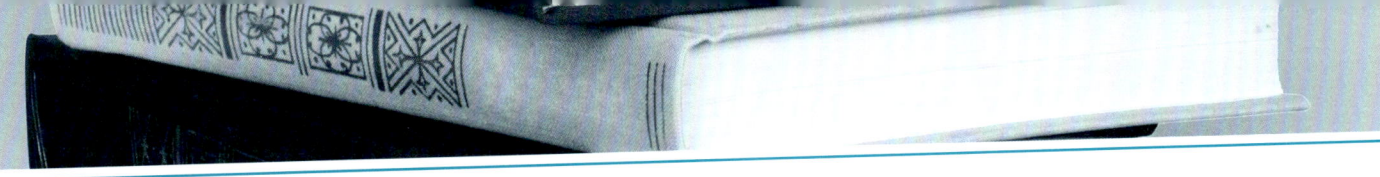

So geht's
Aufgabe 3

1. Lesen Sie das Beispiel und unterstreichen Sie noch einmal die Schlüsselwörter.

0. Die Studie hat ergeben, dass fast 50% der befragten Grundschüler mehr Entspannung möchten.

Tipp: Können Sie einen Textabschnitt keiner Aussage zuordnen, verlieren Sie nicht zu viel Zeit. Gehen Sie zum nächsten Abschnitt und kommen Sie später noch einmal zu diesem Teil zurück.

Unterstreichen Sie nun die korrespondierenden Stellen im Textausschnitt.

> Sie sind erst sieben bis neun Jahre alt, aber sie leiden schon unter Leistungsdruck: Jedes dritte Kind in der zweiten und dritten Klasse fühlt sich laut einer Studie von Unterricht und Hausaufgaben gestresst. Fast die Hälfte wünscht sich dringend mehr Erholung.

2. Im Folgenden finden Sie die restlichen Textabschnitte zum Sachtext „Schon Grundschüler leiden unter Stress". Unterstreichen Sie nun die Schlüsselwörter.

11 ____ Erdrückend viele Hausaufgaben, Tests in der Schule oder nervige Eltern und Geschwister: Das macht Kindern schon in der zweiten und dritten Klasse zu schaffen - und zwar ziemlich vielen. Jedes vierte Kind zwischen sieben und neun Jahren fühlt sich oft oder sogar sehr oft gestresst. Das hat eine repräsentative Umfrage unter Schülern ergeben, die der Deutsche Kinderschutzbund und das Prosoz-Institut für Sozialforschung am Mittwoch vorstellten.

12 ____ Demnach ist es vor allem die Schule, die Zweit- und Drittklässler aus der Ruhe bringt. Jedes dritte Kind gab an, sich davon gestresst zu fühlen. Jedes fünfte Kind wühlt außerdem Ärger und Streit besonders auf, und gut jedes sechste hat Stress mit Eltern oder Geschwistern. „Uns hat vor allem überrascht, dass die Schule schon so früh bei relativ vielen Kindern Stress auslöst", sagte Anja Beisenkamp aus dem Autorenteam der Studie, die von einem Schuhhersteller gesponsert wurde. Fast 4700 Schüler aus elf Bundesländern beantworteten dafür einen Fragebogen zu den Themen Gesundheit, Ernährung, Stress und Bewegung.

13 ____ Fast zwei Drittel der Kinder wünschen sich, dass sie sich öfter einfach mal ausruhen könnten. Um sich zu entspannen und Abstand zu gewinnen, schalten Sieben- bis Neunjährige aber nicht automatisch den Fernseher oder Computer an. Deutlich mehr als die Hälfte geht nach draußen oder spielt drinnen, liest, malt oder treibt Sport. Den Fernseher empfindet etwa jedes zweite Kind als entspannend. Am Computer spielen etwa vier von zehn Kindern, wenn sie Stress abbauen wollen.

14 ____ In zehn von elf Bundesländern steht die Schule auf Platz eins der Stressfaktoren. Nur Berliner Kinder lassen sich häufiger von Ärger und Streit sowie ihrer Familie aus der Ruhe bringen. Bayern, Bremen, Hamburg, Thüringen und das Saarland nahmen an der Studie nicht teil. Einige Kinder fühlen sich zudem von Hetze und Eile (7 Prozent), frühem Aufstehen und Erfolgsdruck (jeweils 3 Prozent) gestresst, wobei Drittklässler den Erfolgsdruck doppelt so oft als anstrengend empfinden wie Zweitklässler. Von den eigenen Eltern und von Freunden fühlen sich mehr als zwei Drittel der Kinder nie oder selten gestresst. Einige Kinder sind nicht gut gegen Stress gewappnet: 13 Prozent wissen nichts oder nur wenig darüber, was sie zur Entspannung tun können.

15 ____ „Wir müssen endlich aufhören, bereits bei Neun- bis Zehnjährigen die Weichen für das gesamte weitere Leben zu stellen", sagte Friedhelm Güthoff, Sprecher des Kinderschutzbundes in Nordrhein-Westfalen. Es könne Kindern viel Stress ersparen, wenn nicht bereits in der vierten Klasse entschieden werde, auf welche weiterführende Schule sie wechseln sollten. In Berlin, wo Schule nicht den ersten Platz im Ranking der Stressfaktoren belegte, dauert die Grundschule sechs Jahre.

16 ____ Die Macher der Studie untersuchten auch, was Grundschüler über einen gesunden Lebensstil und gesunde Ernährung wissen und was sie tun, um sich fit zu halten. Diese Ergebnisse wurden teilweise bereits in den vergangenen Monaten veröffentlicht, nun liegt erstmals die gesamte Studie vor. „Leider beziehen viel zu viele Kinder ihr vermeintliches Wissen über Gesundheit aus der Werbung", sagte der Mediziner Dietrich Grönemeyer, der die Studie wissenschaftlich begleitete. Hier müssten die Schulen gegensteuern. Das meiste Wissen über Gesundheit haben Zweit- und Drittklässler von ihren Müttern und von Ärzten, Schule steht an dritter Stelle, gefolgt von den Vätern. Jedes fünfte Kind gab an, in der Schule nichts oder nur wenig über das Thema zu lernen. Ein Fünftel der Kinder findet, ziemlich viel oder sogar sehr viel über ein gesundes Leben aus Fernsehsendungen zu lernen. 15 Prozent erlangen viel Wissen darüber aus der Werbung. In einem Punkt leben recht viele Grundschüler eher ungesund: Fast jedes fünfte Kind frühstückt nie oder selten vor der Schule. Immerhin trinken Zweit- und Drittklässler häufiger Wasser oder ungesüßten Tee als Limonade. Mädchen essen weniger Süßigkeiten als Jungen, und mehr als drei Viertel der Befragten essen oft oder sehr oft Obst und Gemüse - die weitaus meisten, weil sie es lecker finden.

Modul Lesen, Teil 2

3. Ordnen Sie nun die Aussagen von Seite 26 den einzelnen Textabschnitten zu.

4. Bearbeitungsschritt — **Lösungen überprüfen und auf den Antwortbogen übertragen**

Vergewissern Sie sich, dass Sie nichts übersehen und allen Textabschnitten eine Aussage zugeordnet haben. Vergessen Sie zum Abschluss nicht, die Lösungen in Ihrem Antwortbogen zu markieren.

Aufgabe 4

1. Bearbeitungsschritt — **Thema des Textes erkennen**

1. Lesen Sie die Überschrift und das einleitende Beispiel zum Sachtext „Als die Lesesucht die Menschen krank machte" auf Seite 29. Unterstreichen Sie Schlüsselwörter und beschreiben Sie kurz, worum es in dem Text geht:

....
....
....
....

TIPP: Achten Sie bereits **beim Üben** auf die Zeit. Stellen Sie zum Beispiel einen Wecker und geben Sie sich etwas weniger Zeit.

2. Bearbeitungsschritt — **Schlüsselwörter der Aussagen markieren**

2. Lesen Sie sich nun die zum Text gehörenden Aussagen genau durch. Unterstreichen Sie Schlüsselwörter.

TIPP: Vergessen Sie nicht, ein Beispiel ist schon gegeben, zwei Aussagen passen nicht.

Beispiel

0 Die Reaktion des Menschen auf neue Phänomene folgt stets einem bestimmten Muster.

Aussagen

A Der Aufstieg einer neuen Schicht war mit tiefgreifenden gesellschaftlichen Veränderungen verbunden, die sich nicht zuletzt auch auf die Lesegewohnheiten auswirkten.

B Im Zuge der Kritik wurde den lesenden Frauen vorgeworfen, ihre Umwelt zu vernachlässigen.

C Neue Medien rufen in uns immer wieder die gleichen Abwehrreaktionen hervor.

D In dem Bemühen der Lesesucht vorzubeugen, wurden – wenn auch erfolglos – zahlreiche Empfehlungen gegeben.

E Die Angst vor Veränderung drückte sich auch in den damaligen Veröffentlichungen aus.

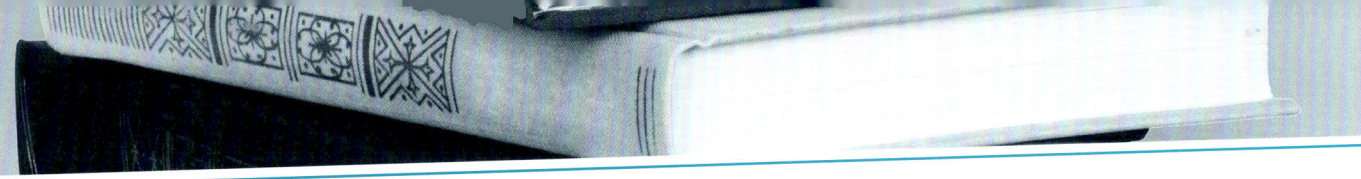

F Das Lesen vermochte sich schließlich gegen seine Kritiker durchzusetzen, ganz im Gegensatz zu unseren Gewohnheiten im Netz.

G Ein Großteil der Lesekritik richtete sich gegen das „schwache" Geschlecht als suspektes Wesen.

H Die Warnung vor den Sucheffekten permanenter Online-Aktivität ist eine Spiegelung der Lesekritik um 1800.

Textabschnitt der entsprechenden Aussage zuordnen

3. Bearbeitungsschritt

3. Im Folgenden finden Sie den Sachtext „Als die Lesesucht die Menschen krank machte". Unterstreichen Sie auch hier die Schlüsselwörter und ordnen Sie dabei die Aussagen von Seite 28/29 den entsprechenden Textstellen zu.

Als die Lesesucht die Menschen krank machte

Kulturpessimisten warnen vor der Internetsucht. Ein ähnliches Suchtpotenzial wurde schon im 18. Jahrhundert bei einem anderen Medium ausgemacht. Von Felix Müller

Beispiel

> **0** Die Reaktion des Menschen auf neue Phänomene folgt stets einem bestimmten Muster.

Wenn die Menschen es mit etwas Neuem zu tun bekommen, werden seit Jahrhunderten in stupider Reihenfolge dieselben Abwehrmechanismen aktiv. Das gilt vor allem für neue Medien – ob es nun das Radio ist oder das Fernsehen, der Ton- oder Farbfilm oder eben das Internet. Kathrin Passig hat sie einmal in einem schönen Aufsatz für den „Merkur" gesammelt. Sie lassen sich genauso auf die damalige Situation übertragen wie auf unseren heutigen, oft tonnenschwer mit Sorgen befrachteten Blick aufs Internet. In einzelne Sätze gefasst, verläuft das Reaktionsschema nach Passig etwa so (wobei die Einsicht, dass die Innovation nicht mehr weichen wird, von Punkt zu Punkt steigt):

1. Wofür soll das bitte gut sein?
2. Das braucht doch kein Mensch.
3. Die Einzigen, die das wollen, sind zweifelhafte oder privilegierte Minderheiten.
4. Das ist ja nur eine Modeerscheinung.
5. Die Innovation verändert überhaupt nichts.
6. Die Neuerung ist zwar ganz gut, aber nicht gut genug.
7. Sie stürzt schwache Charaktere ins Verderben.

11 _____ Passig führt noch zwei weitere Stufen der Kritik am Neuen an, entscheidend ist hier aber der zuletzt genannte Punkt. Auf eine Phase aggressiver Abwehr des Neuen folgt der Moment, in dem nicht mehr zu leugnen ist, dass es sich etablieren wird. Dann kommt die Warnung vor seinen angeblichen Gefahren. „Computer für Kinder – das macht Apfelmus aus den Gehirnen", warnte Computerpionier Joseph Weizenbaum noch im Jahr 2005 (!). Der Begriff der „Lesesucht" wurde, welche Ironie, zuerst von den Aufklärern im Munde geführt. Einer seiner frühesten Belege stammt aus dem Jahr 1773, und schon 1809 nahm es der Aufklärer Joachim Heinrich Campe in sein Wörterbuch auf: „Lesesucht, die Sucht, d.h. die unmäßige, ungeregelte und auf Kosten anderer nötiger Beschäftigungen befriedigte Begierde zu lesen, sich durch Bücherlesen zu vergnügen." Das Lesen also als ein liederlicher Zeitfresser, der einen davon abhält, Nützliches zu tun: Wer möchte da nicht an die heutige Internetkritik denken?

Modul Lesen, Teil 2

12 In der Tat war die Kulturtechnik der Romanlektüre etwas so umwälzend Neues, dass sie vielfach zu Verunsicherungen führte und sicher geglaubte Ordnungen auf den Kopf stellte. Sie ist eng verbunden mit Veränderungen, die sich in dieser Zeit im Bürgertum vollzogen. Bis ins 18. Jahrhundert hinein verstand man dort unter „Lesen" die wiederholte, oftmals laut deklamierende und intensive Lektüre meist religiöser Schriften, deren Gehalt man sich so gewissermaßen einverleiben wollte.
An seine Stelle trat in dieser Umbruchsphase nun, was der Historiker Rolf Engelsing das „extensive Lesen" nennt: der Hunger nach neuen Erzählstoffen, nach dem Versinken in fiktiven Welten, wie sie nur der Roman bietet. Der Durchbruch des Bildungsbürgertums, die neuen Chancen zum sozialen Aufstieg durch die Aneignung von Wissen leisteten ein Übriges, um das öffentliche Bild des Lesers zu revolutionieren. Der in sich gekehrte, manchmal versonnen in sich hineinlächelnde Mensch mit einem Buch in der Hand war aufgetaucht und wollte nicht mehr verschwinden.

13 Wie extrem man diesen Wandel empfand, zeigt eine Wortmeldung des Publizisten Johann Georg Heinzmann aus dem Jahr 1795. „So lange die Welt stehet", schrieb dieser, „sind keine Erscheinungen so merkwürdig gewesen als in Deutschland die Romanleserey, und in Frankreich die Revolution. Diese zwey Extreme sind ziemlich zugleich mit einander groß gewachsen, und es ist nicht ganz unwahrscheinlich, dass die Romane wohl eben so viel im Geheimen Menschen und Familien unglücklich gemacht haben, als es die so schreckbare französische Revolution öffentlich tut."

14 Das schöne Buch mit dem zeitkritisch gemeinten Titel „Frauen, die lesen, sind gefährlich" von Stefan Bollmann (Sandmann Verlag) erzählt viel über diesen männlich geprägten Blick auf die weibliche Emanzipationsgeschichte und die Angst vor Kontrollverlust, die in ihm lag. Die Selbstgenügsamkeit der lesenden Frau, ihre Unabhängigkeit, ihr souveräner Zugang zur Bildung – wo sollte das denn hinführen?

15 „Ein Buch lesen, um bloß die Zeit zu tödten", schäumte Johann Adam Bergk im frühen 19. Jahrhundert, sei „Hochverrath an der Menschheit, weil man ein Mittel erniedrigt, das zur Erreichung höherer Zwecke bestimmt ist." Noch weiter ging Campe: Übermäßiges Lesen, schrieb dieser, rufe Gleichgültigkeit gegenüber allem hervor, was nicht mit dem Lesen zu tun habe. Man vernachlässige den Haushalt, kümmere sich nicht um die Kinder. Campe war immerhin Hauslehrer der Humboldt-Brüder, Verleger und Erfinder der Massenproduktion von Büchern.

16 Bei aller Sorge um die Lesesüchtigen wurden dann doch bemerkenswert wenige Rezepte dagegen vorgeschlagen. Der schlichtweg reaktionären Empfehlung von Karl Philipp Moritz, doch zurückzukehren zum wiederholten Lesen der immer selben Schriften wie einst, hielt der Pädagoge Johann Bernhard Basedow seine immerhin konstruktivere Idee entgegen, eine Enzyklopädie für Leser einzuführen. So könne man das zügellose Lesen eindämmen. Doch es war nicht die Lesekultur, die verschwand, es war das dünkelhafte Genörgle, mit dem man ihr begegnete. Man geht wohl nicht zu weit damit, der Kritik an unseren Netzgewohnheiten dasselbe Schicksal vorauszusagen.

4. Bearbeitungsschritt **Lösungen überprüfen und auf den Antwortbogen übertragen**

Kontrollieren Sie nun Ihre Ergebnisse und tragen Sie sie in den Antwortbogen ein.

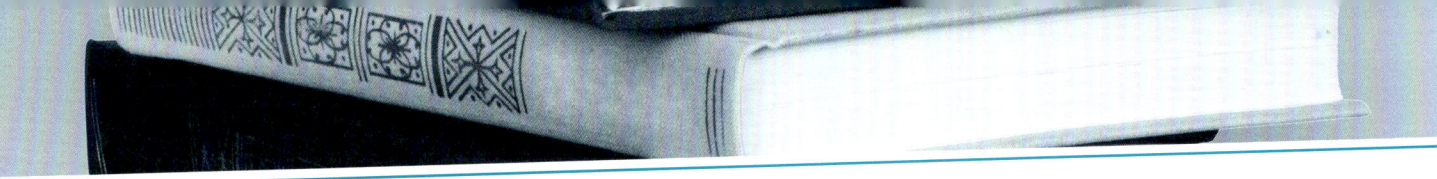

Bearbeiten Sie nun die folgende Prüfungsaufgabe. Lesen Sie dazu noch einmal die Bearbeitungsschritte für das Modul Lesen, Teil 2.

Thema erkennen
1. Bearbeitungsschritt

Verschaffen Sie sich möglichst schnell einen Überblick über das Thema. Bereits in der Aufgabenstellung finden Sie Informationen dazu.

Schlüsselwörter markieren
2. Bearbeitungsschritt

Markieren Sie die Schlüsselwörter in den Aussagen: Was ist wichtig?

Den richtigen Text finden
3. Bearbeitungsschritt

Lesen Sie jeden Textabschnitt und markieren Sie auch hier die Schlüsselwörter. Vergleichen Sie dann. Welche Aussage passt zum jeweiligen Abschnitt?

Lösungen überprüfen und auf den Antwortbogen übertragen
4. Bearbeitungsschritt

Überprüfen Sie, dass Sie kein Detail übersehen und allen Abschnitten eine Aussage zugeordnet haben. Übertragen Sie Ihre Lösungen auf den Antwortbogen.

Modul Lesen, Teil 2

So sehen die Prüfungsseiten aus
Modul Lesen, Teil 2

Dauer: 20 Minuten

Sieben der folgenden Aussagen entsprechen dem Inhalt des Artikels „Fische haben Kompass im Riechorgan". Ordnen Sie die Aussagen den jeweiligen Textabschnitten (**11–16**) zu. Eine Aussage ist bereits als Beispiel markiert und zugeordnet. Zwei Aussagen passen nicht. Markieren Sie Ihre Lösungen auf dem **Antwortbogen**.

Beispiel

0   Verschiedene Tierarten verfügen über einen inneren Kompass mit dessen Hilfe sie sich orientieren.

Aussagen

A   In einer neuen Studie gelang es erstmals ganze Magnetzellen zu isolieren.

B   Bei Forellen wurden eisenoxidhaltige Zellen in der Schleimhaut des Riechorgans gefunden.

C   Es ist denkbar, dass auch der Mensch über Reste dieses Orientierungssinns verfügt.

D   Äußere Einflüsse, wie zum Beispiel Stromleitungen, beeinflussen die Orientierung der Tiere.

E   Das Vorhandensein eines inneren Kompasses bei verschiedenen Arten ist bereits seit geraumer Zeit bekannt, nicht jedoch seine Funktionsweise.

F   Magnetzellen treten zwar nur in geringer Anzahl auf, sind dadurch aber umso leichter zu isolieren.

G   Diese Entdeckung ist ein wichtiger Schritt, um die Genstruktur zu bestimmen.

H   Elektromagnetische Felder beeinflussen die Körperausrichtung von großen Tieren in wesentlich geringerem Ausmaß als von kleinen.

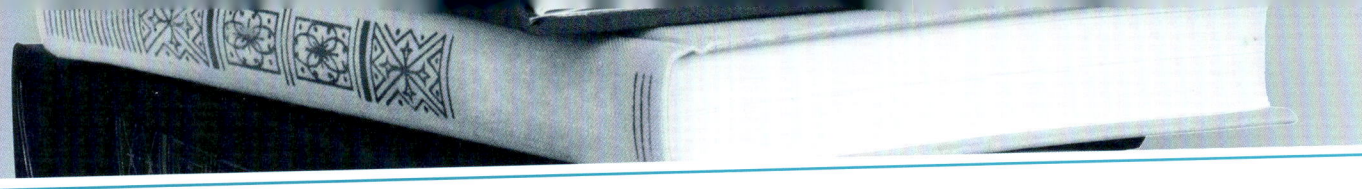

Fische haben Kompass im Riechorgan

Wie orientieren sich Tiere? Bei dieser Frage sind Münchner Forscher einen wichtigen Schritt vorangekommen. Bei Fischen fanden sie magnetische „Kompass"–Zellen. Mit diesen können sich die Tiere am Magnetfeld der Erde ausrichten.

Beispiel

0 Verschiedene Tierarten verfügen über einen inneren Kompass mit dessen Hilfe sie sich orientieren.

Vögel, Fische, Meeresschildkröten, aber auch Rehe, Hirsche und Kühe – sie alle orientieren sich am Magnetfeld der Erde. Wo der Kompass sitzt, war bisher weitgehend unklar. Münchner Forscher haben nun bei Regenbogenforellen die entsprechenden Sinneszellen gefunden und berichten darüber in der Fachzeitschrift „Proceedings" der US-Akademie der Wissenschaften (PNAS). Die Forellen sind nahe Verwandte der pazifischen Lachse, die zum Teil 2000 Meilen weit durch den offenen Ozean zielsicher zu ihrem Heimatfluss zurückkehren.

11 Die Zellen seien in der Riechschleimhaut gefunden worden, sagt der Leiter der Studie, Prof. Michael Winklhofer von der Ludwig Maximilians Universität. Sie enthielten das magnetische Eisenoxid Magnetit, das im Körper der Tiere durch noch unbekannte Mechanismen gebildet wird. In den Zellen wird die Information über das Magnetfeld in einen Nervenreiz umgewandelt, der wiederum dem Tier die Richtung weist.

Nur eine von 10 000 Zellen sei magnetisch. „Das ist der Grund, warum man lange keine großen Fortschritte gemacht hat bei der Suche: Weil es furchtbar wenige Zellen sind", sagt Winklhofer. „Die Suche nach magnetischen Sinneszellen ist wie die sprichwörtliche Suche nach der Stecknadel im Heuhaufen."

12 Dass Tiere Richtungsinformationen aus dem Erdmagnetfeld gewinnen können, war bekannt. Vor fast 50 Jahren, 1963, erkannte der Frankfurter Zoologe Wolfgang Wiltschko, dass sich Zugvögel so orientieren. Wie der innere Kompass funktioniert, war zunächst unklar. Die Forscher fanden aber immer mehr Tiere, die sich nach dem Magnetfeld richten: Krebse, Fische, Rehe – und natürlich Brieftauben. Vor einigen Jahren entdeckten Forscher aus Frankfurt und München in der Schnabelhaut der Taube nanometergroße Partikel aus Eisenoxid. Weitere Untersuchungen erhärteten die Vermutung: Das sind die gesuchten Magnetrezeptoren.

13 In diesem April brachte eine neue Veröffentlichung in „Nature" das ins Wanken: Eine Forschergruppe um David Keays von der Universität Wien stellte fest, dass die eisenmineralhaltigen Zellen in den Schnäbeln von Tauben wohl keine Nervenzellen sind, sondern eher Immunzellen, zuständig für die Bekämpfung von Keimen. Damit schien wieder alles in Frage gestellt. Den Münchner Forschern gelang es nun erstmals, ganze Zellen mit dem magnetischen Eisenoxid Magnetit aus

Gewebe der Forellen zu isolieren und abzusaugen – und den Magnetismus nachzuweisen. Mit Hilfe eines rotierenden Magnetfeldes regten sie die magnetischen Zellen zu einer Drehbewegung an, die nicht magnetischen Zellen ruhten dabei.

14 Der Fund der Zellen sei die Voraussetzung, die Zellbiologie und damit auch die zuständigen Gene zu identifizieren. „Das ist ein ganz wichtiger Schritt", sagt Winklhofer. Sei die Genstruktur klar, könne sie mit dem menschlichen Genom verglichen werden. „Wir Menschen haben keinen Magnetsinn oder sind uns zumindest keines solchen bewusst. Aber es kann natürlich sein, dass unsere Vorfahren das noch hatten. Vielleicht haben wir auch Zellen die Magnetit bilden."

15 Dass auch große Säugetiere sich am Erdmagnetfeld orientieren und dabei sogar auf elektromagnetische Felder reagieren, wiesen Forscher der Universität Duisburg-Essen nach. Kühe, Rehe und Hirsche richten ihre Körperachsen normalerweise in die magnetische Nord-Süd-Richtung aus, stellten die Wissenschaftler um Prof. Hynek Burda bei der Auswertung von Satellitenfotos aus Google-Earth fest.

Wenn die Tiere unter in Ost-West-Richtung verlaufenden Stromleitungen grasten oder ruhten, drehten sie sich auffällig nach Ost-West. Dieser Effekt sei bis zu 50 Meter von den Hochspannungsleitungen entfernt zu beobachten gewesen, wurde aber mit zunehmendem Abstand schwächer, berichteten die Forscher vor gut drei Jahren in PNAS.

16 Auch Fische kommen laut Winklhofer durch menschliche Magnetquellen durcheinander. Die Unterwasserleitungen von Offshore-Windparks scheinen die Tiere bei ihren Wanderungen zu beeinflussen. Der Forscher hält es für gut möglich, dass Menschen mehr oder weniger große Überbleibsel dieses Orientierungssinns haben – und dies auch zu spüren bekommen. „Die Erkenntnisse könnten wichtig sein im Zusammenhang mit Elektrosmog", sagt Winklhofer. Mehr Magnetzellen im Körper würden die Sensibilität dafür erhöhen – und das Leiden einzelner Menschen erklären.

Modul Lesen, Teil 3

Beschreibung des Prüfungsteils

Was bekommen Sie?

- Sie erhalten zwei Vorlagen:
  - einen Text (Zeitungsreportage) im Umfang von circa 1000 Wörtern, wobei der Text sechs Lücken enthält,
  - ein Aufgabenblatt mit sieben Textabschnitten und einem Beispiel

Was sollen Sie tun?

- Sie sollen die Textabschnitte **A** bis **G** in die entsprechenden Textlücken **17** bis **22** einsetzen. Achtung: Das Beispiel ist bereits eingefügt und **ein** Textabschnitt passt nicht.

Was wird geprüft?

- In dem Teil wird Ihre Fähigkeit geprüft, Verbindungselemente und Textbezüge zu erkennen und den inhaltlichen, sprachlichen und logischen Aufbau eines Textes zu erfassen.

Dauer

- Für die Lösung dieser Aufgabe haben Sie 25 Minuten Zeit.

Wie wird dieser Teil bewertet?

- Für jede richtige Lösung erhalten Sie einen Punkt. Am Schluss werden die erreichten Punkte mit drei multipliziert, so dass bei diesem Teil maximal 18 Punkte erreicht werden können.

Überblick über das Modul Lesen, Teil 3

	Prüfungsziele	Textsorte	Aufgabentyp	Aufgabenzahl	Punkte
Modul Lesen Teil 3	Erkennen der Textstruktur	Reportage	Lückentext	6	18

Schritt für Schritt zur Lösung

In den folgenden Abschnitten erfahren Sie, wie Sie diesen Prüfungsteil erfolgreich lösen können. Wir beschreiben zunächst den Lösungsweg 1.
Nach der Bearbeitung dieser Aufgaben sollten Sie in der Lage sein, für sich zu entscheiden, welcher Lösungsweg für Sie persönlich am zeitsparendsten ist. Diesen Weg wählen Sie dann für die Bearbeitung des Modelltextes.

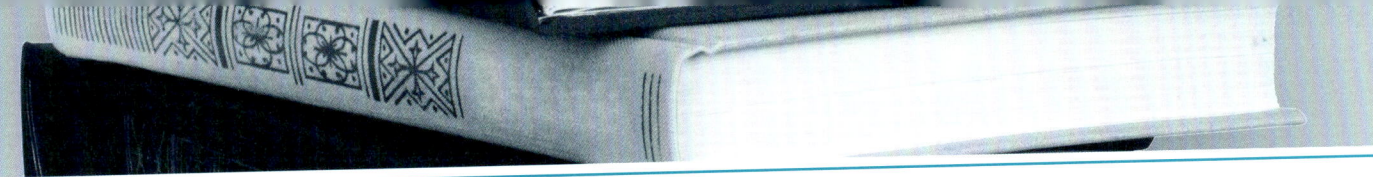

Lösungsweg 1

Thema erkennen

1. Bearbeitungsschritt

Beim Modul Lesen, Teil 3 ist es wichtig Textbezüge und Verbindungselemente zu erkennen. Um den Text in seinem Verlauf verstehen zu können, müssen Sie zuerst einmal das Thema erkennen und sich darauf einstimmen.

So geht´s

Aufgabe 1

1 Lesen Sie im folgenden Textausschnitt zuerst die Überschrift, den ersten Abschnitt und den Textabschnitt 0.

Beste Freunde

Gibt es sie überhaupt, die tiefe Freundschaft zwischen Männern?

Die Geschichte zweier Bergsteiger

An einem stürmischen Wintertag holt Bernd Illguth den Diaprojektor vom Dachboden, anders ist die Sehnsucht nicht zu stillen. Sein Freund Martin Bauregger und er hocken nebeneinander auf dem Fußboden und schauen auf die Bilder. Darauf sind sie selbst zu sehen, aneinander geseilt und in Bergspalten gedrückt.

0 Beispiel

Sogar einen Siebentausender in Pakistan haben sie zu besteigen versucht, als Allererste. Jeden Sicherungshaken selbst in den Fels gesetzt. Vier Wochen lang hielten sie durch, zum Gipfel schafften sie es nicht ganz.

2 Worum geht es in dem Text? Notieren Sie.

Thema des Textes: ....

Schlüsselwörter und Textbezüge erkennen

2. Bearbeitungsschritt

Textbezüge und Verbindungselemente können sein:

→ ein wieder auftauchendes Wort
→ ein Pronomen, das auf etwas verweist
→ inhaltlicher Bezug
→ hinweisende Fürwörter (dieser, jener …)

Modul Lesen, Teil 3

Aufgabe 2:

1. Lesen Sie folgenden Text. Worauf beziehen sich die unterstrichenen Wörter?

Sabine und Peter sind seit den Ereignissen vom vergangenen November eng befreundet. <u>Dabei</u> handelte es sich um ein Hochwasser, wie <u>es</u> die Stadt nie erlebt hatte. <u>Es</u> hatte sämtliche Hilfsorganisationen des Ortes und der Nachbargemeinden gänzlich überfordert. Mit <u>so etwas</u> hatte niemand gerechnet. Nun musste jeder <u>hier</u>
5   Ansässige selbst mit anpacken. Sabine und Peter wohnten am entgegengesetzten Ende derselben Straße, das Haus <u>ihrer</u> Eltern jedoch befand sich bereits in der Oberstadt. Die Feuerwehr schritt zunächst <u>dort</u> ein, wo die Häuser näher am Fluss standen und stärker gefährdet waren. <u>Dadurch</u> war in Peters direkter Nachbarschaft bald das Schlimmste abgewendet und in <u>seinem</u> Bemühen, nun den Nachbarn zu hel-
10   fen, fand <u>er</u> sich in einem Hilfstrupp Freiwilliger wieder. <u>Diese</u> versuchten dann erfolgreich, das Haus von Sabines Eltern gegen das Eindringen der Wassermassen zu schützen. <u>Dabei</u> lernten <u>die Beiden</u> sich näher kennen und <u>sie</u> waren von diesem Tag an Freunde.

a „Dabei" (Zeile 2) bezieht sich auf ....
b „es" (Zeile 2) bezieht sich auf ....
c „Es" (Zeile 3) bezieht sich auf ....
d „so etwas" (Zeile 4) bezieht sich auf ....
e „hier" (Zeile 4) bezieht sich auf ....
f „ihrer" (Zeile 6) bezieht sich auf ....
g „dort" (Zeile 7) bezieht sich auf ....
h „Dadurch" (Zeile 8) bezieht sich auf ....
i „seinem" (Zeile 9) bezieht sich auf ....
j „er" (Zeile 10) bezieht sich auf ....
k „Diese" (Zeile 10) bezieht sich auf ....
l „Dabei" (Zeile 12) bezieht sich auf ....
m „die Beiden" (Zeile 12) bezieht sich auf ....
n „sie" (Zeile 12) bezieht sich auf ....

Anhand von drei Beispielen können Sie nun sehen, wie Sie das im Text (S.39–41) anwenden.

G

Illguths <u>Frau Andrea</u> hat kurz zuvor das Mittagessen bereitet, Schweinswürste und Sauerkraut. Gemeinsam mit den zwei kleinen Kindern und der Großmutter haben die Freunde an einem alten Holztisch gesessen, vor den Terrassenfenstern leuchteten der Gipfel des Hochfellners und die Kampenwand schneeweiß über matschgrauen Feldern.

Hier gibt es im Text einen Bezug, und zwar dort, wo die Lösung 17 zu finden ist. Bernd Illguth ermahnt seinen Freund: „Sag das bloß nicht meiner <u>Frau</u>!" Im ersten Satz des Textabschnitts G wird auf die Frau Bezug genommen und sie wird beim Namen genannt. Somit ist „G" der einzusetzende Abschnitt.

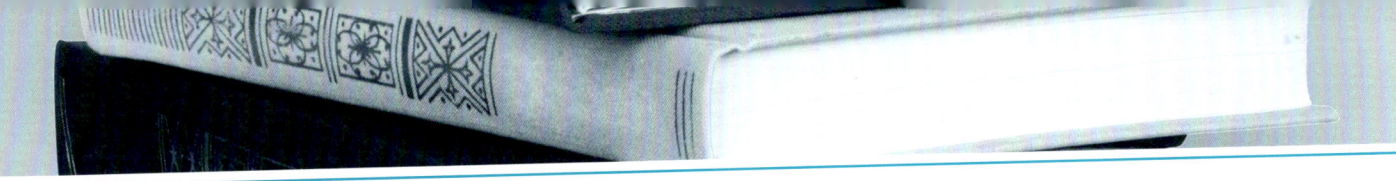

Oder:

B

<u>Eine kleinstädtisch-dörfliche Welt</u>, aus der sie immer wieder ausgebrochen sind. Sport ist ihr Mittel der Grenzüberschreitung – am Berg, beim Skifahren in der Eisrinne, beim Gleitschirmfliegen. Extreme Erfahrungen haben ihre <u>Freundschaft</u> wachsen lassen.

Hier muss es einen inhaltlichen Bezug geben, damit dieser Halbsatz einen Sinn ergibt. Bei der Suche danach, worauf sich „Eine kleinstädtisch-dörfliche Welt" beziehen könnte, entdecken Sie den Satz: „Sie sind gemeinsam in der Nähe des Einsiedlerhofs aufgewachsen, in <u>Traunstein</u>" und damit den Bezug:
„Eine kleinstädtisch-dörfliche Welt" aus Textabschnitt B bezieht sich auf „Einsiedlerhof" und „Traunstein".
Das Wort „Freundschaft" im letzten Satz des Textabschnitts weist dagegen auf das Folgende hin. Existiert auch hier ein Bezug, der die Wahl von Textabschnitt B an dieser Stelle bestätigt? Tatsächlich ist im angrenzenden Abschnitt ebenfalls von „Freundschaft" die Rede: „Ein Blick auf eine Männerfreundschaft".

Oder:

A

Aber <u>er</u> hat Illguth auch offenbart, wie sehr es ihn bedrückte, dass er und seine Frau ein zweites Kind bekommen wollten und das nicht klappte. Wenn er etwas nicht mit seiner Frau besprechen mag, weil er glaubt, dass sie sich damit nicht auskennt, oder weil das Problem mit ihr zu tun hat, wendet er sich an Illguth.

Das Pronomen „er" muss sich hier auf Bauregger beziehen, und dieser hat Illguth etwas „offenbart", also erzählt. Gesucht wird also eine Textstelle, an der es sich um ein Gespräch handelt. Die Lücke zur Lösung 20 scheint hier zu passen, denn sie ist eingerahmt durch die Sätze „Meistens ist <u>Bauregger</u> es, der sich meldet. Oft geht es nur um Alltägliches oder Männerkram wie den Kauf eines Motorrads" und den Satz „Der sei ein guter Gesprächspartner."

Neben den Bezügen helfen Ihnen auch die Verbindungswörter weiter.
Im Deutschen werden viele **Verbindungselemente** *verwendet.*
Achten Sie auf folgende **Verbindungswörter:**

anreihende	:	außerdem, ebenso, ferner, oder, und, wie, zudem
kausale	:	denn, deshalb, nämlich, weil, wegen, zumal (= zusätzlicher Grund)
adversative	:	aber, allein, doch, jedoch, sondern, während
modale	:	als ob, ebenso, geradezu, wie, insoweit, je … desto, je … umso, so … wie
finale	:	auf dass, damit, dass, um … zu
konditionale	:	falls, sofern, soweit, wenn
konsekutive	:	also, daher, darum, dass, demnach, deshalb, deswegen, folglich, in diesem Falle, infolgedessen, so dass
konzessive	:	dennoch, obgleich, obwohl, ungeachtet, wenngleich, wiewohl
restriktive	:	allerdings, insofern, nur

Modul Lesen, Teil 3

Beispiel

A

> <u>Aber</u> er hat Illguth <u>auch</u> offenbart, wie sehr es ihn bedrückte, dass er und seine Frau ein zweites Kind bekommen wollten und das nicht klappte. Wenn er etwas nicht mit seiner Frau besprechen mag, weil er glaubt, dass sie sich damit nicht auskennt, oder weil das Problem mit ihr zu tun hat, wendet er sich an Illguth."

„Aber" bezeichnet einen Gegensatz. Zuvor wurde nämlich gesagt, es gehe bei den Gesprächen um „Männerkram", während es hier um das Problem geht, dass Baureggers kein zweites Kind bekamen.

„Auch" zeigt, dass über Verschiedenes gesprochen wird.

Oder:

0

> <u>Sogar</u> einen Siebentausender in <u>Pakistan</u> haben sie zu besteigen versucht, als Allererste. Jeden Sicherungshaken selbst in den Fels gesetzt. Vier Wochen lang hielten sie durch, zum Gipfel schafften sie es nicht ganz."

„Sogar" bedeutet „auch", „obendrein", „mehr noch". Zuvor ist die Rede von den ebenfalls hohen Bergen, die sie bestiegen haben, und also „obendrein" einen Siebentausender in Pakistan.

So geht´s

Aufgabe 3

1. Lesen Sie nun den Abschnitt vor und nach der Lücke 19. Unterstreichen Sie dabei Schlüsselwörter und verbindende Elemente/Textbezüge.

> Unbestritten ist, dass Männer Freundschaften anders gestalten. Sie unternehmen am liebsten etwas gemeinsam. Frauen treffen sich lieber, um zu reden. Dass Frauen sich deshalb näher seien, könne man daraus aber nicht unbedingt folgern, sagt der Berliner Psychologe Jaap Denissen, der ebenfalls auf dem Gebiet forscht. Es gebe kein allgemeingültiges Maß für die Qualität einer Freundschaft.

Etwas verändert sich offenbar gerade.

19	**Textabschnitt:**

Etwa, über Schwächen und Nöte zu reden.

2. Notieren Sie die Schlüsselwörter und die Textbezüge

Schlüsselwörter: ....

Textbezüge: ....

Textabschnitt der richtigen Lücke zuordnen

So geht´s

Aufgabe 4

3. Bearbeitungsschritt

3. Lesen Sie nun die Textlücken und markieren Sie dort Schlüsselwörter und Textbezüge.

4. Entscheiden Sie, welcher Text in die Lücke passt. Begründen Sie Ihre Entscheidung!

....

....

5. Verfahren Sie nun mit den übrigen noch nicht zugeordneten Textabschnitten nach den Bearbeitungsschritten 1–4.

Sie sind Freunde seit mehr als 20 Jahren. Illguth legt eine neue Diakassette ein. »Ah, die Wildspitze!«, ruft Bauregger. Er ist der bessere Kletterer, auch der größere Draufgänger, er hat den anderen immer wieder ins Risiko gelockt. »Ich hab dir nie erzählt, dass am nächsten Tag die ganze Schneedecke weggerutscht ist. Drei Leute kamen ums Leben.« – »Sag das bloß nicht meiner Frau!«

17 Textabschnitt:

Die Illguths leben auf einem Einsiedlerhof in Oberbayern, in der Nähe des Chiemsees. Illguth ist von Beruf Bautechniker, er hat die alte Scheune in eine lichte Wohnung verwandelt. Illguth ist 41, an ihm fällt als Erstes sein offenes Lachen auf. Bauregger, ein Jahr älter, wirkt eher in sich gekehrt. Als Familientherapeut behandelt er missbrauchte Kinder. Beide Männer sind drahtig, selbst in der Wohnung haben sie den federnden Gang von Basketballern. Sie sind gemeinsam in der Nähe des Einsiedlerhofs aufgewachsen, in Traunstein.

18 Textabschnitt:

Ein Blick auf eine Männerfreundschaft. Gibt es sie überhaupt: Männer, die sich wirklich nahe sind? Die sich in den anderen einfühlen? Hat dieses Geschlecht etwa nicht Schwierigkeiten dabei, aus sich herauszukommen, weil es stets so sehr mit Konkurrenzdenken beschäftigt ist?
An diesem Bild hat lange auch die Wissenschaft gezeichnet: In den siebziger und achtziger Jahren betrachteten die wenigen Forscher, die sich für Freundschaften interessierten, gern die Unterschiede zwischen Männer- und Frauenfreundschaften. Systematische Forschung gibt es bis heute nicht. Neuere Untersuchungen, wie eine Studie des Berliner Psychologen Arnold Krosta und seines Gütersloher Kollegen Hans-Joachim Eberhard von 2004, ergaben dagegen, dass sich Freundschaften zwischen den Geschlechtern kaum unterscheiden – eher zwischen den Milieus. Den angeblichen »Mangel an tief empfundenen Männerfreundschaften konnten wir nicht bestätigen«, schreiben die Psychologen.

Unbestritten ist, dass Männer Freundschaften anders gestalten. Sie unternehmen am liebsten etwas gemeinsam. Frauen treffen sich lieber, um zu reden. Dass Frauen sich deshalb näher seien, könne man daraus aber nicht unbedingt folgern, sagt der Berliner Psychologe Jaap Denissen, der ebenfalls auf dem Gebiet forscht. Es gebe kein allgemeingültiges Maß für die Qualität einer Freundschaft.
Etwas verändert sich offenbar gerade.

Modul Lesen, Teil 3

19 Textabschnitt:

Etwa, über Schwächen und Nöte zu reden.
Am Nachmittag fahren Illguth und Bauregger in ein Café am Ufer des Chiemsees. Als sie ankommen, ist es dunkel. Der Sturm hat den See aufgepeitscht, Wellen rollen auf das verglaste Gebäude zu, es ist wie am Meer. Hier versuchen Illguth und Bauregger das Geheimnis ihrer Freundschaft zu ergründen.
Eigentlich sähen sie sich ja gar nicht so oft, nur alle zwei Wochen zum Sport, beginnt Illguth. Aber sie schrieben sich täglich Mails oder telefonierten, sagt Bauregger. Meistens ist Bauregger es, der sich meldet. Oft geht es nur um Alltägliches oder Männerkram wie den Kauf eines Motorrads.

20 Textabschnitt:

Der sei ein guter Gesprächspartner.
Illguth plant als Bautechniker Industriehallen. Seit 15 Jahren hat er diesen Job, er hatte nie das Bedürfnis zu wechseln, wie der unruhige Bauregger das öfter getan hat. Bauregger war erst Krankenpfleger und hat dann Sozialpädagogik studiert. Danach ließ er sich zum Therapeuten ausbilden. Auch er ist verheiratet, er hat eine kleine Tochter; er lebt in Bad Reichenhall, eine halbe Autostunde vom Haus des Freunds entfernt.
Als sie sich kennenlernten, waren sie gerade noch Teenager. In ihrem Erlebnishunger war Bauregger damals derjenige, der gar keine Grenzen akzeptieren wollte. Illguth war zurückhaltender. Einmal haute Bauregger kurz vor Weihnachten von zu Hause ab, weil er sich mit seinen Eltern nicht verstand, er verbrachte das Fest bei den Illguths. »Wie harmonisch das bei euch war!« erinnert er sich, worüber Illguth sich wundert.

21 Textabschnitt:

Am Anfang jedoch hätten sie sich Wettkämpfe geliefert, sagt Bauregger. Sie hätten sich richtig bekriegt. Es sei nur darum gegangen, wer als Erster oben sei. Heute seien sie nicht mehr so verrückt.
Nach dem Besuch im Café fährt Bauregger allein durch den Sturm nach Hause, es hat begonnen zu schneien. Die Fahrt dauert länger als sonst, er hat viel Zeit nachzudenken. Dann sitzt er in seiner Wohnung am Küchentisch. Ihm sei gerade etwas klar geworden, sagt er. Bernd sehe viele Dinge doch ganz anders als er.

22 Textabschnitt:

Sie war einfach da, gegründet auf die Magie der Zuneigung, nie hat er sie hinterfragt. Er habe einfach viel mehr Kurven in seinem Leben gedreht als der Bernd, also habe er ihn auch als Halt gebraucht. Sein Leben sei wenig gradlinig und planvoll verlaufen, in der Jugend habe es mehrere Neuanfänge gegeben. Bernd sei die einzige Konstante gewesen.
Am nächsten Tag treffen sich Illguth und Bauregger in einer Kletterhalle in Rosenheim. 15 Meter hohe Wände mit bunten Handgriffen, sie markieren den Weg nach oben in verschiedenen Schwierigkeitsstufen. Bauregger steigt als Erster auf, er braucht gerade mal eine Minute. Illguth sichert ihn mit schlafwandlerischer Routine ab. Er misst die Kletterwand mit einem Blick. Von Irritation ist nichts mehr zu spüren.
Gut, dass sie mal über ihre Freundschaft geredet haben.

0
Sogar einen Siebentausender in Pakistan haben sie zu besteigen versucht, als Allererste. Jeden Sicherungshaken selbst in den Fels gesetzt. Vier Wochen lang hielten sie durch, zum Gipfel schafften sie es nicht ganz.

A
Aber er hat Illguth auch offenbart, wie sehr es ihn bedrückte, dass er und seine Frau ein zweites Kind bekommen wollten und das nicht klappte. Wenn er etwas nicht mit seiner Frau besprechen mag, weil er glaubt, dass sie sich damit nicht auskennt, oder weil das Problem mit ihr zu tun hat, wendet er sich an Illguth.

B
Eine kleinstädtisch-dörfliche Welt, aus der sie immer wieder ausgebrochen sind. Sport ist ihr Mittel der Grenzüberschreitung – am Berg, beim Skifahren in der Eisrinne, beim Gleitschirmfliegen. Extreme Erfahrungen haben ihre Freundschaft wachsen lassen.

C
Manchmal sieht es so aus, als nähmen sie die Welt unterschiedlich wahr. Nur wenn sie vom Klettern reden, stimmen sie völlig überein. Illguth nickt. Er erzählt von Wetterumschwüngen und Steinschlag, Hunderte von Metern Steilwand unter sich. Als sie jünger waren, hätten sie noch viel mehr riskiert und sich oft in Lebensgefahr gebracht. Auf den Freund habe er sich immer verlassen können.

D
Es gibt inzwischen viele Männer wie Illguth und Bauregger, die sich, anders als ihre Väter, nicht mehr in ihrer Ehe eingraben, sondern enge Freundschaften pflegen. Die sich Bedürfnisse zugestehen, die mal als weiblich galten.

E
Illguth sagt, er sei ein Spießer, er meint das nicht ernst. Gern macht er sich über den Freund lustig, er findet dessen Leben chaotisch. Bauregger scheint es eher zu entspannen, dass seine schwierigen Seiten ans Licht kommen dürfen. Oft taucht er bei Verabredungen einfach nicht auf, zu denen Illguth andere Leute mitbringt. Er ist eifersüchtig. Nach einigen Tagen meldet er sich wieder, zerknirscht und will sich entschuldigen.

F
Vielleicht sei Illguth ja ihre Freundschaft gar nicht so wichtig wie ihm. Zum ersten Mal nach mehr als 20 Jahren kommt ihm dieser Gedanke. So lange ist ihre Freundschaft ein Blindflug gewesen.

G
Illguths Frau Andrea hat kurz zuvor das Mittagessen bereitet, Schweinswürste und Sauerkraut. Gemeinsam mit den zwei kleinen Kindern und der Großmutter haben die Freunde an einem alten Holztisch gesessen, vor den Terrassenfenstern leuchteten der Gipfel des Hochfellners und die Kampenwand schneeweiß über matschgrauen Feldern.

Modul Lesen, Teil 3

Lösungsweg 2

1. Bearbeitungsschritt

Text überfliegen und Ablauf bewusst machen

1. Lesen Sie den Text auf Seite 43, um einen Überblick über den Ablauf des Textes zu bekommen.

2. Bearbeitungsschritt

Lesen der Textpassagen A bis G, Markieren der Schlüsselwörter

Das sieht dann möglicherweise so aus:

0 Beispiel

Angefangen hat er als Maurer, inzwischen leitet er die Kunstmalerwerkstatt. Sechzehnmal hat Babelsberg seit der Wende Besitzer und Geschäftsführer gewechselt.

A

Und das, obwohl er, zum Beispiel, den Masken in *V wie Vendetta* den Anstrich verpasst hat, jenen Masken, die inzwischen ein Symbol der Occupy-Bewegung sind.

B

Aber wenn im Film ein Gemälde hängen soll, dann muss es von Hand gemalt sein, sonst erkennt man, dass ihm die Oberfläche fehlt. Ausgedruckter Marmor hat sich auch nicht durchgesetzt.

3. Bearbeitungsschritt

Markieren der Verbindungswörter in den Textpassagen

Das sieht möglicherweise so aus:

C

Die kenne man aus der Zeitung, sagt er. Aber wenn man hineingehe, sei das eine andere Sache. Das seien Käfige. Eigentlich müsse man das Schülern zeigen. Das geht leider nicht, die Kulissen sind schon entsorgt.

D

Dafür kamen internationale Filmcrews, denen anzusehen war, dass sie den Babelsberger Handwerkern nicht viel zutrauten. »Wir dachten ja selbst, wir seien hinterm Mond.«

E

Gut, er hat es nicht vom Vater, sondern vom Chef, aber es gefällt Krüger, sich in einer langen Tradition zu sehen, auch weil damit bewiesen ist, dass sie, kulissentechnisch betrachtet, nicht alles falsch gemacht haben in den letzten DDR-Jahren.

Passende Textstellen finden

4. Bearbeitungsschritt

1. Lesen Sie nun den Text noch einmal Abschnitt für Abschnitt durch und finden Sie die passenden Textstellen anhand der Verbindungswörter bzw. ihrer inhaltlichen Aussagen.

Hinter den Kulissen

Die DEFA* brach zusammen. Die neuen Chefs kamen und gingen. Er zimmerte weiter. Zu Besuch bei dem Kulissenbauer Robert Krüger.

Man kann das Glück suchen, indem man von Ort zu Ort rennt. Man kann auch bleiben, wo man ist, und warten, bis es kommt. Das ist die Variante von Robert Krüger. Er ist jetzt 53, aufgewachsen in Potsdam, sein halbes Leben arbeitet er in den bekannten Filmstudios in Babelsberg – seit 1986, noch zu DEFA-Zeiten.

Beispiel: Textabschnitt 0

Angefangen hat er als Maurer, inzwischen leitet er die Kunstmalerwerkstatt. Sechzehnmal hat Babelsberg seit der Wende Besitzer und Geschäftsführer gewechselt.

Es ist schwer, auf dem Gelände noch jemanden zu finden, der so viel Studiogeschichte erlebt hat wie Robert Krüger.
Mit schnellen Schritten, antrainiert auf dem weiten Gelände, geht er in Richtung Malerwerkstatt und erzählt von seinem letzten Film, gerade abgedreht, über den deutschen Guantánamo-Häftling Murat Kurnaz. Krüger hat die Gefängniszellen nachgebaut.

17 Textabschnitt:

»Zum Schluss kommen die Container«, sagt Robert Krüger, der das bedauert, aber auch gut findet. Es gibt nichts Langweiligeres für einen Kulissenbauer als eine Soap-Opera, die jahrelang in denselben drei Wänden gedreht wird. Krüger ist ein Mann, dessen Anteil am Film meist zwischen die Ritzen fällt wie Popcorn zwischen die Kinosessel. Im Filmabspann wird er oft vergessen, zum Beispiel bei Inglourious Basterds von Quentin Tarantino. Dabei war es alles andere als einfach, den Kinosaal, der im

Film in Flammen steht, nach jedem Feuer in einer Stunde wieder anzumalen, wenn Tarantino fand, die Szene sei noch nicht dramatisch genug. Bei einem anderen Film fehlte Krügers Name im Abspann, weil der angereiste Szenenbildner lieber seine Freundin genannt haben wollte. Wenn die Regisseure nach Babelsberg kommen, bringen sie ihre Szenenbildner mit.

18 Textabschnitt:

Wenn die Szenenbildner in der zweiten Reihe stehen, dann steht er in der dritten. Wie ist es so mit denen? Krüger imitiert einen Szenenbildner, der sich über eine Malerei beugt: »›Ich seh da noch einen schwangeren rosa Schein.‹ Ich sag: ›Geh mir weg mit deinem schwangeren rosa Schein. Ich muss bis morgen hundert Quadratmeter Marmor fertig haben.‹« Wissen Regisseure seine Arbeit zu schätzen? »Wenn keiner meckert, haben wir's richtig gemacht. Es muss sich keiner bedanken.«
In seiner Werkstatt hängen an der Wand Arbeitsproben, fünfzig mal fünfzig Zentimeter: U-Boot-Außen- und Hexenkesselinnenwände, holländische Fliesen, Nazi-Parkett und Nazi-Eichentüren. Eine Grabplatte, scheinbar aus Travertin, trägt die Inschrift »Roberto Krugerino«. Wenn man schon im Abspann vergessen wird.

Modul Lesen, Teil 3

19 Textabschnitt:

Besonders schön war, wie dieser künstliche Dreck in den Löchern hängen blieb, wie beim richtigen Stein. Es gibt kein Lehrbuch, das verrät, wie man italienische Grabsteine nachbildet. »Die besten Ideen haben die Faulen«, sagt Krüger. Er zeigt ein bemoostes Dach aus dem Film Ghostwriter von Polanski. Das Moos ist eine Mischung aus Leim und Sägespänen, erklärt er. Und Rost erzeugt man, indem man Sand in die Farbe rührt, damit die Oberfläche bucklig wird. Schimmel in der Hauswand besteht aus Wachs und Bitumen, einem Erdölgemisch. Marmor ist der Klassiker, so etwas wie die Raufaser des Filmkulissenmalers. Marmor lässt sich mit dem Pinsel aufmalen. Wenn viel Marmor verlangt ist, wird es schwierig: »Da fällt dir irgendwann kein Muster mehr ein.« In solchen Fällen vermischt er Ölfarbe mit Wasser, Schlieren bilden sich, dann legt er Papier auf die Farbe. So entsteht ein zufälliges Muster. Das habe man vor hundert Jahren schon gemacht, sagt Krüger, das werde weitergegeben vom Vater zum Sohn.

20 Textabschnitt:

Gibt es eine Deko, die er nicht mehr sehen kann? Das sei die DDR-Tapete, sagt Krüger. Alle verlangten sie. Vor allem die Regisseure aus dem Westen. Er wisse gar nicht, was das sei: DDR-Tapete. Große Blumen? Die habe es doch im Westen auch in den Siebzigern gegeben. Nein, DDR-Tapeten-Filme gebe es jetzt langsam genug.

Als die Wende kam, wollten er und seine Kollegen Farbmischmaschinen und Akkuschrauber haben. Die Akkuschrauber bewährten sich, die Farbmischer weniger. Ein Kulissenmaler muss einen Farbton auch schnell mal von Hand anrühren können. Und Computer? Klar, die gibt es inzwischen. Manche Landschaftsbilder werden heute am Computer gezeichnet.

21 Textabschnitt:

In den ersten Jahren nach der Wende liefen dauernd Männer in langen schwarzen Mänteln über das Gelände des Filmstudios. Männer, von denen Krüger nicht wusste, ob sie Investoren waren oder das Grundstück kaufen wollten, um hier Kühlschränke zu lagern.
Bald war klar: Es kommen keine Kühlschränke.

22 Textabschnitt:

Englisch war auch eine Zeit lang ein Problem. »Die dachten wahrscheinlich, ich spreche einen seltenen Dialekt.« Die erste große internationale Produktion war *Die Unendliche Geschichte, Teil drei*. Als die Kollegen aus England und Amerika viel zu hohe Bäume entwarfen, da ahnte Krüger: Die können es auch nicht besser.
Inzwischen amüsiert es ihn, dass es sich immer nach dem gleichen Muster abspielt: Die angereisten Crews treten erst sehr selbstbewusst auf, es dauert Wochen, bis sie ihn akzeptieren. Er hat lange gewartet, bis die großen Filme nach Potsdam kamen, da macht es auch nichts, zu warten, bis die Kollegen verstehen, was er kann.

*Die Deutsche Film AG, kurz DEFA genannt, war ein volkseigenes Filmunternehmen der DDR.

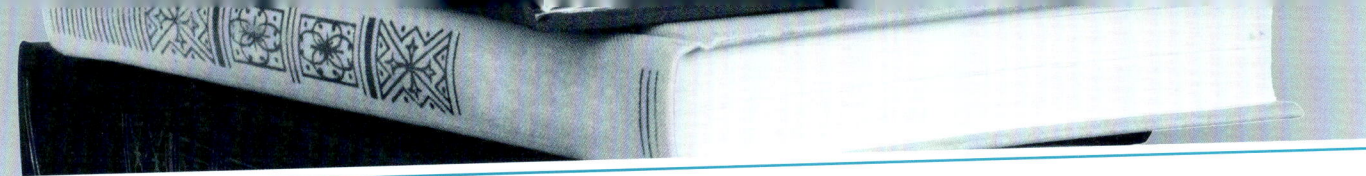

0
Angefangen hat er als Maurer, inzwischen leitet er die Kunstmalerwerkstatt. Sechzehnmal hat Babelsberg seit der Wende Besitzer und Geschäftsführer gewechselt.

A
Und das, obwohl er, zum Beispiel, den Masken in *V wie Vendetta* den Anstrich verpasst hat, jenen Masken, die inzwischen ein Symbol der Occupy-Bewegung sind.

B
Aber wenn im Film ein Gemälde hängen soll, dann muss es von Hand gemalt sein, sonst erkennt man, dass ihm die Oberfläche fehlt. Ausgedruckter Marmor hat sich auch nicht durchgesetzt.

C
Die kenne man aus der Zeitung, sagt er. Aber wenn man hineingehe, sei das eine andere Sache. Das seien Käfige. Eigentlich müsse man das Schülern zeigen. Das geht leider nicht, die Kulissen sind schon entsorgt.

D
Dafür kamen internationale Filmcrews, denen anzusehen war, dass sie den Babelsberger Handwerkern nicht viel zutrauten. »Wir dachten ja selbst, wir sind hinterm Mond.«

E
Gut, er hat es nicht vom Vater, sondern vom Chef, aber es gefällt Krüger, sich in einer langen Tradition zu sehen, auch weil damit bewiesen ist, dass sie, kulissentechnisch betrachtet, nicht alles falsch gemacht haben in den letzten DDR-Jahren.

F
Den Travertin hat er sich ausgedacht: Er hat Nitro-Verdünnung auf Styropor gespritzt, bis sich ein zufälliges Muster aus verschieden großen Löchern ergab. Darüber kam Farbe und schließlich Wasser mit gelöster Umbra, damit es aussieht, als wäre die Grabplatte alt und dreckig.

G
Die denken sich die Kulisse aus. Krüger baut, was in ihrem Kopf ist – aus Styropor, Gips, Bitumen, Schellack, Pigmentfarbe, MDF-Platten. Hauptsache, die Oberfläche stimmt.

Kontrollieren der Lösungen   5. Bearbeitungsschritt

1. Lesen Sie nun den Text noch einmal ganz durch und überprüfen Sie, ob alle Textpassagen an der richtigen Stelle stehen und ob Sie die nicht passende Textstelle herausgefunden haben.

Bearbeiten Sie nun die folgende Prüfungsaufgabe. Lesen Sie dazu noch einmal die Bearbeitungsschritte für das Modul Lesen, Teil 3.

Text überfliegen und Ablauf bewusst machen	1. Bearbeitungsschritt
Lesen der Textpassagen A-G, Markieren der Schlüsselwörter	2. Bearbeitungsschritt
Markieren der Verbindungswörter in den Textpassagen	3. Bearbeitungsschritt
Passende Textstellen finden	4. Bearbeitungsschritt
Kontrollieren der Lösungen	5. Bearbeitungsschritt

Modul Lesen, Teil 3

So sehen die Prüfungsseiten aus

Modul Lesen, Teil 3

Dauer: 25 Minuten

Lesen Sie die folgende Reportage, aus der Textabschnitte entfernt wurden. Setzen Sie die Abschnitte in den Text ein (**17–22**). Ein Textabschnitt passt nicht. Ein Abschnitt ist bereits als Beispiel eingefügt. Markieren Sie Ihre Lösungen auf dem **Antwortbogen**.

Chance des Unbehagens

Seit April 2007 leitet der Archäologe Luca Giuliani das Berliner Wissenschaftskolleg. Er ist damit vom Fachgelehrten zum Vermittler im globalen Dialog der Fächer geworden. Die Antike-Erfahrung prägt weiterhin Neugier und Skepsis des Forschers.

Rom oder Griechenland? Weder noch, sagt der Herr und schüttelt energisch den Kopf, um das Nein zu bekräftigen. „Vielleicht Frankreich im 18. Jahrhundert."

Beispiel: Textabschnitt 0

Bei der Frage, in welches Zeitalter er – vorübergehend, denn er scheint in der Gegenwart gut und zufrieden aufgehoben – wechseln wollen würde, als eine Art Bildungstourist de luxe, entscheidet sich Luca Giuliani, Rektor des Wissenschaftskollegs und Professor für Archäologie, eben nicht für eine der Welten, deren Scherben er am besten kennt.

Er wählt den Beginn einer bürgerlichen Gesellschaft, an deren Säulen wir uns heute noch lehnen; als da sind: Zeitungen und Caféhäuser, Enzyklopädien, konkurrierende Wissenschaft, das Pathos der Aufklärung und seine Ironie. Weltbürgerei, die weder an Herrenmenschentum noch an Religion gebunden war.
Nicht wenig davon ist hierher gerettet. Das Berliner Wissenschaftskolleg ist eine Art Zauberberg für Akademiker - ohne die Berge natürlich, aber auch ohne den Husten. Es ist

Aufgabe des „staff" (in den Funktionsbegriffen anglisiert man hier schwerelos, damit die Alltagstüren sich für alle automatisch öffnen), den Fellows* für die Zeit, die ihnen in der Wallotstraße, Grunewald, vergönnt ist (in der Regel ein akademisches Jahr, in der Regel einmal), den Himmel auf Erden zu bereiten.

17 Textabschnitt:

Der Soziologe Wolf Lepenies, ein Vorgänger Giulianis, hat zwar die eine lange Mittagstafel abgeschafft und Zerstreuung an einzelnen Tischen erlaubt - Oxford goes Starbucks gewissermaßen -, doch der gemeinsame Lunch ist eben verbindlich geblieben. Hinzu kommen die Vorträge, bei denen der Mikrobiologe aus Rio de Janeiro der schwedischen Linguistin, dem chinesischen Mathematiker und dem marokkanischen Soziologen seine Forschung an der Bienen-DNA erklärt. Auf Englisch, of course.
Das klappt mal besser, mal schlechter. Auch Akademiker haben einen Akzent, mehr oder minder ausgeprägte narzisstische Bedürfnisse,

manchmal Langeweile.
Ein Fellow, mit dem er inzwischen befreundet ist, kritzelte während eines der üblichen Arbeitsvorträge Namen auf einen Zettel und steckte Giuliani das Papierchen dann zu: Es war die Liste der Personen, die sich, seiner Erwartung nach, zu Wort melden würden. „Sogar die Reihenfolge stimmte." Damals war Giuliani selbst Fellow; heute könnte er, als Rektor, an manchen Ritualen etwas ändern.

18 Textabschnitt:

Dafür sind die Bedingungen gut genug, auf alles andere hat man, Giulianis Ansicht nach, ohnehin keinen Einfluss. „Als ich hier Fellow war, haben die vier Islamforscher - die einen sogenannten Schwerpunkt bildeten - keine zehn Worte miteinander gesprochen. Was geschieht, geschieht."
Gibt es etwas, das ihn für diese Arbeit von seinem Fach her inspiriert? Das Bildungsideal der Griechen, ihr Kosmopolitismus, die Wiege Europas, kann er die hier sanft schaukeln? Aber kein Gedanke! Das Altertum ist für ihn kein Ort selbstbezüglicher Gemütlichkeit, sondern „Chance des Unbehagens". Es „hat uns geprägt, aber doch nicht unmittelbar". Die Wege sind verschlungen und ändern ihre Richtung: „Ohne die Sklaverei kein Christentum, von mir aus, aber kann man das Überlieferung nennen?" Können wir uns wirklich in eine Gesellschaft versetzen, in der - bis etwa zum 5. Jahrhundert v. Chr. - die großen Erzählungen tatsächlich allein solche waren: mündliche Geschichten von legendären Schlachten, von Göttern und Helden, bei jeder Performance anders erzählt, oft einer Gruppe und immer in einem Beziehungsfeld (denn wer absichtsvoll und in Gemeinschaft zuhört, ist nicht derselbe wie der, den ein Aushänger der „Bild"-Zeitung auf der Straße unvermutet anbrüllt)? Können wir uns ein soziales Gedächtnis ohne Archiv vorstellen? Eine literarische Psyche, in der die Natur kein Vorkommen hat?

19 Textabschnitt:

Wir wissen nur - anders als Lessing -, dass sie es waren. Aber was wissen wir, wenn wir nur das wissen? (Und beinahe nichts von der Lasur, den Mischungen, der Farbsubstanz?)
Die spektakuläre Münchner Ausstellung seines Kollegen Vinzenz Brinkmann, bei der die Torsi ostereierbunt dem Publikum entgegenleuchteten, stützt sich auf ästhetische Vermutungen.

20 Textabschnitt:

Giuliani ist zunächst strenger Materialist. Der ehemalige Kustos am Berliner Antikenmuseum ist in Genauigkeit verliebt - was man seiner luziden Prosa anmerkt, die von Vagheit wie Pedanterie gleich weit entfernt ist. In anstrengungsloser Didaktik erzählt er, wie man in seinem Fach forscht, wie man aus Scherben eine Welt rekonstruiert. Aber eben nicht nur daraus.
Die entscheidenden ersten Impulse für seine Arbeit verdankt er dem Althistoriker Christian Meier, den er in Basel hörte; seit er das Buch „Res publica amissa" gelesen hatte, in dem Meier die finale politische Krise der Römischen Republik analysierte, konnte Giuliani der „Teleologie" seines Faches den Abschied geben. Lange Zeit wurde der Gang der antiken Kultur - „vom Haptischen zum Optischen, vom Plastischen zum Malerischen, von der Immanenz zur Transzendenz" - als lähmende Zwangsläufigkeit, als unabänderliche Richtung auf ein „Telos", ein historisches Ziel hin, beschrieben, gerade weil die Altertumswissenschaft nur auf Scherben starrte.

21 Textabschnitt:

Dabei ist er geblieben. Infolgedessen beschwert er sich nicht mit unbedingten Zielen. Überraschungen des Denkens zu organisieren, so weit eben möglich, ist sein Wunsch. Darin kann man am Kolleg mehr leisten als an der Universität, „die reformiert werden muss, aber anders, als das jetzt der Fall ist". Die Cluster-Forschung beispielsweise schließe Überraschungen methodisch aus, das sei für die Geisteswissenschaften eher unproduktiv. Verwirrungsmoden wie der Derridadaismus - „einfach schrecklich, nicht wahr?" - erledigen sich, seiner Erfahrung nach, irgendwann von selbst, doch kann man dabei behilflich sein: „Das Wahre gibt es nicht, aber unendlich viel Falsches."
Das zu entlarven, hilft das vernünftige Gespräch, und das möglichst vielstimmig zu orchestrieren, sieht er als seine Aufgabe an. Quotierungen führen nicht weit, aber mehr weibliche Fellows

Modul Lesen, Teil 3

und mehr aus der akademischen Peripherie (etwa aus Afrika) will er möglichst am Kolleg zusammenbringen - nicht zuletzt, um intellektuelle Gespräche erfahrungsgesättigt zu machen.
Luca Giuliani ist in Florenz geboren, einer Stadt, die nicht gerade für ihre Antikensammlung berühmt ist.

22 Textabschnitt:

Die Leidenschaft kam erst später. Doch immerhin: Die Gymnasiallehrerin seiner deutschen Mutter, eine Berliner Kunsthistorikerin, habe den Schüler einmal in Florenz zu der wenig gepflegten Sammlung von Torsi und Scherben geführt. „Ich stand da und wusste nicht, was tun. Sie sagte: ‚Beiß dich fest!'" Und so ist es dann gekommen.

* Fellow: Ehren- oder Gastmitglied einer akademischen Einrichtung (Anm. der Redaktion)

0
Bei der Frage, in welches Zeitalter er - vorübergehend, denn er scheint in der Gegenwart gut und zufrieden aufgehoben - wechseln wollen würde, als eine Art Bildungstourist de luxe, entscheidet sich Luca Giuliani, Rektor des Wissenschaftskollegs und Professor für Archäologie, eben nicht für eine der Welten, deren Scherben er am besten kennt.

A
Meiers Arbeit, die von den materiellen Hinterlassenschaften der römischen Kultur gänzlich absieht und sich einzig auf literarische Quellen stützt, öffnete Giuliani die Möglichkeit, geschichtliche Prozesse nicht-hegelianisch zu denken, auch als Archäologe.

B
Seit 1981 beruft es für jeweils ein Jahr 40 Fellows von internationalem Ruf aus Natur-, Geistes- und Sozialwissenschaften, die während dieser Zeit einem frei gewählten Forschungsprojekt nachgehen können.

C
Was hat ihn dazu gebracht, in einer detailliert und luxuriös geschmückten Stadt, voller Gargoyles, Widmungsinschriften, Renaissance-Paläste und Kirchen, in einer kunsthistorisch komplett möblierten Umgebung seine Leidenschaft Hieroglyphen, Lücken und Resten zu widmen?

Und das macht man dann auch. Wer hier gewesen ist, schwärmt nicht nur vom Komfort im Elfenbeinturm (der, was Sinn der Sache ist, das Arbeiten erleichtert), sondern auch von dem, was so los ist im Turm (und zunächst vom Arbeiten abhält): das Gespräch der Fellows miteinander ist nicht Zutat, sondern Idee des Kollegs.

E
Gesichert sind die Muster und die Farbigkeit an sich, aber keineswegs die einzelnen Farben. Der Farbeffekt im Einzelnen bleibt weitgehend unbekannt.

F
Auch liegen zwischen uns und den Alten Abgründe der Nichtüberlieferung: Wir wissen ja nicht einmal, wie farbig jene Skulpturen waren, an denen Europas klassische Bildungselite ihr Schönheitsideal gebildet hat.

G
Das hat er nicht vor. Er scheint zur Toleranz und zur Zufriedenheit zu neigen. Kein Welt-, erst recht kein Menschenverbesserer. Wer will, macht hier das Abitur nach und ist dann fürs Leben gebildet. Wer will, kommt auf neue Gedanken, korrigiert seine Hypothesen, bereichert sich und andere.

D

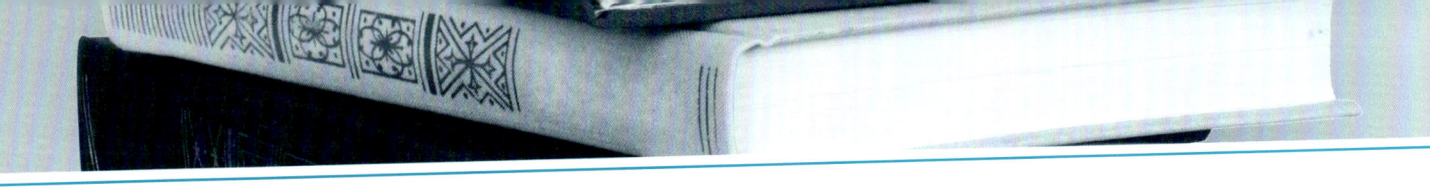

Modul Lesen, Teil 4

Beschreibung des Prüfungsteils

Was bekommen Sie?

- Sie erhalten:
  - ein Aufgabenblatt mit acht Aussagen und einem Beispiel,
  - vier Texte, z. B. Anzeigen, Auszüge aus Informations- oder Werbematerialien, im Umfang von circa 800 Wörtern.

Was sollen Sie tun?

- Sie sollen die Aussagen (**23–30**) den entsprechenden Anzeigentexten (**A–D**) zuordnen.

Was wird geprüft?

- Die Aufgabe prüft Ihre Fähigkeit, Texte schnell zu lesen, um ihnen gezielt wichtige Details entnehmen zu können.

Lösungsweg

- Lesen sie zunächst das Beispiel und die acht Aussagen. Markieren Sie dabei Schlüsselwörter. Überfliegen Sie dann die vier Texte und wählen Sie aus.

Hinweis: Mehrere Aussagen können auf eine Anzeige zutreffen, aber es gibt immer nur **eine** passende Anzeige für jede Aussage.

Dauer

- Die Bearbeitungszeit für den Teil 4 des Moduls Lesen beträgt 10 Minuten.

Wie wird dieser Teil bewertet?

- Sie erhalten für jede richtige Lösung einen Punkt. Die erreichte Punktzahl wird mit drei multipliziert. Daraus ergibt sich eine Höchstpunktzahl von 24 für Teil 4 des Moduls Lesen.

Überblick über das Modul Lesen, Teil 4

	Prüfungsziele	Vorlagen	Aufgabentyp	Aufgabenzahl	Punkte
Lesen Teil 4	Schnelle, selektive Entnahme von detaillierten Informationen	Anzeigen, Auszüge aus Informations- oder Werbebroschüren	Zuordnung	8	24

Modul Lesen, Teil 4

Schritt für Schritt zur Lösung

In den folgenden Abschnitten lernen Sie, wie Sie bei der Lösung dieser Aufgabe Schritt für Schritt vorgehen können.

So geht's

1. Bearbeitungsschritt — **Thema erkennen**

Verschaffen Sie sich möglichst schnell einen Einblick in das übergeordnete Thema des Teils 4. Die ersten Informationen dazu können Sie bereits dem ersten Satz der Aufgabenstellung entnehmen.

Aufgabe 1

1. Lesen Sie den ersten Satz der Aufgabenstellung:

Sie interessieren sich für eine Tätigkeit bei einem Tierschutzprojekt.

2. Unterstreichen Sie Schlüsselwörter. Was ist das Thema?

Thema: ....

2. Bearbeitungsschritt — **Schlüsselwörter in den Aussagen markieren**

Aufgabe 2

1. Lesen Sie den übrigen Aufgabentext:

Verschaffen Sie sich schnell einen Überblick über die vier Angebote. Zu welcher Anzeige (A, B, C, D) passen die Aussagen (23–30)? Auf eine Anzeige können mehrere Aussagen zutreffen, aber es gibt nur eine richtige Lösung für jede Aussage. Markieren Sie Ihre Lösungen auf dem Antwortbogen.

Nach dem Lesen der Einleitung kennen Sie bereits das Thema von Teil 4. Nun geht es darum, die acht Aussagen (23–30) möglichst schnell den vier Anzeigen (A–D) zuzuordnen.

So geht's

2. Lesen Sie die folgenden Aussagen der Reihe nach genau durch. Unterstreichen Sie dabei Schlüsselwörter.

0 _____ In Abhängigkeit vom Projekt kümmern sich Teilnehmer um unterschiedliche Tiere.

23 _____ Spanischkenntnisse sind für eine Mitarbeit bei dem Projekt erforderlich.

24 _____ Ein Einsatz dauert zwischen einem und drei Monaten.

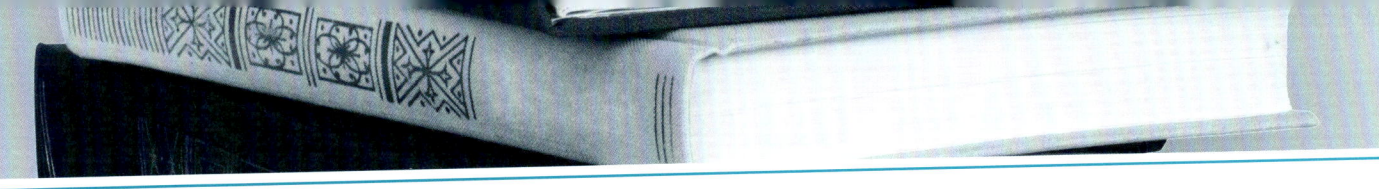

25 _____ Teilnehmer können sich ihren Einsatzort zu Beginn ihres Aufenthalts bei der Verwaltung selbst aussuchen.

26 _____ Die Projektstandorte sind variabel.

27 _____ Ein Spanischkurs bildet einen integrierten Bestandteil des Projekts.

28 _____ Die Einbringung eigener Ideen wird sehr begrüßt.

29 _____ Basiskenntnisse in Englisch genügen für eine Teilnahme an dem Projekt.

30 _____ Die interessanteste Projektphase ist während der Frühlings- und Sommermonate.

Den richtigen Text finden

Nachdem Sie die Schlüsselwörter in den Aussagen markiert haben, geht es nun darum, möglichst schnell die richtige Anzeige zu finden.

3. Bearbeitungsschritt

So geht's

Sie müssen die Anzeigen nicht in allen Einzelheiten durchlesen. Gehen Sie selektiv vor: Suchen Sie in den Anzeigen gezielt nach den gesuchten Kriterien.

Aufgabe 3

1. Lesen Sie folgende Aussage. Unterstreichen Sie Schlüsselwörter.

0 _____ In Abhängigkeit vom Projekt kümmern sich Teilnehmer um unterschiedliche Tiere.

TIPP:
Selektives Lesen ist eine wichtige Arbeitsstrategie für diesen Prüfungsteil.

2. Lesen Sie nun die folgenden Textausschnitte. Welcher Textausschnitt entspricht der Aussage? Kreuzen Sie an.

Text A ☐

*Erlebe **Elefanten**, **Büffel**, **Löwen**, **Geparden**, **Nilpferde**, **Zebras**, **Giraffen** und **Krokodile** hautnah bei einem Projekteinsatz im Tsavo Nationalpark! Als Freiwillige/r arbeitest du beim **Schutz und Management der Wildtiere** mit, entfernst Fallen und gehst mit auf **Buschpatrouille**, um verwundete und verwaiste Tiere zu finden.*

Text C ☐

*Je nach Projekt hast du bei diesem Volontär-Programm **mit verschiedenen Tieren** zu tun, die Aufgaben sind jedoch immer ähnlich: **Kümmere dich um verletzte und verwaiste Wildtiere** ...*

Modul Lesen, Teil 4

TIPP: Es ist möglich, dass die gesuchte Information im Anzeigentext bereits grafisch hervorgehoben ist.

3. Begründen Sie Ihre Entscheidung.

....
....
....

4. Im Folgenden finden Sie nun die Anzeigen (**A-D**) zum Thema *Tätigkeit bei einem Tierschutzprojekt*. Ordnen Sie die Aussagen von Seite 50–51 den einzelnen Anzeigen zu und tragen Sie Ihre Lösungen dort ein. Unterstreichen Sie dabei in den Anzeigen die Aussagen, die zur Lösungsfindung beitragen.

Text A

Wildlife-Conservation in Kenia

Erlebe Elefanten, Büffel, Löwen, Geparden, Nilpferde, Zebras, Giraffen und Krokodile hautnah bei einem Projekteinsatz im Tsavo Nationalpark! Als Freiwillige/r arbeitest du beim Schutz und Management der Wildtiere mit, entfernst Fallen und gehst mit auf Buschpatrouille, um verwundete und verwaiste Tiere zu finden. Du stellst Informationen für Touristen zusammen, informierst Besucher über das Verhalten der Tiere und gehst mit auf Touren durch den Park. Außerdem besuchst du die umliegenden Dörfer und Schulen und klärst die Einheimischen über die Notwendigkeit von Umweltschutz auf. Eigene Ideen der Freiwilligen sind sehr willkommen! Meist arbeitet man 5 Tage in der Woche, so dass

neben der Arbeit noch genug Zeit bleibt, um Ausflüge zu machen und die Gegend zu erkunden.

Orientierungstag in Nairobi
Dein Aufenthalt in Kenia beginnt mit einem Orientierungstag in Nairobi. Nach der Ankunft verbringst du die erste Nacht in einem Hotel in der Stadt und ruhst dich von der Reise aus. Am zweiten Tag nimmst du an einer Nairobi-City-Tour teil. Danach geht es in den Nationalpark und du beginnst mit deiner Projektarbeit.

Projekt-Infos „Wildlife-Conservation Kenia"

Altersbegrenzung: ab 18 Jahre
Beginn: ganzjährig
Einsatzdauer: ab 4 Wochen
Projektstandort: Tsavo-West-National Park (ca. 300 km von Nairobi).
Unterbringung: Camps und Lodges direkt im Nationalpark, inkl. Verpflegung; Einzelzimmer auf Anfrage.

Sprachkenntnisse:
Englischkenntnisse

Preise: 4 Wochen: 1599 €,

Extrawoche: 150 €

Text B

Freiwilligenarbeit in Costa Ricas Nationalparks

Costa Ricas **Naturschätze sind einfach atemberaubend** und die Vielfalt der verschiedenen Klima- und Landschaftszonen ist sehr beeindruckend. Damit das auch noch lange so bleibt, sind große Teile des Landes durch **Nationalparks** geschützt. Insgesamt gibt es über 40 Nationalparks, die trotz der recht bescheidenen Größe von Costa Rica sehr unterschiedliche Landschaftsbilder und eine überaus vielfältige Fauna aufweisen. Ein **Freiwilligeneinsatz** in einem der schönen Nationalparks ist eine einmalige Gelegenheit, **die Wunder und schönsten Ecken des Landes kennen zu lernen.**

Die Aufgaben in den Nationalparks

Dein Aufenthalt beginnt mit einem Termin bei der Nationalparkverwaltung in San José, bei welchem dir die einzelnen Parks vorgestellt und deren Infrastruktur erklärt werden. Anschließend liegt die Qual der Wahl bei dir!

Die genauen Aufgaben variieren ja nach Park. In jedem Fall stehen sie alle im Zusammenhang mit dem **Natur- und Artenschutz**. Das Führen der Parkbesucher durch die Parks kann dabei genauso zu deinen Aufgaben gehören wie **Instandhaltungsarbeiten**, die **Überwachung der Tierpopulation, Umweltschutzprojekte** oder **administrative Aufgaben** im Verwaltungsgebäude.

Programm-Infos und Voraussetzungen

Mindestalter: 18 Jahre (max. 65 Jahre)

Einsatzdauer: ab 2 Wochen bis 6 Monate

Einsatzort: landesweit in Nationalparks, Costa Rica

Beginn: ganzjährig an jedem beliebigen Tag

Sprachen: Spanischkenntnisse (wenn nicht vorhanden, kann ein Sprachkurs dazu gebucht werden)

Unterkunft: Mehrbettzimmer im Volontär-Haus

Verpflegung: Vollpension

Preis: ab 535 € für 2 Wochen (zzgl. 50 € Anmeldegebühr, inkl. Unterkunft und Vollpension)

52

Text C

Wildlife-Volontär in Kanada

Kleine Bären, Adler, Elche, Waschbären, Stinktiere, Huskys und Greifvögel – die **Tierwelt Kanadas** lässt das Herz von so vielen Tierfreunden höher schlagen. Je nach Projekt hast du bei dem Volontär-Programm **mit verschiedenen Tieren** zu tun, die Aufgaben sind jedoch immer ähnlich: Kümmere dich um verletzte und verwaiste Wildtiere und hilf tatkräftig mit, sie wieder in einem der zahlreichen **Rehabilitationszentren** aufzupäppeln. Du wirst ihnen das Futter zubereiten, darfst sie auch gerne selber füttern und musst auch die Gehege sauber machen. Wenn Tierbabys da sind, dann brauchen diese natürlich ganz besonders **viel Aufmerksamkeit und Zuwendung** und somit musst du dich oftmals rund um die Uhr mit ihnen beschäftigen.

Da in der Regel **von April bis August** in den meisten Projekten der Nachwuchs auf die Welt kommt, ist das meist die aufregendste und spannendste Zeit im Projekt!

Folgende Wildlife-Projekte sind in Kanada möglich:

- Pflege von kleineren Tieren (wie z.B. Waschbären und Stinktiere)
- Husky-Ranch
- Bären und Adler
- Pflege von Bären
- Bären, Elche und Hirsche
- „Wilde Tiere am Fluss"
- Wilde Tiere am Stadtrand von Vancouver
- Wilde Tiere, Katzen und Hunde
- Eulen und Greifvögel

Projekt-Infos der Wildlife-Projekte

Mindestalter: 19 Jahre (max. 35 Jahre)

Einsatzdauer: ab 4 Wochen (bis 12 Wochen)

Arbeitstage: variabel

Beginn: jeden Sonntag

Projektstandorte: je nach Projekt
(meist in British Columbia)

Sprachkenntnisse: gute Englischkenntnisse

Text D

Rette Meeresschildkröten in Guatemala

Du wolltest schon immer einen Aufenthalt am traumhaften Pazifik mit einer sinnvollen Tätigkeit verbinden? Umgeben von Palmen unvergleichliche Sonnenuntergänge am Strand erleben und parallel dabei helfen, **frischgeschlüpfte Meeresschildkröten** davor zu bewahren, als einheimische Delikatesse verkauft zu werden? Dann ist dieses Projekt genau das Richtige für dich! **Schütze mit anderen Freiwilligen aus aller Welt den Lebensraum der Meeresschildkröten,** hilf zum Teil bei der Wiederauswilderung von Kaimanen und Krokodilen und nimm die **Vielfalt der Aufgaben** an, die das Projekt für dich bereithält. In dem Volontär-Programm ist ein **Spanisch-Sprachkurs (in Form von Einzelunterricht) bereits enthalten.** So wirst du bestens vorbereitet in dein Projekt starten.

Projekt-Informationen

Mindestalter: 18 Jahre
Einsatzdauer: ab 4 Wochen (bis zu 1 Jahr), inkl. Sprachkurs
Arbeitstage: variabel
Beginn: ganzjährig, jederzeit (du entscheidest, wann es losgeht)
Projektstandorte: in Antigua (Sprachkurs) und nahe San José (Projekt)
Unterbringung: während des Sprachkurses in einer Gastfamilie (inkl. 3 Mahlzeiten an jeweils 6 Tagen/Woche); während des Projekts im Freiwilligenhaus
Sprachkenntnisse: Grundkenntnisse in Englisch ausreichend

Preise: 4 Wochen (inkl. 1 Woche Sprachkurs): 890 €
8 Wochen (inkl. 4 Wochen Sprachkurs): 1390 €
Jede weitere Woche Sprachkurs (inkl. Unterkunft und Verpflegung): 160€
Jede weitere Woche Projekt (inkl. Unterkunft): 100€

Modul Lesen, Teil 4

4. Bearbeitungsschritt — Lösungen überprüfen und auf den Antwortbogen übertragen

Vergewissern Sie sich, dass Sie nichts übersehen und alle Aussagen einem Anzeigentext zugeordnet haben. Vergessen Sie zum Abschluss nicht, die Lösungen auf Ihrem Antwortbogen zu markieren.

Aufgabe 4

1. Lösen Sie nun die folgende Aufgabe. Wenden Sie dabei Schritt für Schritt die vier Bearbeitungsschritte an.

Sie interessieren sich für ein Praktikum im Ausland. Verschaffen Sie sich schnell einen Überblick über die vier Angebote. Zu welcher Anzeige (**A, B, C, D**) passen die Aussagen (**23–30**)? Auf eine Anzeige können mehrere Aussagen zutreffen, aber es gibt nur **eine** richtige Lösung für jede Aussage. Markieren Sie Ihre Lösungen auf dem **Antwortbogen**.

0	_D_	Unternehmen haben sich hier über die Grenzen zusammengeschlossen, um die Bedürfnisse ihrer Kunden transnational abzudecken.
23	_____	Wer noch keine Erfahrungen im Zielland hat, sollte einen entsprechenden Vorbereitungskurs über dessen Sprache und Kultur besuchen.
24	_____	Der Praktikant wird bezahlt.
25	_____	Die Leistungen der Agenturpartner sind in mehrere Kategorien unterteilt.
26	_____	Die Abwicklung der Korrespondenz durch den Praktikanten soll in deutscher Sprache erfolgen.
27	_____	Es gibt zwei Praktikumsstellen zu besetzen.
28	_____	Ein Angestellter vor Ort hilft bei der Vermittlung des geeigneten Praktikumsplatzes.
29	_____	Der geeignete Praktikant verfügt über eine Fahrerlaubnis.
30	_____	Praktikumsabsolventen erhalten einen Tätigkeits- und Leistungsnachweis.

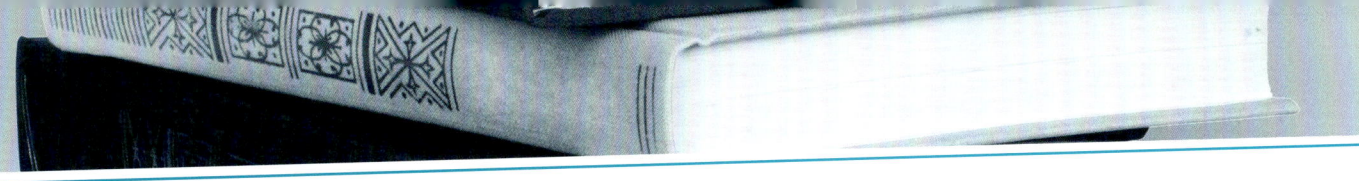

Text A

Praktikum als Handelsmanager/Kundenmanager in einem Kunststoffunternehmen in Barcelona

Über uns

Wir sind ein junges und dynamisches Unternehmen aus Barcelona, bestehend aus einem professionellen Team mit jahrelanger Erfahrung im produzierenden Gewerbe und im Vertrieb. Das Unternehmen bietet Kunststoffprodukte an, die zur Sicherung und Fixierung im industriellen Bereich dienen. Die Kunden kommen aus den unterschiedlichsten Sektoren: Elektronik-/ Automobilbranche, Maschinenbau, Konstruktion, Möbelindustrie und andere. Das Ziel ist es, in Verbindung mit hohem Service den Kunden die bestmögliche Qualität von standardisierten Kunststoffartikeln zu liefern.

Aufgabenbereich

Das Unternehmen sucht einen Praktikanten, der im Bereich Kundenmanagement, Vertriebsorganisation und Online-Marketing fungiert.

- Kundenmanagement: Kundenbetreuung/-akquise, Betreuung der Kundendatenbank
- Aufrechterhaltung bestehender Kundenbeziehung/ Auftragsverfolgung
- Vertriebsorganisation: Suche und Auswahl von möglichen Vertriebshändlern, Organisation von Geschäftsreisen
- Betreuung bestehender Marketingkampagnen
- Entwicklung neuer Marketingaktionen
- Übersetzungen, Aktualisierung und Entwicklung der verschiedenen Arten von Dokumenten in deutscher Sprache: Internetseiten, Präsentationen, E-Mails, Briefe, Kataloge
- Erstellung von Berichten

Voraussetzungen

- Student in den Fachrichtungen internationales Handelsmanagement, Management oder in Betriebs-/ Volkswirtschaftslehre
- gute Deutsch und Englischkenntnisse
- Spanisch (wünschenswert, aber nicht notwendig)
- kundenorientiertes, freundliches und hilfsbereites Auftreten
- Organisationstalent zuverlässig und kommunikativ
- Teamfähigkeit
- gepflegtes Äußeres

Arbeitszeiten: Mo-Fr 8-17 Uhr

Praktikumsbeginn: Juni

Vergütung: nach ortsüblichem Tarif

Praktikumsdauer: mind. 3 Monate

Text B

Praktikum im Bereich Finanzen/BWL in Irland

Arbeitgeberbeschreibung:

Der Bereich Finanzen/BWL ist sehr vielfältig und in nahezu allen Unternehmen vorzufinden. Unser Mitarbeiter in Irland verfügt über eine Vielzahl an Kontakten zu diversen Unternehmen, in denen zahlreiche Finanz-Praktikumsplätze angeboten werden. Von einem kleinen Dienstleister bis hin zu einer Verwaltungsabteilung eines großen Konzerns ist alles vertreten.

Welche Kriterien soll Ihr Traumarbeitgeber erfüllen? Unser Mitarbeiter vor Ort wird Sie bei den Unternehmen vorstellen, welche diese erfüllen. Durch diese Vorgehensweise steigern sich Ihre Vermittlungschancen erheblich.

Stellenbeschreibung:

- Unterstützung der Abteilungsbuchhalter: Buchführung – Geschäftsbücher, Konten, Kalkulationsblätter
- Überwachung der Zahlungseingänge
- Budgetierung
- Rechnungsstellung
- ggf. Mitarbeit im Vertrieb/Marketing
- allgemeine administrative Tätigkeiten

Stellenanforderung:

- Studium der Betriebswirtschaftslehre mit Schwerpunkt Steuern / Bilanzen / Unternehmensrechnung o.ä.
- sicherer Umgang mit Microsoft Office
- Zuverlässigkeit und präzise Arbeitsweise
- gute Englischkenntnisse in Wort und Schrift
- zuverlässig und freundlich, ehrlich, konzentriert
- Auge fürs Detail
- Eigeninitiative
- Führerschein

Vergütung: -

Praktikumsbeginn: Flexibel

Praktikumsdauer: Flexibel

Branche: Consulting / Unternehmensberatung, Controlling / Finanzen/ Rechnungswesen / Steuern

Gebiet/Ort: Irland

Kategorie: Praktikum

Beschäftigungsart: Vollzeit

Vertragsart: Zeitlich begrenzt

Modul Lesen, Teil 4

Text C

Praktikum in Neu Delhi

Bezahlung
Das Praktikum in Indien ist unbezahlt.

Praktikum in Indien: die Branchen
- Bildungs- und Schulwesen
- Grafik und Design
- Hotellerie, Gastronomie
- Ingenieurwesen
- IT, Informatik
- Marketing
- Medien, TV, Radio, Foto
- Medizin, Tiermedizin
- Mode
- NGO (Non-Governmental Organizations)
- Tourismus, Ökotourismus
- Umweltschutz, Tierschutz

Programmdauer in Indien
Das Praktikum in Neu Delhi dauert min. 4 Wochen, max. 12 Wochen. Wir empfehlen den Vorbereitungskurs Sprache und Kultur über min. 2 Wochen, wenn Sie noch keine Erfahrung in Indien haben.

Voraussetzungen & Bewerbungsfrist
- Mindestalter 18 Jahre
- Englischkenntnisse auf dem Niveau B2 bei Beginn des Praktikums. Bei geringeren Englischkenntnissen empfehlen wir die Teilnahme an einem Englischkurs im In- oder Ausland
- Sie müssen keine Berufserfahrung nachweisen, aber es ist vorteilhaft, wenn Sie bereits über Grundkenntnisse im Studienfach bzw. Einsatzbereich verfügen.

Zertifikate
Sie erhalten einen Praktikumsnachweis, ausgestellt von Ihrem Arbeitgeber in Indien: Er beschreibt die Arbeitsfelder, die Sie während Ihres Praktikums kennenlernten, und beurteilt Ihre Leistungen als Praktikant.
Sollten Sie vor Beginn des Praktikums einen Hindikurs besuchen, erhalten Sie auch für den Kurs ein Zertifikat.

Text D

Marketing Praktikum bei weltweit größtem Agenturnetzwerk

Dieses internationale Netzwerk wurde gegründet, um den Kundenbedürfnissen auch länderübergreifend zu entsprechen. Bereits seit 1989 schließen sich inhabergeführte Agenturen für eine weltweite Präsenz zusammen. Mit mehr als 150 Partnern ist die Agentur heute das größte unabhängige Agentur-Netzwerk der Welt. Die weltweit angebotenen Leistungen sind in verschiedene Kategorien unterteilt:

- Werbung
- Gesundheitswesen
- Medienplanung
- Öffentlichkeitsarbeit
- Verkaufspromotionen
- Aktionen zur Kundenbindung
- Verpackung und graphische Gestaltung
- Sponsorenveranstaltungen
- Marktforschung und Beratung

Aufgabenbereich
Es gibt folgende Praktika zu vergeben, zum einen im Bereich Administration (Organisation von Veranstaltungen, Verwaltung und Aktualisierung der Kundendateien, Neukundenakquise) und zum anderen im Bereich Kommunikation (Kooperationen mit zukünftigen Partnern). Hierbei steht immer im Vordergrund, den täglichen Kontakt mit Mitgliedern der Agentur weltweit zu halten sowie neue Kontakte zu knüpfen.

Fähigkeiten:
- sehr gute Englischkenntnisse
- Kommunikation: Internet, E-Mail, Telefon

Praktikumsbeginn: flexibel
Vergütung: keine
Praktikumsdauer: mind. 5 Monate

Bearbeiten Sie nun die folgende Prüfungsaufgabe. Lesen Sie dazu noch einmal die Bearbeitungsschritte für das Modul Lesen, Teil 4.

1. Bearbeitungsschritt	Thema erkennen
2. Bearbeitungsschritt	Schlüsselwörter in den Aussagen markieren
3. Bearbeitungsschritt	Den richtigen Text finden
4. Bearbeitungsschritt	Lösungen überprüfen und auf den Antwortbogen übertragen

So sehen die Prüfungsseiten aus
Modul Lesen, Teil 4
Dauer: 10 Minuten

Sie interessieren sich für Projekte im Bereich Umweltschutz.
Verschaffen Sie sich schnell einen Überblick über die vier Angebote. Zu welcher Anzeige (**A, B, C, D**) passen die Aussagen (**23–30**). Auf eine Anzeige können mehrere Aussagen zutreffen, aber es gibt nur **eine** richtige Lösung für jede Aussage. Markieren Sie Ihre Lösungen auf dem **Antwortbogen**.

Beispiel

0   _B_   Die Projekte erforschen Ursachen, auf denen die Problemlösungen aufbauen.

23 _____ Bei diesem Projekt handelt es sich nicht um einen Wettbewerb.

24 _____ Die Beiträge sollen zu mehr Umweltbewusstsein aufrufen.

25 _____ Die Themen können frei gewählt werden, einzige Einschränkung ist, dass ein Umweltthema im Zentrum des Beitrags steht.

26 _____ Das Preisgeld beträgt insgesamt 20.000 Euro.

27 _____ Das Entscheidungsgremium setzt sich aus Juroren aus den Bereichen Naturschutz und Sport zusammen.

28 _____ Der Einsendeschluss für deutsche Teilnehmer ist Mitte Mai.

29 _____ Wirkungsbereiche sind neben Umwelt und Klima auch Energie und Mobilität.

30 _____ Die Mentoren der Gewinner erhalten ebenfalls Preise.

Modul Lesen, Teil 4

Text A

Der grüne Blick

Im Rahmen des Deutschlandjahres in Russland, das unter dem Motto „Deutschland und Russland: gemeinsam die Zukunft gestalten" steht, ruft das Goethe-Institut Moskau in Zusammenarbeit mit dem deutschen Umweltbundesamt und dem Russischen Ökologischen Zentrum einen **Umweltwettbewerb „Wir und die Zukunft: der grüne Blick"** aus.

Der Wettbewerb wird in beiden Ländern, Deutschland und Russland, durchgeführt. Die künstlerischen Entwürfe sollen bildhaft dazu beitragen, das Bewusstsein für die aktuellen Umweltprobleme in der Öffentlichkeit zu schärfen und zum Handeln für eine nachhaltige „grüne" Zukunft unserer Länder zu ermutigen.

Themen

- Die Stadt, in der ich leben will
- Erneuerbare Energien
- Die Zukunft des Wassers
- Bedrohte Vielfalt
- Das Klima ändert sich

Kategorien

1. Die besten Plakat- oder Postkarten-Entwürfe
2. Das beste Foto
3. Der beste Video-Clip
4. Das beste Video von einem Öko-Flashmob
5. Das beste Gedicht

Die Werke **der Teilnehmerinnen und Teilnehmern aus Russland** können **bis zum 31. Mai** an die E-Mail-Adresse goethe-konkurs@yandex.ru mit dem Betreff Конкурс «Мы и будущее: зеленый взгляд» eingereicht werden.

Die Werke **der Teilnehmerinnen und Teilnehmer aus Deutschland** können **bis zum 15. Mai** an die E-Mail-Adresse: wettbewerb.gruenerblick@uba.de mit dem Betreff „Umweltwettbewerb: „Wir und die Zukunft: der grüne Blick" eingereicht werden.

Text B

BundesUmweltWettbewerb
Vom Wissen zum nachhaltigen Handeln

Nachhaltige Entwicklung ist in aller Munde. Und das ist gut so, denn schließlich geht es ums Ganze: das Zukunftsprojekt Erde! Zeigt eure Ideen und macht mit beim BundesUmweltWettbewerb (BUW). Die Anmeldung ist jederzeit bis zum 15. März über das Anmeldeportal der ScienceOlympiaden möglich.

Die Aufgabe beim BUW besteht darin, mit Projektarbeiten Ursachen von Umweltproblemen auf den Grund zu gehen und darauf aufbauend den Problemen mit Kreativität und Engagement entgegen zu treten. Dafür steht das Wettbewerbsmotto: „Vom Wissen zum nachhaltigen Handeln". Wissenschaftliche Vorgehensweisen, schlüssige nachhaltige Denkansätze und lösungsorientiertes Handeln sind wichtige Merkmale guter BUW-Projekte.

Das Spektrum der möglichen Projektthemen und -formate ist breit und reicht von wissenschaftlichen Untersuchungen, umwelttechnischen Entwicklungen über Umweltbildungsmaßnahmen und -kampagnen bis hin zu Medienprojekten. Wichtig ist, dass ein Umweltthema im Zentrum des Projektes steht. Das Thema selbst ist frei wählbar. Naturschutz und Ökologie, Technik, Wirtschaft und Konsum, Politik, Gesundheit oder Kultur sind allesamt relevante Bereiche für BUW-Projekte.

Zu gewinnen gibt es Geld- und Sachpreise mit einem Gesamtwert von ca. 25.000 €, gestaffelt nach den Preiskategorien: Hauptpreise, Sonderpreise, Förderpreise und Anerkennungspreise. Zudem gibt es Teilnahmeurkunden und -bescheinigungen. Ausgewählte Preisträgerinnen und Preisträger werden für Maßnahmen der Begabtenförderung vorgeschlagen oder gehen bei der internationalen UmweltProjektOlympiade INEPO in Istanbul für Deutschland an den Start. Auch die betreuenden Lehrkräfte der prämierten Arbeiten erhalten Preise. Weitere Informationen zum Wettbewerb und zu den Teilnahmebedingungen sowie der Link zum Anmeldeportal sind auf der Seite „Der Wettbewerb" aufgeführt.

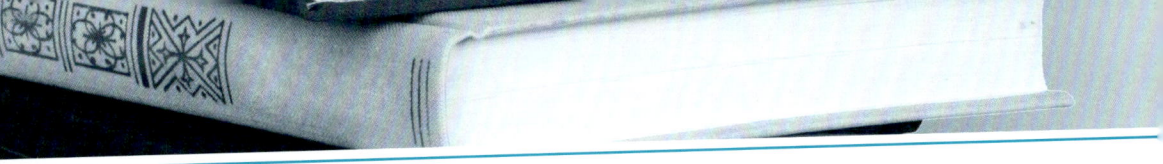

Text C

„Auf die Plätze, fertig, Vielfalt! – Biologische Vielfalt auf Sportanlagen"

Bei dem Wettbewerb „Auf die Plätze, fertig, Vielfalt! - Biologische Vielfalt auf Sportanlagen" werden Aktionen und Projekte, die auf Sportanlagen und deren Umgebung Beiträge zum Schutz der biologischen Vielfalt leisten, sowie gute Ideen und Konzepte zu diesem Thema gesucht. Mitmachen können alle Sportvereine in Deutschland mit ihren Sportanlagen.

Mitmachen lohnt sich - für die Natur und für den Sport! Zu gewinnen gibt es Geldpreise im Wert von insgesamt 20.000 Euro. Die ausgezeichneten Projekte werden auf www.sportplatzdschungel.de sowie in einer Wettbewerbsbroschüre präsentiert.

Zur Unterstützung des Wettbewerbs gibt es auf der Internetseite www.sportplatzdschungel.de zahlreiche Tipps und Anregungen zur Neugestaltung von Grünflächen, Fassaden und Dächern. Bewerbungen können in drei Kategorien eingereicht werden:

1. Gute-Praxis-Beispiele: Abgeschlossene Aktivitäten zur Erhöhung der biologischen Vielfalt auf der Sportanlage

2. Newcomer: Im Wettbewerbsjahr begonnene Umgestaltungen

3. Ideen/Konzepte: Willkommen Vielfalt! Wir planen für die Sportanlage Maßnahmen für die nächsten Jahre

Die Bewerbungsfrist wurde verlängert auf den 1. November. Die Bewertung der Beiträge erfolgt durch eine Jury, die sich aus Vertretern des Naturschutzes und des Sports zusammensetzt.

Das Projekt wird durch das Bundesamt für Naturschutz (BfN) mit Mitteln des Bundesumweltministeriums (BMU) gefördert. Der Wettbewerb wird unterstützt vom Deutschen Olympischen Sportbund.

Text D

Zusammen wirkungsvolle Aktionen entwickeln

Wir entwickeln mit Ihnen zusammen wirkungsvolle Aktionen und Projekte, die sozialen, ökologischen und wirtschaftlichen Kriterien genügen.

Wir realisieren handlungsorientierte Projekte im In- und Ausland. Unsere Projekte sensibilisieren, schützen die Ökosysteme, vermindern den Verbrauch unserer Ressourcen, sind fair und für Unternehmen finanziell interessant.

Dazu bieten wir folgende Dienstleistungen an:

- Entwicklung von Projektideen
- Strategiekonzepte für Projekte und Kampagnen
- Organisation und Durchführung von Projekten
- Beschaffung von Finanzierungshilfen (Fundraising)
- Vernetzung mit Fachstellen und Experten

Wir sind spezialisiert auf Projekte aus den Themenfeldern Umwelt, Energie, Klima und Mobilität.

Beispiele für Umwelt-Projekte:

- **Pilotprojekt Mit dem Rad zur Schule** – eine Mitmachaktion für Schulen zur Förderung des Fahrradfahrens.

- **Aktion Fit ins Büro** – im Auftrag des Amts für Umwelt und Energie, Aktion für nachhaltiges Mobilitätsmanagement von Firmen.

- **Der bessere Reifen** – eine Kampagne der Nordwestschweizer Umweltämter, eine Reifenpumpaktion an zahlreichen Tankstellen zur CO_2-Reduktion.

- **Ruhig Unterwegs** – Fahrkurse für Senioren, die einen ökologischen Fahrstil erlernen wollen. Eine Kampagne des Amts für Umwelt und Energie und des Lufthygieneamts.

- **Das bessere Flachdach** – eine Kampagne des Amts für Umwelt und Energie zur besseren Sanierung und Begrünung von Flachdächern.

Modul Hören

Beschreibung des Moduls

Übergreifendes Prüfungsziel

Das Modul Hören besteht aus drei Teilen mit unterschiedlichen Aufgaben. Dabei sollen Sie zeigen, dass Sie
- komplexe, in authentischem Tempo gesprochene Texte aus den Medien verstehen können, und zwar sowohl dialogische als auch monologische Texte.
- in der Lage sind, die Texte entsprechend der Textsorte und der Aufgabenstellung zu verarbeiten.
- sowohl den Gesamtzusammenhang als auch Einzelheiten verstehen können.
- fähig sind, gehörte Informationen komplex zu verarbeiten.

Die Ziele entsprechen dem Niveau C2 des Gemeinsamen Europäischen Referenzrahmens für Sprachen (GER):

- Ich kann praktisch alles, was ich höre, mühelos verstehen.
- Ich habe keine Schwierigkeit, gesprochene Sprache zu verstehen, gleichgültig ob „live" oder in den Medien, und zwar auch, wenn schnell gesprochen wird. Ich brauche nur etwas Zeit, mich an einen besonderen Akzent zu gewöhnen.
- Ich kann längeren Redebeiträgen folgen, auch wenn diese nicht klar strukturiert sind und wenn Zusammenhänge nicht explizit ausgedrückt sind.

Die Hörtexte entstammen verschiedenen Quellen, wie Radiosendungen, Interviews, Features. Entsprechend sind verschiedene Textsorten vertreten, wie z.B. Reportagen, Berichte und Gespräche.
Die Zielgruppe dieser Hörtexte ist eine Zuhörerschaft mit einer guten Allgemeinbildung.
Die Audio-Dateien können Sie auf allango anhören (siehe Erklärung auf S. 1). Insgesamt beträgt die Länge der Texte circa 2500 Wörter.

Die Aufgaben

Das Modul besteht aus drei Teilen mit verschiedenen Hörtexten. Im ersten Teil hören Sie fünf fast immer rein monologische Kurzmeldungen aus dem Radio zu verschiedenen Themen. Die anderen beiden Teile sind dialogisch angelegt, wobei es sich in Teil 2 um ein Gespräch handelt, in Teil 3 um ein Interview. Am Anfang jedes Teils wird das Thema kurz erläutert, um den situativen Kontext zu klären.

Modul Hören, Teil 1
Sie erhalten zwei Vorlagen:
- zwei Aufgabenblätter mit jeweils drei möglichen Antworten zu fünf Radioberichten.
- **einen** Antwortbogen (eine Seite) für das **gesamte** Modul Hören (Teil 1, 2 und 3).

Modul Hören, Teil 2
Sie erhalten:
- ein Aufgabenblatt mit fünf Items und der Entscheidungsmöglichkeit, ob in einem Gespräch eine Ansicht von Person 1, von Person 2 oder von beiden vertreten wird.

Indem Sie entscheiden, ob eine Meinung nur von einem der beiden Sprecher vertreten wird oder von beiden, zeigen Sie, dass Sie sowohl implizite als auch explizite Meinungsäußerungen verstehen und dem jeweiligen Sprecher zuordnen können.

Modul Hören, Teil 3

Sie erhalten:
- zwei Aufgabenblätter mit zehn Items (sowie einem Beispiel) in Form von Multiple-Choice-Aufgaben. Es gibt jeweils nur eine richtige Lösung.

> Indem Sie entscheiden, welche der möglichen drei Lösungen zutrifft, also den Text adäquat wiedergibt, zeigen Sie, dass Sie Meinungen, Hauptaussagen und Detailinformationen verstehen können.

Dauer

- Für die Lösung des Moduls Hören haben Sie **insgesamt circa 40 Minuten** Zeit.

- Die Bearbeitungszeit für Teil 1 beträgt circa 12 Minuten.
- Die Bearbeitungszeit für Teil 2 beträgt circa 5 Minuten.
- Die Bearbeitungszeit für Teil 3 beträgt circa 20 Minuten.

Vor dem Hören haben Sie bei Teil 1 jeweils 15 Sekunden Zeit, um die Aussagen zu lesen. Bei Teil 2 haben Sie 30 Sekunden Zeit, bei Teil 3 stehen Ihnen 2 Minuten zur Verfügung.
Nach dem Hören aller drei Teile haben **Sie drei Minuten Zeit**, um Ihre Lösungen auf den Antwortbogen zu übertragen. Antwortbögen zu allen Modulen finden Sie auf allango.

Bewertung

- Im Modul Hören können Sie maximal 100 Punkte bekommen. Um das Modul zu bestehen, müssen mindestens 60 Punkte erreicht werden.

Wichtige Hinweise

- Übertragen Sie Ihre gesamten Antworten **erst am Schluss** in den Ihnen dafür zur Verfügung stehenden drei Minuten auf den **Antwortbogen**.

- Vergessen Sie keinesfalls das Ankreuzen der Lösungen auf dem **Antwortbogen**. Nur dieser **wird bewertet**.

- Markieren Sie Ihre Lösungen nur mit **Kugelschreiber**. Antwortbögen, die mit Bleistift ausgefüllt werden, werden nicht bewertet.

Überblick über die Teile des Moduls Hören

Teil	Textsorte	Aufgabentyp	Aufgabenzahl	Wie oft hören Sie den Text?	Punkte
Modul Hören Teil 1	Bericht/ Reportage	Ja/Nein	15	einmal	30
Modul Hören Teil 2	Gespräch	Zuordnung	5	einmal	20
Modul Hören Teil 3	Interview	Multiple Choice 3-gliedrig	10	zweimal	50
Dauer: circa 37 Minuten + 3 Minuten für Übertragung auf Antwortbogen					

Modul Hören, Teil 1

Beschreibung des Prüfungsteils

Was bekommen Sie?

* Sie erhalten:
  – ein Aufgabenblatt (zwei Seiten) zu fünf Ausschnitten aus Radiosendungen mit jeweils drei Aufgaben und einem Beispiel zum ersten Text,
  – einen Antwortbogen für alle Aufgaben des Moduls Hören.

Was sollen Sie tun?

* Sie hören fünf Ausschnitte aus verschiedenen Radiosendungen. Zu jedem der fünf Ausschnitte gibt es drei Aussagen. Während des Hörens kreuzen Sie an, ob die jeweilige Aussage richtig (Ja) oder falsch (Nein) ist.

Sie hören die fünf Textausschnitte jeweils nur **einmal**! Die Reihenfolge der Aussagen entspricht dem Textverlauf.

Was wird geprüft?

* Die Aufgabe prüft Ihre Fähigkeit sowohl Hauptaussagen als auch Einzelinformationen zu verstehen.

Lösungsweg

* Lesen Sie sich **vor** dem Hören die jeweiligen Aufgaben zum entsprechenden Ausschnitt sorgfältig durch und markieren Sie dabei die Schlüsselwörter. Vor jedem Ausschnitt erhalten Sie dafür 15 Sekunden Zeit.

Konzentrieren Sie sich **während** des Hörens auf die jeweiligen Ausschnitte, orientieren Sie sich an den Schlüsselwörtern und kreuzen Sie an.

Nach dem Hören *aller* Teile (1–3) des Moduls Hören erhalten Sie zusätzlich drei Minuten Zeit, um Ihre Lösungen auf den Antwortbogen zu übertragen.

Dauer

* Die Bearbeitungszeit für den Teil 1 des Moduls Hören beträgt circa zwölf Minuten.

Wie wird diese Aufgabe bewertet?

* Sie erhalten für jede richtige Lösung einen Punkt. Die erreichte Punktzahl wird mit zwei multipliziert. Das Maximum für den Prüfungsteil sind also 30 Punkte.

Überblick über das Modul Hören, Teil 1

	Prüfungsziele	Textsorte	Aufgabentyp	Aufgabenzahl	Punkte
Hören Teil 1	Verstehen von Hauptaussagen und Einzelinformationen	Bericht, Reportage	Ja / Nein	15	30

Schritt für Schritt zur Lösung

In den folgenden Abschnitten lernen Sie, wie Sie bei der Lösung der Aufgabe Schritt für Schritt vorgehen können.

Thema der Ausschnitte erkennen 1. Bearbeitungsschritt

Bei Teil 1 des Moduls Hören ist es wichtig, schnell zu erkennen, worum es geht.

So geht's

Eine erste Information zum Thema erhalten Sie in der Überschrift des Aufgabenblattes zum jeweiligen Ausschnitt.

Aufgabe 1

1. Worum wird es bei dem Ausschnitt gehen? Markieren Sie das Thema.

Sie hören einen Ausschnitt aus einem Radiobericht über psychische Erkrankungen.
Thema: ....

2. Aktivieren Sie Ihr Vorwissen zu dem Thema. Was kommt Ihnen spontan dazu in den Sinn? Notieren Sie.

....
....
....
....
....
....
....
....

Schlüsselwörter markieren 2. Bearbeitungsschritt

Vor dem Hören jedes Ausschnitts haben Sie etwa 15 Sekunden Zeit, die Aufgaben zum jeweiligen Ausschnitt zu lesen.

Modul Hören, Teil 1

So geht's

Lesen Sie die Überschrift und die dazugehörigen Aussagen genau durch. Was wird genau gesagt? Markieren Sie Schlüsselwörter.

Aufgabe 2

1. Markieren Sie die Schlüsselwörter.

Beispiel

Sie hören einen Ausschnitt aus einem Radiobericht über psychische Erkrankungen.	Ja	Nein
0 Gerade bei schwächeren seelischen Erkrankungen dauert es oft Jahre, bis mit einer Behandlung begonnen wird.	☐	☒
1 Oft haben von psychischen Störungen betroffene Patienten auch diverse körperliche Beschwerden.	☐	☐
2 Es ist äußerst wichtig, Warnsignale ernst zu nehmen.	☐	☐
3 Tritt bei Bekannten oder Angehörigen ein verändertes Verhalten auf, sollte darauf verzichtet werden, es direkt anzusprechen.	☐	☐

3. Bearbeitungsschritt

Die richtige Antwort finden

Konzentrieren Sie sich beim Hören auf den Ausschnitt und orientieren Sie sich an den Schlüsselwörtern. Denken Sie daran, dass Sie diesen Teil in der Prüfung nur **einmal** hören.

Tipp: Wenn Sie bei der Zuordnung einer Aussage nicht sicher sind, halten Sie sich nicht damit auf, um die nächste Aufgabe nicht zu verpassen. In der Trainingsphase können Sie die Audio-Datei an der entsprechenden Stelle stoppen oder den Ausschnitt mehrmals hören.

So geht's

Achten Sie beim Hören auf helfende Wörter, wie Negationen (dazu gehören auch Wörter, die etwas Negatives ausdrücken bzw. eine Negation in sich tragen, z.B. *fälschlicherweise, der Mangel* usw.) und Verknüpfungselemente wie *aber, statt, jedoch* usw.

Aufgabe 3

 1

1. Hören Sie nun den Ausschnitt zur Radiosendung über psychische Erkrankungen. Entscheiden Sie, ob die Aussagen mit dem Textinhalt übereinstimmen oder nicht. Kreuzen Sie an. Sie hören den Text **einmal**.

Gehen Sie zurück zu Aufgabe 2.1. und markieren Sie dort die Lösungen.

2. Lesen Sie nun die Transkription des Hörtextes auf Seite 181. Markieren und nummerieren Sie die entsprechenden Stellen. Stimmen diese Aussagen mit Ihren bereits markierten Lösungen überein?

3. Vergleichen Sie Ihre Ergebnisse mit den Lösungen im Lösungsschlüssel.

Antworten auf den Antwortbogen übertragen

Warten Sie mit dem Übertragen der Lösungen auf den Antwortbogen bis zum Ende des Moduls Hören. Sie erhalten drei Minuten Zeit für die Übertragung aller Lösungen (Teil 1–3).

4. Bearbeitungsschritt

So geht's

Achten Sie darauf, dass Sie bei jeder Aufgabe etwas ankreuzen, auch wenn Sie sich nicht sicher sind.

Tipp: Da Sie in der Übungsphase die Teile separat üben, empfiehlt es sich, die Antworten direkt nach dem Hören des jeweiligen Teils auf den Antwortbogen zu übertragen. Während der Prüfung sollten Sie das erst nach dem Hören aller drei Teile tun.

Aufgabe 4

1. Lösen Sie nun die folgende Aufgabe. Gehen Sie dabei gemäß den Bearbeitungsschritten vor.

Vor dem Hören → **Thema erkennen**

1. Bearbeitungsschritt

Vor dem Hören → **Schlüsselwörter markieren**

2. Bearbeitungsschritt

Während des Hörens → **Die richtige Antwort finden**

3. Bearbeitungsschritt

Nach dem Hören (des ganzen Moduls!) → **Lösungen auf den Antwortbogen übertragen**

4. Bearbeitungsschritt

🎧 2
Sie hören einen Ausschnitt aus einem Radiobericht über Audiodeskriptionen*. Zu diesem Ausschnitt gibt es drei Aufgaben. Entscheiden Sie, ob die Aussagen mit dem Textinhalt übereinstimmen oder nicht. Kreuzen Sie an. Sie hören den Text **einmal**.

		Ja	Nein
4	Das gemeinnützige Unternehmen bereitet seit 1998 Filme, Theaterstücke, Ausstellungen oder Stadtführungen so auf, dass auch blinde und sehbehinderte Menschen sie nutzen können.	☐	☐
5	Gesichtsausdrücke, Körpersprache und andere wichtige Handlungen werden den blinden Zuhörern in Dialogpausen beschrieben.	☐	☐
6	Die Beschreibungen müssen knapp und präzise sein, weshalb kein Platz für poetische Entfaltung bleibt.	☐	☐

*__Audiodeskription__ ist ein Verfahren in Filmen, das Blinden und Sehbehinderten ermöglichen soll, visuelle Vorgänge besser wahrnehmen zu können.

Bearbeiten Sie nun die folgende Prüfungsaufgabe. Gehen Sie dabei gemäß den Bearbeitungsschritten (Aufgabe 4) vor.

Modul Hören, Teil 1

So sehen die Prüfungsseiten aus

Modul Hören, Teil 1

Dauer: circa 12 Minuten

3

Sie hören fünf Ausschnitte aus Radiosendungen zu verschiedenen Themen. Zu jedem Ausschnitt gibt es drei Aufgaben. Entscheiden Sie, ob die Aussagen mit dem Textinhalt übereinstimmen oder nicht. Kreuzen Sie an. Sie hören die Texte **einmal**.

Beispiel

Sie hören einen Ausschnitt aus einem Radiobericht über Beleidigungen in sozialen Netzwerken im Internet.	Ja	Nein
0 Wer Chefs oder Kollegen auf Facebook rüde angeht, riskiert mitunter seinen Arbeitsplatz.	☒	☐
1 Handelt ein Mitarbeiter arbeitsrechtlichen Pflichten zuwider, so erhält er in der Regel vor der Kündigung eine Abmahnung.	☐	☐
2 Das Gericht wertet eine grobe Beleidigung bei Facebook mit derselben Stärke wie eine solche Äußerung im Gespräch.	☐	☐
3 Dem Angestellten wurde zugutegehalten, dass die beleidigten Arbeitskollegen nicht namentlich genannt wurden.	☐	☐

Sie hören einen Ausschnitt aus einem Radiobericht über geschlechtsspezifische Kommunikation.	Ja	Nein
4 Es kann nicht allgemeingültig festgelegt werden, wie Männer und Frauen denken und reagieren.	☐	☐
5 Männer sind im Berufsalltag präziser.	☐	☐
6 Egal, ob Mann oder Frau, es ist für den Alltag im Büro wichtig zu wissen, wie man mit dem anderen Geschlecht kommuniziert.	☐	☐

Sie hören einen Ausschnitt aus einem Radiobericht über den Welttag des Stotterns. | Ja | Nein

7   Die Stotterer leiden oft unter dem verkrampften und herabsetzenden Umgang von Nicht-Stotterern mit ihrer Behinderung. ☐ ☐

8   Bei einem respektvollen Umgang miteinander ist es selbstverständlich, sein Gegenüber ausreden zu lassen. ☐ ☐

9   Die Gesprächspartner spüren die Hilflosigkeit und Verunsicherung der Stotterer und greifen helfend ein. ☐ ☐

Sie hören einen Ausschnitt aus einem Radiobericht über Currywurst in Wien. | Ja | Nein

10 Seine erste Wiener Currywurst hinterließ bei Scheurer einen bleibenden Eindruck – jedoch nicht im positiven Sinn. ☐ ☐

11 Für die bloße Absicht, eine deutsche Currywurst herstellen zu wollen, erntete Scheurer nicht nur Unverständnis, sondern auch Hohn. ☐ ☐

12 Seine Currysaucen-Kreationen benannte Scheurer nach seinen deutschen Lieblingsorten: Berlin, Bochum und Sylt. ☐ ☐

Sie hören einen Ausschnitt aus einem Radiobericht über Biber. | Ja | Nein

13 Die Biberpopulation wurde ausschließlich durch den Verlust von Lebensraum dezimiert. ☐ ☐

14 Der Biber schafft nicht nur Lebensräume für andere Tiere, er bietet auch Konfliktpotential. ☐ ☐

15 Da die Zahl der Biber in Bayern wieder angestiegen ist, dürfen sie auch wieder gejagt werden. ☐ ☐

Modul Hören, Teil 2

Beschreibung des Prüfungsteils

Was bekommen Sie?

- Sie erhalten ein Aufgabenblatt mit fünf Aussagen (**16–20**) und einem Beispiel zu einem Gespräch zwischen zwei Personen.

Was sollen Sie tun?

- Sie lesen **vor** dem Hören die Aussagen. **Während** des Hörens kreuzen Sie an, ob die Meinungsäußerung nur von einem der Sprecher stammt oder ob beide Sprecher dieser Meinung sind.

Hinweis: Sie hören das Gespräch nur **einmal**! Die Reihenfolge der Aufgaben entspricht der Chronologie des Gesprächs. Es gibt nur **eine** richtige Lösung.

Was wird geprüft?

- Die Aufgabe prüft Ihr Verstehen von Standpunkten und Meinungen, auch wenn sie nur impliziert sind.

Lösungsweg

- Verschaffen Sie sich **vor dem Hören** beim Lesen der Einleitung einen Überblick über das, was Sie im Hörtext erwartet. Markieren Sie dann die Schlüsselwörter in den Aussagen. Orientieren Sie sich **während des Hörens** an diesen Schlüsselwörtern und kreuzen Sie die Lösungen auf dem Aufgabenblatt an.

Nach dem Hören *aller* Teile (1–3) des Moduls Hören erhalten Sie zusätzlich drei Minuten Zeit, um Ihre Lösungen auf den Antwortbogen zu übertragen.

Dauer

- Die Bearbeitungszeit für den Teil 2 des Moduls Hören beträgt circa 5 Minuten.

Wie wird diese Aufgabe bewertet?

- Sie erhalten für jede richtige Lösung einen Punkt. Die erreichte Punktzahl wird mit vier multipliziert. Das Maximum für diesen Prüfungsteil sind also 20 Punkte.

Überblick über das Modul Hören, Teil 2

	Prüfungsziele	Textsorte	Aufgabentyp	Aufgabenzahl	Punkte
Hören Teil 2	Verstehen von explizit und implizit geäußerten Standpunkten und Meinungen	Gespräch	Zuordnung	5	20

Schritt für Schritt zur Lösung

In den folgenden Abschnitten lernen Sie, wie Sie bei der Lösung der Aufgabe Schritt für Schritt vorgehen können.

Gesprächsthema erkennen   *1. Bearbeitungsschritt*

Verschaffen Sie sich möglichst schnell einen Überblick über das Thema des Teils 2. Bereits dem ersten Satz der Aufgabenstellung können Sie Informationen dazu entnehmen.

Aufgabe 1

1. Lesen Sie den ersten Satz der Aufgabenstellung:

Zwei Freunde, Antonia und Noah, unterhalten sich über Einzelkinder und die Klischees zu diesem Thema.

2. Unterstreichen Sie Schlüsselwörter. Was ist das Thema?

Thema: ....

Schlüsselwörter in den Aussagen markieren   *2. Bearbeitungsschritt*

Auch bei diesem Teil ist das Markieren von Schlüsselwörtern eine wichtige Arbeitstechnik. WER ist WELCHER Meinung?

So geht's

Lesen Sie sich die untenstehenden Aussagen und das Beispiel genau durch. Unterstreichen Sie dabei wichtige Wörter, die Ihnen helfen, sich beim anschließenden Hören des Textes zu orientieren. In der Prüfung haben Sie dafür 30 Sekunden Zeit.

Aufgabe 2

1. Unterstreichen Sie die Schlüsselwörter.

		Person 1 Antonia	Person 2 Noah	beide
Beispiel				
0	Eine häufig erwähnte Stereotypisierung bezieht sich auf das Altkluge und Verwöhnte von Einzelkindern.	☐	☐	☒
16	Das Stereotyp „Naseweis" trifft nicht nur auf Einzelkinder zu.	☐	☐	☐
17	Andere Klischees sind der von den Eltern ausgeübte Druck und die Erwartungshaltung.	☐	☐	☐
18	Projizierte Wünsche und Erfahrungen sind von den Eltern abhängig und nicht von der Anzahl der Kinder.	☐	☐	☐
19	Einzelkindern fehlt oft ein Verbündeter gegen die Eltern.	☐	☐	☐
20	Es gibt typische Eigenschaften in Bezug auf Einzelkinder, aber auch viele Vorurteile, die mit der Wirklichkeit nicht übereinstimmen.	☐	☐	☐

Modul Hören, Teil 2

3. Bearbeitungsschritt

Die richtige Antwort finden

Die Reihenfolge der Meinungsäußerungen entspricht dem Textverlauf. Konzentrieren Sie sich auf das Gespräch und orientieren Sie sich an den Schlüsselwörtern.

Tipp: Wenn Sie bei der Lösung einer Aufgabe nicht sicher sind, halten Sie sich nicht damit auf. Konzentrieren Sie sich auf die nächste Aussage.

So geht's

Achten Sie zudem auf helfende Wörter, welche die Meinungsäußerung kennzeichnen, z.B. *meiner Meinung nach, ich denke* usw. oder widersprechende und negative Ausdrücke, wie *im Gegenteil, dagegen, aber* usw.

Aufgabe 3

 4

1. Hören Sie nun das Gespräch zweier Freunde, Antonia und Noah, über Einzelkinder und die Klischees zum Thema. Entscheiden Sie, ob die Meinungsäußerung nur von einem Sprecher stammt oder ob beide Sprecher in ihrer Meinung übereinstimmen. Es gibt nur eine richtige Lösung. Sie hören das Gespräch **einmal**.

Blättern Sie zur Lösung der Aufgabe zurück auf Seite 69, Aufgabe 2 und markieren Sie dort die Lösungen.

2. Lesen Sie nun die Transkription des Hörtextes auf Seite 183. Markieren und nummerieren Sie die entsprechenden Stellen. Stimmen die Aussagen mit Ihren bereits markierten Lösungen von Aufgabe 2 auf Seite 69 überein?

3. Vergleichen Sie Ihre Lösungen mit den Lösungen im Lösungsschlüssel.

4. Bearbeitungsschritt

Antworten auf den Antwortbogen übertragen

So geht's

Markieren Sie während des Hörens Ihre Antworten auf dem Aufgabenblatt. Warten Sie mit dem Ankreuzen der Lösungen auf dem Antwortbogen bis alle drei Teile des Moduls Hören abgeschlossen sind. Sie erhalten am Ende des Moduls zusätzlich drei Minuten Zeit für die Übertragung.

Kreuzen Sie bei jeder Aufgabe etwas an, selbst wenn Sie unsicher sind oder eine Meinungsäußerung nicht zuordnen konnten.

Aufgabe 4

1. Hören Sie nun einen Hörtext zum Thema „Computer im Unterricht". Gehen Sie dabei gemäß den vier Bearbeitungsschritten vor.

Vor dem Hören → **Thema erkennen** 1. Bearbeitungsschritt

Vor dem Hören → **Schlüsselwörter in den Aussagen markieren** 2. Bearbeitungsschritt

Während des Hörens → **die richtige Antwort finden** 3. Bearbeitungsschritt

Nach dem Hören (des gesamten Moduls) → **Antworten übertragen** 4. Bearbeitungsschritt

🎧 5
Zwei junge Pädagogen, Astrid und Peter, unterhalten sich über den Einsatz von Computern im Klassenzimmer.

Entscheiden Sie, ob die Meinungsäußerung nur von einem Sprecher stammt oder ob beide Sprecher in ihrer Meinung übereinstimmen.
Es gibt nur **eine** richtige Lösung. Sie hören das Gespräch **einmal**.

		Person 1 Astrid	Person 2 Peter	beide
Beispiel				
0	Schulen versäumen – wenigstens teilweise – das Computer-Zeitalter.	☒	☐	☐
16	Computer im Unterricht zu benutzen, bedeutet mehr als nur Tastendrücken.	☐	☐	☐
17	Schulische Themen können am PC leichter veranschaulicht werden.	☐	☐	☐
18	Die neuen Lernprogramme aktivieren gleich mehrere Sinne.	☐	☐	☐
19	Die Arbeit an den Bildschirmen bietet den Kindern kaum Möglichkeit zur Kommunikation und Interaktion.	☐	☐	☐
20	Die Arbeit am Computer erhöht den Spaß-Faktor bei den Schülern.	☐	☐	☐

Bearbeiten Sie nun die folgende Prüfungsaufgabe. Gehen Sie dabei gemäß den Bearbeitungsschritten (Aufgabe 4) vor.

Modul Hören, Teil 2

So sehen die Prüfungsseiten aus
Modul Hören, Teil 2
Dauer: circa 5 Minuten

 6

Der Altenpfleger Malte und die Auszubildende Mia unterhalten sich über Tierbesuche im Altenheim und die Wirkung der Tiere auf die Bewohner.

Entscheiden Sie, ob die Meinungsäußerung nur von einem Sprecher stammt oder ob beide Sprecher in ihrer Meinung übereinstimmen.
Es gibt nur **eine** richtige Lösung. Sie hören das Gespräch **einmal**.

		Person 1 Malte	Person 2 Mia	beide
Beispiel				
0	Im Altenheim kann der Umgang mit Tieren Depressionen vorbeugen.	☒	☐	☐
16	Tiereinsätze in Altenheimen wirken sich äußerst positiv auf die Bewohner aus.	☐	☐	☐
17	Nicht alle Tiere sind für die Aufgabe gleich gut geeignet.	☐	☐	☐
18	Hunde und Katzen heben die Stimmung.	☐	☐	☐
19	Die mit den Tieren verbundenen Pflichten strukturieren den Alltag.	☐	☐	☐
20	Die Betroffenen fühlen sich nicht mehr so einsam.	☐	☐	☐

Modul Hören, Teil 3

Beschreibung des Prüfungsteils

Was bekommen Sie?

- Sie hören
  - ein Interview von ungefähr sieben Minuten Länge. Sie hören dieses Interview **zweimal**.

- Sie erhalten
  - zwei Aufgabenblätter mit insgesamt zehn Aufgaben (**21–30**) in Form von Multiple-Choice-Aufgaben mit jeweils drei Auswahl-Antworten. Eine Aufgabe (0) dient als Beispiel.

Wie müssen Sie hören?

- In einem authentisch gesprochenen Hörtext, der teilweise monologisch strukturiert ist, müssen Sie die **Hauptaussagen** erkennen, aber auch wichtige **Einzelheiten und Meinungen** verstehen.

Schlüsselwörter zu diesen Informationen liefern Ihnen die Aufgabenformulierungen auf dem Aufgabenblatt. Die Aufgaben folgen dem Textverlauf.

Was müssen Sie können, um diese Aufgabe zu lösen?

- Sie müssen
  - in einem längeren Hörtext die zentralen Aussagen identifizieren können.
  - die wichtigsten Details in diesen Aussagen erkennen.
  - verstehen, welche Meinungen hier vertreten werden.

Aufgabentyp

Von den drei möglichen Lösungen müssen Sie die richtige ankreuzen. Diese kann entweder die Form einer Antwort auf eine Frage haben oder es handelt sich um eine von drei möglichen Satzergänzungen.
Es gibt pro Item nur eine richtige Lösung.

Lösungsweg

Zu Beginn der Prüfung erhalten Sie die Aufgabenblätter. Sie haben nun zwei Minuten Zeit.
Sie erkennen das Thema, lesen das Beispiel und die Aufgaben und markieren knapp die Schlüsselwörter.
Sie hören den Text zum ersten Mal. Wo es Ihnen eindeutig scheint, markieren Sie die Lösungen auf dem Aufgabenblatt.
Sie hören den Text zum zweiten Mal. Ergänzen Sie die Antworten auf dem Aufgabenblatt, die beim ersten Hören noch keine Lösung nahelegten.
Sie haben nun drei Minuten Zeit, um Ihre Lösungen **des gesamten Moduls Hören** auf den Antwortbogen zu übertragen.

Dauer

- Die Bearbeitungszeit für den Teil 3 des Moduls Hören beträgt circa 20 Minuten.

Modul Hören, Teil 3

Wie wird diese Aufgabe bewertet?

Sie erhalten für jede richtige Lösung einen Punkt. Die erreichte Punktzahl wird mit fünf multipliziert. Das Maximum für den Prüfungsteil sind also 50 Punkte.

Überblick über das Modul Hören, Teil 3

	Prüfungsziele	Textsorte	Aufgabentyp	Aufgabenzahl	Punkte
Hören Teil 3	Verstehen von Hauptaussagen, Einzelinformationen und Meinungen	Interview mit einem Experten	Multiple Choice (drei Auswahlmöglichkeiten)	10	50

Schritt für Schritt zur Lösung

In den folgenden Abschnitten lernen Sie, wie Sie bei der Lösung der Aufgabe Schritt für Schritt vorgehen können.

1. Bearbeitungsschritt — Thema des Gesprächs erkennen

Um die Aufgabe lösen zu können, müssen Sie wissen, worum es in dem Gespräch geht und wer die Gesprächspartner sind. Diese Informationen erhalten Sie aus der Einleitung zum Hörtext, in dem der Beruf der befragten Expertin oder des befragten Experten genannt wird.

So geht`s

Aufgabe 1

1. Lesen Sie die Einführung zum Hörtext 1 und das Beispiel. Konzentrieren Sie sich kurz darauf, was Sie über das Thema wissen. Markieren Sie Schlüsselwörter.

Sie hören ein Interview mit der Soziologin Elisabeth Henrich. Kreuzen Sie bei den Aufgaben 21-30 die richtige Lösung an (a, b oder c). Es gibt nur eine richtige Lösung. Sie hören das Gespräch zweimal.

Laut Professor Elisabeth Henrich ist das Hausfrauen-Dasein heute
- ☐ a typisch für bildungsferne Schichten.
- ☐ b ein typisch weiblicher Fehler.
- ☐ c eine Option wie andere auch.

2. Was erfahren Sie über den Gesprächspartner? Was ist das Thema des Gesprächs? Notieren Sie.

Gesprächspartner: ....
Thema: ....

3. Aktivieren Sie Ihr Vorwissen zum Thema. Worum könnte es gehen? Notieren Sie.

....
....

Tipp: Das regelmäßige Verfolgen von Dokumentarfilmen, Talkshows und Zeitungsartikeln in deutscher Sprache liefert Ihnen Hintergrundwissen und den notwendigen Wortschatz, um diesen Prüfungsteil erfolgreich bestehen zu können.

Aufgabe 2

🎧 7

Sie hören die Einleitungen zu drei verschiedenen Hörtexten. Notieren Sie die Gesprächspartner (keine Namen, sondern Berufsbezeichnungen/Rollen) und die Themen.

Einleitung 1: ....
Gesprächspartner: ....
Thema: ....
Einleitung 2: ....
Gesprächspartner: ....
Thema: ....
Einleitung 3: ....
Gesprächspartner: ....
Thema: ....

Schlüsselwörter in den Aussagen markieren

2. Bearbeitungsschritt

So geht`s

Aufgabe 3

Lesen Sie nun die untenstehenden Aussagen zum Hörtext 1. Unterstreichen Sie Schlüsselwörter.

Sie hören ein Interview mit der Soziologin Elisabeth Henrich.
Kreuzen Sie bei den Aufgaben **21–30** die richtige Lösung an (**a**, **b** oder **c**). Es gibt nur **eine** richtige Lösung. Sie hören das Gespräch **zweimal**.

21 Professorin Henrich behauptet, dass es sowohl früher als auch heute als positive weibliche Eigenschaft galt bzw. gilt, wenn die Frau
- [ ] a für andere sorgt.
- [ ] b talentiert ist.
- [ ] c sich aufgibt.

22 Dass die Frau heutzutage mehrheitlich berufstätig ist,
- [ ] a ist nun verpflichtend.
- [ ] b ist lediglich fiktiv.
- [ ] c ist hart erkämpft.

Modul Hören, Teil 3

23 Noch vor hundert Jahren
- [ ] a lebte die Hausfrau hauptsächlich in der Küche.
- [ ] b vereinte die Hausfrau mehrere Berufe in sich.
- [ ] c war die Hausfrau eine Art Wirtschaftswissenschaftlerin.

24 Was der Staat für die Veränderung der Geschlechterrollen tut, ist
- [ ] a deutlich förderlich.
- [ ] b kaum erwähnenswert.
- [ ] c eindeutig verantwortungsvoll.

25 Die Werbung verdeutlicht den Zeitgeist: In der Gesellschaft
- [ ] a gilt es als kleinbürgerlich, Hausfrau zu sein.
- [ ] b wird die Hausfrau als kleinlich angesehen.
- [ ] c kann man sich zum Hausfrau-Sein bekennen.

26 Für Frauen, die sich heute entscheiden, nicht berufstätig zu sein,
- [ ] a sollte die Pflichterfüllung an erster Stelle stehen.
- [ ] b sollte das Interesse am Kochen und Backen eine Rolle spielen.
- [ ] c sollte das eine absolut freie Entscheidung sein.

27 Die moderne Hausfrau leistet Widerstand, indem sie
- [ ] a sich gegen die Herrschaft des Konsums wehrt.
- [ ] b mit den Kindern allmählich das Haus verlässt.
- [ ] c in die Bildung der Kinder investiert.

28 Der gesellschaftliche Umgang mit den Hausfrauen ist ungerecht, denn
- [ ] a sie stehen ununterbrochen unter Druck.
- [ ] b sie setzen sich erfolgreich für die Gesellschaft ein.
- [ ] c sie machen sich um die Heimat verdient.

29 In unserer sich schnell verändernden Welt sind Partnerschaft und Ehe
- [ ] a kein Vertrag mit fester Rollenverteilung mehr.
- [ ] b eine unberechenbare Vereinbarung geworden.
- [ ] c eine Absicherung durch möglichen Rollentausch.

30 Wie sollte laut Professorin Henrich ein Paar mit dem Thema „Berufstätigkeit" umgehen?
- [ ] a Ein Partner sollte seine Anstellung völlig aufgeben.
- [ ] b Kein Partner verweigert dem anderen die Anerkennung.
- [ ] c Beide Partner beteiligen sich am Geldverdienen.

Ankreuzen möglicher Lösungen

So geht's

Aufgabe 4

 8

1. Hören Sie den Text nun ein erstes Mal. Kreuzen Sie bei den Aufgaben die Lösungen an, bei denen Sie sicher sind, dass diese den Textinhalt adäquat wiedergeben.

2. Markieren Sie mit anderen Zeichen am Rand die Items, deren Richtigkeit Sie für sehr wahrscheinlich halten, wo Sie sich aber noch nicht ganz sicher fühlen.

3. Bearbeitungsschritt

Tipp: Sollten Sie eine Aussage nicht verstehen, gehen Sie ruhig darüber hinweg und konzentrieren Sie sich auf die nächste Aussage.

Richtige Lösungen markieren

4. Bearbeitungsschritt

Aufgabe 5

1. Hören Sie den Text ein zweites Mal. Ergänzen Sie die Lösungen, die Sie beim ersten Hören nicht sicher verstanden haben. Korrigieren Sie, wo Sie es für nötig halten.

Überprüfen der Antworten – Lösungen auf Antwortbogen markieren

5. Bearbeitungsschritt

2. Überprüfen Sie noch einmal, was Sie angekreuzt haben. Lesen Sie sich „innerlich" die Fragen mit den Antworten beziehungsweise die ganzen Sätze, die Sie als richtig markiert haben, vor.

Aufgabe 6

1. Lesen Sie die Transkription des Hörtextes und überprüfen Sie Ihre Antworten. Markieren und nummerieren Sie die Textstellen, die Ihrer Ansicht nach den richtigen Antworten entsprechen.

2. Vergleichen Sie Ihr Ergebnis mit dem Lösungsschlüssel.

Tipp: Versuchen Sie, ohne ein weiteres Anhalten der Audio-Datei die Aufgabe zu lösen. In dieser ersten Übungsphase jedoch können Sie es sich notfalls erlauben, einzelne Textpassagen ein drittes Mal zu hören.

Aufgabe 7

Hören Sie nun ein weiteres Interview und lösen Sie die Aufgaben, indem Sie sich an die Bearbeitungsschritte halten.

Thema des Gesprächs erkennen

1. Bearbeitungsschritt

Welche Informationen über den Gesprächspartner und das Thema erhalten Sie aus der folgenden Einführung auf dem Aufgabenblatt?

„Sie hören ein Interview mit Heinz Fuchs vom Evangelischen Entwicklungsdienst. Kreuzen Sie bei den Aufgaben **21–30** die richtige Lösung an (**a**, **b** oder **c**). Es gibt nur **eine** richtige Lösung. Sie hören das Gespräch **zweimal**."

Der Gesprächspartner ist ....

Das Thema ist möglicherweise ....

Modul Hören, Teil 3

Überfliegen Sie das Beispiel, um eine genauere Vorstellung von dem Thema zu bekommen:

Beispiel
0 Wir sind durch unser Reiseverhalten mit dafür verantwortlich,
- [ ] **a** dass in einigen Ländern Hotelangestellte Hunger leiden müssen.
- [ ] **b** dass dabei so viel CO_2 entsteht wie in einem Jahr Autobenutzung.
- [x] **c** dass Menschen durch den Tourismus ausgebeutet werden.

Es geht also um ....

2. Bearbeitungsschritt — Schlüsselwörter in den Aussagen markieren

21 Faire Bedingungen auf Urlaubsreisen bezogen bedeutet
- [ ] **a** u.a. angemessene Bezahlung für Einheimische.
- [ ] **b** gleichmäßige Wasservorkommen.
- [ ] **c** landschaftliche Schönheit hervorzubringen.

22 Der Hotelgast sollte
- [ ] **a** Kellnern und Zimmermädchen souverän begegnen können.
- [ ] **b** sich von den Bewohnern des Gastlandes beraten lassen.
- [ ] **c** die Bewohner des Reiselandes als gleichwertig betrachten.

23 „Tourism Watch" bezeichnet den sogenannten „sanften Tourismus"
- [ ] **a** als alternativen Tourismus.
- [ ] **b** als verantwortungsvollen Tourismus.
- [ ] **c** als nachhaltigen Tourismus.

24 Geschlossene Hotelanlagen sind nicht grundsätzlich
- [ ] **a** völlig steril.
- [ ] **b** unwirtschaftlich.
- [ ] **c** umweltfeindlich.

25 Ein florierender Tourismus in einem Land sollte helfen,
- [ ] **a** die wirtschaftliche Gesamtlage dieses Landes zu verbessern.
- [ ] **b** Billigflüge möglich zu machen.
- [ ] **c** kleine und mittlere Betriebe zu tragen.

26 Welchen Vorwurf macht Fuchs der Politik?
- [ ] **a** Sie greift in das Reisegeschäft viel zu wenig ein.
- [ ] **b** Sie erlässt Vorschriften für Reiseländer.
- [ ] **c** Sie übernimmt dieselben Pflichten wie Reiseanbieter.

27 Gütesiegel für Urlaubsreisen sind
- [ ] **a** sich ähnlich.
- [ ] **b** weitgehend unbekannt.
- [ ] **c** alle einheitlich.

28 Sind Fernflüge noch vertretbar?
- [ ] a Nein, weil der Planet auf diese Weise keine Zukunft hat.
- [ ] b Nein, sie führen aus der Armut nicht heraus.
- [ ] c Ja, als eine Möglichkeit der Entwicklungshilfe.

29 Der Weg aus dem Dilemma ist
- [ ] a viel zu fliegen und viel Geld zu spenden.
- [ ] b die Fernreisen deutlich zu reduzieren.
- [ ] c der Kirche eine Spende zu überweisen.

30 Heinz Fuchs findet, dass das Reisen
- [ ] a bedauerlicherweise nicht umsonst zu haben ist.
- [ ] b für ein verständnisvolles Miteinander wichtig ist.
- [ ] c so wichtig ist wie Toleranz und Nachhaltigkeit.

Ankreuzen möglicher Lösungen — 3. Bearbeitungsschritt

🎧 9
Hören Sie den Text zum ersten Mal und markieren Sie auf dem Aufgabenblatt unterschiedlich Lösungen, die Sie für **richtig** und Lösungen, die Sie für **wahrscheinlich** halten.

Markieren der richtigen Lösungen — 4. Bearbeitungsschritt

Sie hören das Interview nun zum zweiten Mal. Kreuzen Sie die richtigen Lösungen an.

Überprüfen der Antworten und Eintragen auf dem Antwortbogen — 5. Bearbeitungsschritt

Lesen Sie noch einmal jeweils die ganze Antwort durch. Übertragen Sie dann die Antworten auf den Antwortbogen.

Bearbeiten Sie nun die folgende Prüfungsaufgabe. Lesen Sie dazu noch einmal die Bearbeitungsschritte für das Modul Hören, Teil 3.

Vor dem Hören → Thema des Gesprächs erkennen	1. Bearbeitungsschritt
Vor dem Hören → Schlüsselwörter in den Aussagen markieren	2. Bearbeitungsschritt
Während des Hörens → Ankreuzen möglicher Lösungen	3. Bearbeitungsschritt
Während des Hörens → Markieren der richtigen Lösungen	4. Bearbeitungsschritt
Nach dem Hören → Überprüfen der Antworten und Eintragen auf dem Antwortbogen	5. Bearbeitungsschritt

Modul Hören, Teil 3

So sehen die Prüfungsseiten aus
Modul Hören, Teil 3

Dauer: 20 Minuten

 10

Sie hören ein Interview mit dem Sprachkritiker Wolf Schneider. Kreuzen Sie bei den Aufgaben **21–30** die richtige Lösung an (**a**, **b** oder **c**). Es gibt nur **eine** richtige Lösung. Sie hören das Gespräch **zweimal.**

Tipp: Wenn Sie eine Aussage nicht gleich verstehen, konzentrieren Sie sich auf die nächste Aussage. Beim zweiten Hören ergänzen Sie diese.

Beispiel

0 Eine Rede zu seinem 85. Geburtstag nähme Wolf Schneider gern zum Anlass,
- ☐ a   seine Dankbarkeit zu zeigen.
- ☒ b   rhetorisch ausgefeilt zu antworten.
- ☐ c   ganz schlicht zu widersprechen.

21 Was leisten Deutschlehrer in Bezug auf Wolf Schneiders eigene Arbeit?
- ☐ a   Die Vorarbeit.
- ☐ b   Unterricht in Stillehre.
- ☐ c   Öffentlichkeitsarbeit.

22 Wolf Schneiders Spruch „Qualität kommt von Qual" bedeutet, dass
- ☐ a   unbedingt jemand gegenlesen muss.
- ☐ b   man sich Selbstkritik abgewöhnen muss.
- ☐ c   man mit sich selbst nicht nachsichtig sein darf.

23 Was ist wichtig, wenn man gelesen werden will?
- ☐ a   Einige sprachliche Grundregeln.
- ☐ b   Intensives Bemühen um den Stil.
- ☐ c   Jahrelange Berufserfahrung.

24 Wolf Schneider schrieb für junge Leute, weil
- ☐ a   gerade die moderne Technik seinen Rat nötig macht.
- ☐ b   sich wenige in seinem Alter mit jungen Profis befassen.
- ☐ c   insbesondere die Blogs heutzutage so viel gelesen werden.

25 Durch den Computer und das Internet sind Texte heute oft
- ☐ a   recht befremdlich
- ☐ b   viel interessanter.
- ☐ c   sprachlich fehlerhafter.

26 Als Blogger will Wolf Schneider
- ☐ a   auch alten Leuten noch etwas sagen.
- ☐ b   sich im Internet präsent zeigen.
- ☐ c   die Bedeutung der Sprache bewusst machen.

27 Wolf Schneider benutzt keinen Computer, weil
- a er ohne Computer deutlich schneller arbeiten kann.
- b er eine private Stenotypistin* hat.
- c er damit nicht viele Bücher gleichzeitig schreiben kann.

28 Wolf Schneiders Frau
- a ist eine der wenigen, die noch Stenografie lesen kann.
- b übernimmt für ihn die Arbeit am Computer.
- c wehrt sich gegen das Klischee einer glücklichen Ehe.

29 Rückblickend ist Wolf Schneider unter anderem stolz auf
- a seine 4000 Bergbesteigungen.
- b sein grandioses historisches Wissen.
- c sein schriftstellerisches Werk.

30 Welche Ziele hält Wolf Schneider mit 85 für unrealistisch?
- a Noch ein gutes Buch zu veröffentlichen.
- b Eine politische Karriere zu machen.
- c Ein bisschen in der Welt herumzukommen.

* Zusatzqualifikation (einer Schreibkraft) in hoher Schreibfertigkeit

Modul Schreiben

Beschreibung des Moduls

Übergreifendes Prüfungsziel

- Das Modul Schreiben besteht aus zwei Teilen mit unterschiedlichen Aufgaben. Dabei sollen Sie zeigen, dass Sie
  - grammatische Strukturen sicher beherrschen,
  - über einen umfangreichen und differenzierten Wortschatz verfügen,
  - in der Lage sind, ein breites Spektrum an Gliederungs- und Verknüpfungsmitteln einzusetzen,
  - sich differenziert zu einem Thema äußern oder sich mit einem literarischen Werk kritisch und in angemessener Form auseinandersetzen können.

Die Ziele entsprechen dem Niveau C2 des Gemeinsamen Europäischen Referenzrahmens für Sprachen (GER):

> Ich kann klare, flüssige, komplexe Texte in angemessenem und effektivem Stil schreiben, deren logische Struktur den Lesern das Auffinden der wesentlichen Punkte erleichtert. (Schriftliche Produktion allgemein)
>
> Ich kann klare, flüssige, komplexe Berichte, Artikel und Aufsätze verfassen, in denen ein Argument entwickelt oder ein Vorschlag oder ein literarisches Werk kritisch gewürdigt wird. (Berichte und Aufsätze schreiben)
>
> Ich kann den Texten einen angemessenen, effektiven logischen Aufbau geben, der den Lesenden hilft, die wesentlichen Punkte zu finden. (Berichte und Aufsätze schreiben)
>
> Ich kann mich klar und präzise ausdrücken und mich flexibel und effektiv auf die Adressaten beziehen. (Schriftliche Interaktion allgemein)

Die Aufgaben

Modul Schreiben, Teil 1

Sie erhalten zwei Vorlagen:
- ein Aufgabenblatt mit einem Kurzvortrag oder Referat zur Umformulierung,
- einen sechsseitigen Antwortbogen für Teil 1 und 2.

Zudem erhalten Sie Konzeptpapier.

> Indem Sie einen Kurzvortrag oder ein Referat in den angezeigten Passagen überarbeiten, zeigen Sie, dass Sie grammatische Strukturen sicher beherrschen, über einen umfangreichen Wortschatz verfügen und einen vorgegebenen Text umformulieren können.

Modul Schreiben, Teil 2

Sie erhalten vier Vorlagen zur Auswahl:
- zwei freie und zwei literaturgebundene Themen, die sich auf die beiden Bücher des jeweiligen Kalenderjahres beziehen (siehe die jeweils aktuelle Literaturliste auf der Webseite des Goethe-Instituts).

> Indem Sie einen logischen und differenzierten Text zu einem von vier vorgegebenen Themen verfassen, zeigen Sie, dass Sie in der Lage sind, sich zu einem Thema zusammenhängend und adäquat zu äußern.

Dauer

- Für die Lösung des Moduls Schreiben haben Sie **insgesamt 80 Minuten** Zeit.
- Die Bearbeitungszeit für Teil 1, die Umformung, beträgt circa 20 Minuten.
- Die Bearbeitungszeit für Teil 2, das freie Schreiben, beträgt circa 60 Minuten.

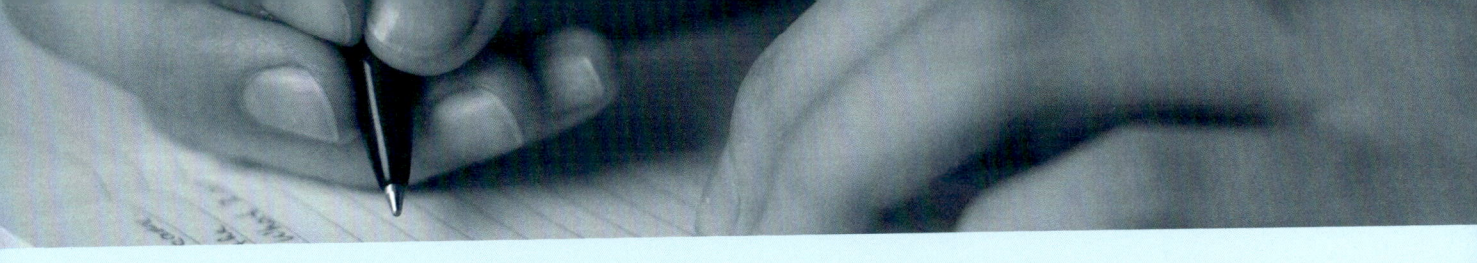

Bewertung

- Im Modul Schreiben, Teil 1 müssen die angegebenen Wörter unverändert in die neue Satzkonstruktion eingebaut werden. Dabei wird auf folgende Kriterien geachtet:
  - Grammatik
  - Wortschatz
  - Orthografie

Für jede richtige Lösung werden jeweils maximal 2 Punkte und damit in Teil 1 maximal 20 Punkte vergeben. Weist die Lösung minimale Fehler bei den oben aufgeführten Kriterien auf, wird 1 Punkt vergeben, in allen anderen Fällen 0 Punkte.

- Im Modul Schreiben, Teil 2 werden die geschriebenen Texte nach folgenden fünf Kriterien bewertet:
  - Erfüllung der Aufgabenstellung
  - Textaufbau
  - Kohärenz
  - Wortschatz
  - Strukturen

Bei Teil 2 werden pro Bewertungskriterium maximal 4 Punkte und damit maximal 20 Punkte vergeben, die mit vier multipliziert werden.
- Teil 1 – maximal 20 Punkte
- Teil 2 – maximal 80 Punkte

Somit beträgt die maximale Punktzahl **100 Punkte**.
Um das Modul Schreiben zu bestehen, werden mindestens 60%, also 60 Punkte benötigt. Auf allango stehen Ihnen zwei korrigierte Aufsätze zum Vergleich zur Verfügung.

Wichtige Hinweise

- Auch beim Modul Schreiben ist das Benutzen von **Wörterbüchern**, **Mobiltelefonen** und **anderen Hilfsmitteln nicht gestattet**.
- Entscheiden Sie sich bei Teil 2 für die Buchbesprechung (Thema 3 oder Thema 4), dürfen Sie das **entsprechende Buch nicht verwenden**.
- Die Lösungen zu Teil 1 und den Text zu Teil 2 verfassen Sie direkt auf dem **Antwortbogen**. Bewertet wird nur, was auf dem Antwortbogen steht. Antwortbögen zu allen Modulen finden Sie auf allango.
- Sie können die **Reihenfolge**, in der Sie die Aufgaben lösen, **selbst bestimmen**. Es wird jedoch empfohlen, mit Teil 1 auf dem Antwortbogen zu beginnen. Verlieren Sie die Zeit nicht aus den Augen!
- Denken Sie auch daran, dass Sie die **Endversion nicht mit Bleistift** schreiben dürfen.

Überblick über die Teile des Moduls Schreiben

Teil	Prüfungsziele	Textsorte/Textstruktur	Aufgabentyp	Aufgabenzahl	Punkte
Modul Schreiben Teil 1	Sprachliche Varianten formulieren	Kurzvortrag /Referat	Umformung	10	20
Modul Schreiben Teil 2	Informationen referieren, erklären, vergleichen, Meinungen äußern und begründen, abwägen, argumentieren, Empfehlungen geben, überzeugen	Leserbrief, Artikel oder Buchbesprechung	Freies Schreiben nach Vorgabe von 3 Aspekten	1	80
Dauer: 80 Minuten					

Modul Schreiben, Teil 1

Beschreibung des Prüfungsteils

Was bekommen Sie?

In diesem Teil der Prüfung bekommen Sie als Textvorlage ein Kurzreferat oder einen Vortrag mit einer Länge von etwa 200 Wörtern. In dem Text sind einzelne Wörter oder kurze Textpassagen fett gedruckt und mit der Nummer des Items (1-10) versehen. Für diese Wörter ist in der rechten Spalte ein anderes Wort angegeben. So wird deutlich, welche Formulierung umgeformt werden soll und welche stattdessen von Ihnen erwartet wird.

Was sollen Sie tun?

Sie setzen auf dem Lösungsbogen das in der rechten Spalte stehende Wort anstelle des/der fett markierten ein und formen den Satz so um, dass dessen Aussage erhalten bleibt und alle grammatischen Strukturen korrekt sind.

Was wird geprüft?

In dieser Aufgabe weisen Sie nach, dass Sie einen vorgegebenen Text umformulieren können. Dabei zeigen Sie, dass Ihnen sprachliche Varianten geläufig sind, dass Sie die grammatischen Strukturen sicher beherrschen und dass Sie über einen umfangreichen und differenzierten Wortschatz verfügen.

Dauer

Für die Aufgabe stehen Ihnen 20 Minuten zur Verfügung. Es ist also sehr wichtig, die wesentlichen Strukturen zügig zu erkennen und sehr konzentriert zu arbeiten.

Wie wird diese Aufgabe bewertet?

Für jede richtige Lösung erhalten Sie zwei Punkte. Bei dieser Aufgabe können maximal 20 Punkte erreicht werden.

Überblick über das Modul Schreiben, Teil 1

	Prüfungsziele	Textsorte	Aufgabentyp	Aufgabenzahl	Punkte
Schreiben Teil 1	Sicheres Beherrschen grammatischer Strukturen Zeigen eines umfangreichen und differenzierten Wortschatzes Sprachliche Varianten formulieren	Kurzvortrag/ Referat	Umformung	10	20

Schritt für Schritt zur Lösung

Die folgenden Abschnitte zeigen Ihnen, wie Sie bei der Lösung dieser Aufgabe Schritt für Schritt vorgehen können.
Im Teil 1 des Moduls Schreiben formen Sie die markierten Passagen in einem Text so um, dass der Sinn des jeweiligen Satzes erhalten bleibt und gleichzeitig der Satz in Hinsicht auf die Grammatik vollständig richtig ist.

Wichtiger Hinweis: Die am Rand stehenden Wörter dürfen **nicht verändert** werden!

Thema des Textes erkennen

1. Bearbeitungsschritt

Aufgabe 1:

1. Lesen Sie den Anfang des Textes.

Das Thema Geld ist so umfassend, dass Publikationen allein zu diesem Thema ganze Bestände von Bibliotheken **(0) füllen könnten.** Kulturhistorisch interessant ist die Bedeutung des Geldes, sein Einfluss auf die Psyche und deren Wirkungsweise **(1) seit jeher** für das Individuum und für dessen gesellschaftliches Zusammenleben.
(2) Doch welchen Stellenwert nimmt Geld für den Einzelnen, welchen in der Gesellschaft ein?

Tipp: Informieren Sie sich in der Zeit Ihrer Vorbereitung auf die Prüfung auch über komplexere und viele verschiedene Themen!

2. Worum geht es hier?

Es geht um ....

3. Überfliegen Sie den Text nun einmal ganz:

Das Thema Geld ist so umfassend, dass Publikationen allein zu diesem Thema ganze Bestände von Bibliotheken **(0) füllen könnten.** Kulturhistorisch interessant ist die Bedeutung des Geldes, sein Einfluss auf die Psyche und deren Wirkungsweise **(1) seit jeher** für das Individuum und für dessen gesellschaftliches Zusammenleben.	**(0)** vermögen **(1)** immer
(2) Doch welchen Stellenwert nimmt Geld für den Einzelnen, welchen in der Gesellschaft ein? Unser Leben wird im Zeitalter des **(3) globalen** Kapitalismus vom wirtschaftlichen Handeln bestimmt, das durch einen fortwährenden Güteraustausch geprägt ist. Über das Medium Geld vollzog sich **(4) der Übergang von der Naturwirtschaft zur Güterwirtschaft.**	**(2)** misst … bei **(3)** verbreiteten **(4)** Entstehung
(5) Wer kein Geld hat oder keine Geldanlagen besitzt, wird von der Gesellschaft respektive dem System ausgeschlossen. Er **(6) kann nicht am wirtschaftlichen Leben teilnehmen.** Auch die Wirtschaftskrise, durch die Armut dort, wo die Menschen massiv betroffen sind, wieder zu einem wertneutralen Begriff wurde, **(7) hat hieran kaum etwas geändert.** Weiterhin zeigt sich das Wesen des Geldes als Prestigeobjekt, denn wer welches hat, **(8) gilt im weitesten Sinne als sozial angesehen.** Der Wohlhabende wird als fleißig, geschickt und geschäftstüchtig eingestuft. Werden diese Eigenschaften auf ein ganzes Volk übertragen, **(9) so entstehen Vorurteile wie das vom sparsamen Schotten oder dem großzügigen Amerikaner.**	**(5)** verfügt **(6)** beteiligen **(7)** Änderung **(8)** Ansehen **(9)** führt
Geld ist also nicht nur Tausch- und Zahlungsmittel, es besitzt einen hohen Symbolcharakter und bestimmt **(10) ganz wesentlich** unser gesellschaftliches Miteinander.	**(10)** Maße

Modul Schreiben, Teil 1

2. Bearbeitungsschritt

Fett gedruckte Wörter einordnen

Schauen Sie sich das Wort an, das am Rand steht.
Denken Sie kurz über seine Bedeutung nach. Kann es mehrere Bedeutungen haben?
Ist das Wort so, wie es dort angegeben ist, vollständig oder korrespondiert es mit einer anderen Wortart, z.B. einer Präposition?
Wie konstruiere ich einen Satz mit diesem Wort?

Dann überlegen Sie sich dasselbe in Bezug auf die fett gedruckten Passagen im Text, und zwar besonders im Hinblick auf das Wort, das mit dem Wort am Rand in engerem Zusammenhang steht.

Aufgabe 2

Beispiel

Das Thema Geld ist so umfassend, dass Publikationen allein zu diesem Thema ganze Bestände von Bibliotheken **(0) füllen könnten**. Kulturhistorisch interessant ist die Bedeutung des Geldes, sein Einfluss auf die Psyche und deren Wirkungsweise **(1) seit jeher** für das Individuum und für dessen gesellschaftliches Zusammenleben. **(2) Doch welchen Stellenwert nimmt Geld für den Einzelnen, welchen in der Gesellschaft ein?**	**(0)** vermögen **(1)** immer **(2)** misst ... bei

---

(0) vermögen

a) Wie wird das Wort „vermögen" allgemein im Satz verwendet?
   etwas zu tun vermögen

b) Welche Bedeutung(en) kann das Wort „vermögen" haben?
   können, imstande sein

(0) könnte
Worum handelt es sich bei „könnte"? Ist „könnte" vollständig?
Das Modalverb „können", führt meist ein Verb im Infinitiv mit sich. Es steht hier im Konjunktiv II (Irrealis).

---

(1) immer:

a) Wie wird das Wort „immer" im Satz verwendet?
1. etwas geschieht immer
2. für immer
3. wann immer
4. schon immer

b) Welche Bedeutung(en) kann „immer" haben?
1. ständig, wiederholt
2. ewig
3. unabhängig davon, wann
4. ständig seit einem in der Vergangenheit liegenden Zeitpunkt

(1) jeher

Worum handelt es sich bei „jeher"? Ist das Wort vollständig?
„Jeher" ist ein Adverb, das nie allein steht, sondern immer in Verbindung mit „von" oder „seit"

(2) misst … bei = beimessen

a) Wie wird das Wort „beimessen" im Satz verwendet? Kreuzen Sie an.
1. einer Sache / jemandem Bedeutung beimessen
2. jemandem die Schuld beimessen
b) Welche Bedeutung(en) kann „beimessen" haben?
1. und 2.: geben, zuschreiben

(2) nimmt

Worum handelt es sich bei „nimmt"? Ist das Wort vollständig?
„Nimmt" ist die dritte Person Singular von „nehmen". Hier handelt es sich aber nicht um das Verb „nehmen", sondern um „einnehmen".
In diesem Satz „nimmt das Geld einen Stellenwert für den Einzelnen ein".

Wie kann „einnehmen" verwendet werden?
1. Geld einnehmen = verdienen
2. eine Stadt einnehmen = Besitz ergreifen
3. viel Platz einnehmen = in Anspruch nehmen (auch metaphorisch)
4. etwas nimmt alle meine Gedanken ein = beschäftigen
5. jemanden für sich einnehmen = jemanden gewinnen

Gehen Sie nun diesen Beispielen entsprechend mit den weiteren fett gedruckten Wörtern beziehungsweise mit den Kernwörtern in den markierten Textpassagen **(3)** bis **(10)** vor.

(3) verbreiteten ....

(3) globalen ....

(4) Entstehung ....

(4) Übergang ....

(5) verfügt ....

(5) hat ....

(6) beteiligen ....

(6) teilnehmen ....

(7) Änderung ....

(7) geändert ....

(8) Ansehen ....

(8) angesehen ....

(9) führt ....

(9) entstehen ....

(10) Maße ....

(10) ganz wesentlich ....

Tipp: Wie in den Beispielen stellen Sie sich Fragen in Bezug auf die einzuordnenden Wörter: **Wie** wird das Wort **verwendet**? Ist es so, wie es hier steht, **vollständig**? Welche **Form** hat es hier? Welche **Bedeutung(en)** kann es haben?

Modul Schreiben, Teil 1

3. Bearbeitungsschritt **Beziehung herstellen**

Überlegen Sie nun:
In welcher Beziehung steht das Wort am Rand zu dem fett gedruckten Wort bzw. fett gedruckten Wörtern im Text?

Aufgabe 3:

Beispiel

| Das Thema Geld ist so umfassend, dass Publikationen allein zu diesem Thema ganze Bestände von Bibliotheken **(0) füllen könnten.** | **(0)** vermögen |

Im zweiten Bearbeitungsschritt hatten wir festgestellt:
„können" bedeutet „etwas zu tun vermögen".

| Kulturhistorisch interessant ist die Bedeutung des Geldes, sein Einfluss auf die Psyche und deren Wirkungsweise **(1) seit jeher** für das Individuum und für dessen gesellschaftliches Zusammenleben. | **(1)** immer |

Im zweiten Bearbeitungsschritt hatten wir festgestellt:
„von/seit jeher" bedeutet „schon immer".

| **(2) Doch welchen Stellenwert nimmt Geld für den Einzelnen, welchen in der Gesellschaft ein?** | **(2)** misst … bei |

Im zweiten Bearbeitungsschritt hatten wir festgestellt:
„etwas nimmt einen Stellenwert ein" bedeutet „jemand misst einer Sache einen bestimmten Stellenwert bei".

Gehen Sie nun in Bezug auf die Umformungsaufgaben **(3)** bis **(10)** ebenso vor:

(3) globalen / **(3)** verbreiteten ....

(4) Entstehung / **(4)** Übergang ....

(5) verfügt / **(5)** hat ....

(6) beteiligen / **(6)** teilnehmen ....

(7) Änderung / **(7)** geändert ....

(8) Ansehen / **(8)** angesehen ....

(9) führt / **(9)** entstehen ....

(10) Maße / **(10)** ganz wesentlich ....

Alle notwendigen Veränderungen feststellen und Satz umformen

4. Bearbeitungsschritt

In diesem Schritt ist es ganz wesentlich, dass Sie gleichzeitig die Grammatik und die Aussage des Satzes im Auge haben.

Aufgabe 4:

Befassen Sie sich nun anhand der Arbeitsfragen mit den Umformungsaufgaben und formen Sie um. Gehen Sie dabei so vor, wie in den drei Beispielen gezeigt.
Die **erste Arbeitsfrage** bezieht sich immer auf die markierte Textpassage.
Die **zweite Arbeitsfrage** bezieht sich auf das Wort am Rand.

Erstes Beispiel

Das Thema Geld ist so umfassend, dass Publikationen allein zu diesem Thema ganze Bestände von Bibliotheken **(0) füllen könnten.**	**(0)** vermögen

1. Arbeitsfrage: Wer könnte **was?**

Antwort: Publikationen allein zu diesem Thema könnten … Bibliotheken füllen.

2. Arbeitsfrage: Wer/Was vermag was zu tun?

Antwort: Publikationen allein zu diesem Thema vermögen … Bibliotheken **zu** füllen.
Umformung: „Das Thema *Geld* ist so umfassend, dass Publikationen allein zu diesem Thema ganze Bestände von Bibliotheken **zu** füllen **vermögen**.

Zweites Beispiel

Kulturhistorisch interessant ist die Bedeutung des Geldes, sein Einfluss auf die Psyche und deren Wirkungsweise **(1) seit jeher** für das Individuum und für dessen gesellschaftliches Zusammenleben.	**(1)** immer

1. Arbeitsfrage: Was ist seit jeher **was/wie?**

Antwort: Die Bedeutung des Geldes ist seit jeher für das Individuum und für dessen gesellschaftliches Zusammenleben kulturhistorisch interessant.

2. Arbeitsfrage: Was ist schon immer **was/wie gewesen?**

Antwort: Die Bedeutung des Geldes ist **schon immer** für das Individuum … interessant **gewesen.**
Umformung: Die Bedeutung des Geldes ist **schon immer** für das Individuum und für dessen gesellschaftliches Zusammenleben kulturhistorisch interessant **gewesen**.
Hinweis: „seit" gilt ab einem Zeitpunkt in der Vergangenheit bis heute und wird daher mit dem Präsens verbunden. Für „schon immer" gilt das nicht.

Modul Schreiben, Teil 1

Drittes Beispiel

(2) Doch welchen Stellenwert nimmt Geld für den Einzelnen, welchen in der Gesellschaft ein?	**(2)** misst … bei

1. Arbeitsfrage: Wer nimmt **was für wen** ein?

Antwort: (Das) Geld nimmt bei den Einzelnen einen Stellenwert ein.

2. Arbeitsfrage: Wer misst **wem was** bei?

Antwort: Der Einzelne misst dem Geld einen Stellenwert bei.
Umformung: Doch welchen Stellenwert **misst der Einzelne, welchen die Gesellschaft dem Geld bei**?

> **Wichtiger Hinweis!**
> Überlegen Sie bei jeder Umformung:
> Zu dem Wort am Rand: Wenn das Wort in den Satz „einsteigt" – was bringt es mit?
> Zu der fett gedruckten Passage im Text: Wenn ein Wort aus dem Satz „aussteigt" – was nimmt es mit?

Wichtiger Hinweis: Aus am Rand stehenden Verben dürfen Sie keinesfalls Nomen machen!

Tipp: Achten Sie darauf, keine Wörter wegzulassen!

Gehen Sie nun ebenso vor.

Unser Leben wird im Zeitalter des **(3) globalen** Kapitalismus vom wirtschaftlichen Handeln bestimmt, das durch einen fortwährenden Güteraustausch geprägt ist.	**(3)** verbreiten

1. **Arbeitsfrage:** ....
   Antwort: ....
2. **Arbeitsfrage:** ....
   Antwort: ....
   Umformung: ....

Über das Medium Geld vollzog sich **(4) der Übergang von der Naturalwirtschaft zur Güterwirtschaft.**	**(4)** Entstehung

1. **Arbeitsfrage:** ....
   Antwort: ....
2. **Arbeitsfrage:** ....
   Antwort: ....
   Umformung: ....

(5) Wer kein Geld hat oder keine Geldanlagen besitzt, wird von der Gesellschaft respektive dem System ausgeschlossen.	**(5)** verfügt

1. **Arbeitsfrage:** ....
   Antwort: ....
2. **Arbeitsfrage:** ....
   Antwort: ....
   Umformung: ....

| Er **(6) kann nicht am wirtschaftlichen Leben teilnehmen.** | **(6)** beteiligen |

1. Arbeitsfrage: ....
   Antwort: ....
2. Arbeitsfrage: ....
   Antwort: ....
   Umformung: ....

| Auch die Wirtschaftskrise, durch die Armut dort, wo die Menschen massiv betroffen sind, wieder zu einem wertneutralen Begriff wurde, **(7) hat hieran kaum etwas geändert.** | **(7)** Änderung |

1. Arbeitsfrage: ....
   Antwort: ....
2. Arbeitsfrage: ....
   Antwort: ....
   Umformung: ....

| Weiterhin zeigt sich das Wesen des Geldes als Prestigeobjekt, denn wer welches hat, **(8) gilt im weitesten Sinne als sozial angesehen.** | **(8)** Ansehen |

1. Arbeitsfrage: ....
   Antwort: ....
2. Arbeitsfrage: ....
   Antwort: ....
   Umformung: ....

| Werden diese Eigenschaften auf ein ganzes Volk übertragen, **(9) so entstehen Vorurteile wie das vom sparsamen Schotten oder dem großzügigen Amerikaner.** | **(9)** führt |

1. Arbeitsfrage: ....
   Antwort: ....
2. Arbeitsfrage: ....
   Antwort: ....
   Umformung: ....

| Geld ist also mehr als nur ein Tausch- und Zahlungsmittel, es besitzt einen hohen Symbolcharakter und bestimmt **(10) ganz wesentlich** unser gesellschaftliches Miteinander. | **(10)** Maße |

Tipp: Wenn Sinn oder Satzbauregeln es nicht erfordern, ändern Sie den Satz so wenig wie möglich. Sie gehen sonst ein hohes Fehler-Risiko ein.

1. Arbeitsfrage: ....
   Antwort: ....
2. Arbeitsfrage: ....
   Antwort: ....
   Umformung: ....

Modul Schreiben, Teil 1

5. Bearbeitungsschritt

Umformungen überprüfen

Lesen Sie sich nun noch einmal ganz konzentriert Ihre Lösungen durch.
Haben Sie alle notwendigen Änderungen vorgenommen?
Sind alle Endungen korrekt?

Überprüfen Sie nun Ihre Ergebnisse anhand des Lösungsschlüssels auf Seite 177.

Aufgabe 5

1. Lesen Sie den folgenden Text und lösen Sie die Umformungsaufgaben entsprechend den Bearbeitungsschritten. Nehmen Sie sich Zeit und arbeiten Sie sorgfältig.

1. Bearbeitungsschritt

Thema des Textes erkennen

Erfundene Erzählungen, die eine Liebesgeschichte zum zentralen Thema haben, **(0) nennt man Liebesromanzen**. Solche Geschichten in Form von Unterhaltungsliteratur **(1) sind seit dem Ende des 19. Jahrhunderts sehr beliebt** und haben erst die landläufige Vorstellung von „Romantik" geprägt. **(2) In ihrem Ablauf** haben sich diese Handlungen bis heute wenig geändert. Die Entstehung und Entwicklung von Liebe zwischen Mann und Frau läuft auf das Zueinanderfinden hinaus, **(3) das meistens auch den ersehnten Höhe- und Schlusspunkt des Romans oder des Films darstellt**. In meinem Vortrag beziehe ich mich nun auf die **(4) Liebesromanze im Film**. Für den Filmaufbau sind in einer Einführung die Figuren von Mann und Frau und ihre Eigenschaften zu skizzieren, sodann das Kennenlernen, die Partnerwahlkriterien und das Zueinanderfinden **(5) ausgedehnt** abzuhandeln.
Da die Geschlechterbeziehung in jeder Liebesromanze im Mittelpunkt steht, erfolgt in Spielfilmen nach **(6) wiederkehrenden Mustern** eine notwendige Reduktion der Figurenzeichnung, eine sogenannte Reduktion der Komplexität. Die Folge ist **(7), dass Mann und Frau klischeehaft dargestellt werden**, wobei auch die kulturellen Muster dabei vor allem in den besonders erfolgreichen Filmen zunehmend nivelliert sind. **(8) Für die Geschichte** spielt der Ort der Handlung kaum noch eine Rolle. Die Filmromanze spiegelt damit **(9) nicht nur die Art der Geschlechterbeziehung zu der jeweiligen Zeit, sondern** ist gleichzeitig Sozialisationsvorbild. Die gesellschaftliche Konstruktion von „Liebe" ist damit gleichzeitig Ausgangspunkt für Spielfilme und Ergebnis **(10) ihrer filmischen Aufbereitung**.

(0) bezeichnet
(1) Beliebtheit
(2) ablaufen
(3) besteht
(4) verfilmt
(5) Einzelheiten
(6) wiederkehren
(7) Darstellung
(8) betrifft
(9) und
(10) aufbereitet

In diesem Text geht es um ....

Fett gedruckte Wörter einordnen   2. Bearbeitungsschritt

Versuchen Sie nun, Zeit zu sparen, indem Sie bei Ihren Überlegungen sowohl die markierten Textpassagen als auch die am Rand stehenden Wörter der Items **(1)** bis **(10)** und ihre Einbettung im Satz im Auge haben.

Beispiel

Erfundene Erzählungen, die eine Liebesgeschichte zum zentralen Thema haben, **(0) nennt man Liebesromanzen**.	**(0)** bezeichnet

(0): „… Erzählungen … **nennt** man **wen oder was?**" – „Man nennt sie Liebesromanzen" – „bezeichnen **als**"

Solche Geschichten in Form von Unterhaltungsliteratur **(1) sind seit dem Ende des 19. Jahrhunderts sehr belieb**t und haben erst die landläufige Vorstellung von „Romantik" geprägt.	**(1)** Beliebtheit

(1) „… Geschichten … sind … sehr **beliebt** … " – „**sich** … Beliebtheit **erfreuen**"

Ebenso:

(2) ....

(3) ....

(4) ....

(5) ....

(6) ....

(7) ....

(8) ....

(9) ....

(10) ....

Modul Schreiben, Teil 1

3. Bearbeitungsschritt   **Beziehung herstellen**

Denken Sie nun über die Beziehung zwischen den markierten Textpassagen und den Wörtern am Rand nach, also

> „großer" ist einzusetzen, um den Sinn zu erhalten!

(0) „nennen" ist synonym mit „bezeichnen als"

(1) „sehr beliebt sein" bedeutet „sich großer Beliebtheit erfreuen"

(2) ....

(3) ....

(4) ....

(5) ....

(6) ....

(7) ....

(8) ....

(9) ....

(10) ....

4. Bearbeitungsschritt   **Alle notwendigen Veränderungen feststellen und umformen**

Beispiel

> (0) Erfundene Erzählungen, die eine Liebesgeschichte zum zentralen Thema haben,
> (0) ~~nennt~~ **bezeichnet** man **als** Liebesromanzen.
> (1) Solche Geschichten in Form von Unterhaltungsliteratur
> (1) ~~sind~~ **erfreuen sich** seit dem Ende des 19. Jahrhunderts ~~sehr beliebt~~ **großer Beliebtheit** und haben erst die Vorstellung von Romantik geprägt.

Wichtiger Hinweis:
Wird ein Nomen durch ein Verb ersetzt, so müssen Sie meistens einen Nebensatz bilden.

(2) ....

(3) ....

(4) ....

(5) ....

(6) ....

(7) ....

(8) ....

(9) ....

(10) ....

Umformung überprüfen

5. Bearbeitungsschritt

Lesen Sie sich noch einmal sorgfältig und mit Blick auf den Ausgangstext Ihre Umformungen durch:
– Haben Sie alle notwendigen Änderungen vorgenommen?
– Ist die Aussage des Satzes erhalten geblieben?
– Haben Sie auch kein Wort vergessen?
– Stimmt der Satz, was die Grammatik betrifft?

Tipp: Denken Sie daran, dass die Umformung manchmal eine Verneinung nötig macht.

Überprüfen Sie nun Ihre Lösungen mit Hilfe des Lösungsschlüssels auf Seite 177/178.

Bearbeiten Sie nun die folgende Prüfungsaufgabe. Lesen Sie dazu noch einmal die Bearbeitungsschritte für das Modul Schreiben, Teil 1.

Thema des Textes erkennen 1. Bearbeitungsschritt

Fett gedruckte Wörter einordnen 2. Bearbeitungsschritt

Beziehung herstellen 3. Bearbeitungsschritt

Alle notwendigen Veränderungen feststellen und umformen 4. Bearbeitungsschritt

Umformungen überprüfen 5. Bearbeitungsschritt

Modul Schreiben, Teil 1

So sehen die Prüfungsseiten aus
Modul Schreiben, Teil 1
Dauer: 20 Minuten

Überarbeiten Sie den Kurzvortrag in den markierten Passagen und verwenden Sie dabei die Wörter aus der rechten Spalte, die **nicht** verändert werden dürfen.
Nehmen Sie alle notwendigen Umformungen vor.
Schreiben Sie dann die neu formulierten Passagen auf den Antwortbogen.

Seit jeher **(0) sind Wälder Quellen der Inspiration für** Künstler jedweder Richtung **gewesen**.	**(0)** inspirierten
	Lösung *inspirierten Wälder*
Zum einen mag das **(1) auf ihre Unergründlichkeit zurückzuführen sein**,	**(1)** unergründlich
zum anderen auch auf ihr erdgeschichtlich hohes Alter und auf die **(2) daraus resultierende** mythologische Aufladung. Wälder können verschiedene Funktionen in	**(2)** resultiert
der Kunst einnehmen: **(3) als malerisches Beiwerk, Ort der Erholung, der Stille, der Träumerei, aber auch als Verursacher von Phobien.** In der Literatur wie z.B. im Märchen oder in der erzählerischen Darstellung gruseliger Szenen ist der Wald ein	**(3)** sie sind
(4) nahezu unverzichtbares Element. Gerade dort übernimmt er nicht nur die	**(4)** verzichten
Funktion des Handlungsortes, sondern **(5) wird aktiv in die Geschichte mit einbezogen** - als Protagonist oder Antagonist.	**(5)** Rolle
Im Rahmen dieses Vortrags ist es selbstverständlich nicht möglich, **(6) auf alle erdenklichen Aspekte der Walddarstellung einzugehen,** zumal diese sich im Laufe der Jahrhunderte vielfach gewandelt hat. Spätestens seit der Romantik	**(6)** behandeln
(7) bewährt sich der Wald als Mythenspeicher und Sehnsuchtsfantasie des städtischen Bürgertums.	**(7)** dient
Immer schon **(8) dient** der Wald als Handlungsort von Träumen oder als Traumlandschaft.	**(8)** gibt
(9) Unser heutiges Bild vom Wald ist eine von ästhetischen, gesellschaftlichen, nationalen und wirtschaftlichen Wertmaßstäben geprägte Wald-Konstruktion.	**(9)** haben
Es ist wahr: Wer in den Wald geht, ob ehrfürchtig oder kritisch, der **(10) landet buchstäblich in der Gesellschaft und ihrer Kultur.**	**(10)** findet ... wieder

Modul Schreiben, Teil 2

Beschreibung des Prüfungsteils

Was bekommen Sie?

- Sie erhalten zur Auswahl:
  – zwei freie Themen (Thema 1 und Thema 2) und
  – zwei literaturgebundene Themen (Thema 3 und Thema 4).
  Zusätzlich erhalten Sie Konzeptpapier.

Was sollen Sie tun?

- Sie wählen eines der vier vorgegebenen Themen aus und schreiben dazu einen Text im Umfang von ca. 350 Wörtern.

Was wird geprüft?

- Die Aufgabe prüft Ihre Fähigkeit, Informationen zu referieren und zu erklären, Meinungen zu äußern und zu begründen, abzuwägen, Empfehlungen zu geben und zu überzeugen.

Lösungsweg

Entscheiden Sie sich möglichst schnell für ein Thema. Wählen Sie dennoch mit Bedacht. Nutzen Sie Ihr Vorwissen, bevor Sie mit dem Schreiben beginnen. Gliedern Sie Ihren Text in Einleitung, Hauptteil und Schluss. Vergessen Sie dabei nicht, auf **alle drei Inputtexte zum freien Thema, bzw. alle drei Aspekte der Buchbesprechung** einzugehen und sie in angemessener Sprache mit Beispielen zu erläutern.

Dauer

- Die Bearbeitungszeit für Teil 2 des Moduls Schreiben beträgt ca. 60 Minuten.

Wie wird die Aufgabe bewertet?

- Für jedes der fünf Bewertungskriterien werden 0 bis 4 Punkte vergeben. Die erreichte Punktzahl wird mit 4 multipliziert. Daraus ergibt sich eine Maximalpunktzahl von 80 für Teil 2 des Moduls Schreiben.

Die Bewertungskriterien zum Modul Schreiben finden Sie auf der Homepage des Goethe Instituts.

Überblick über das Modul Schreiben, Teil 2

	Prüfungsziele	Textsorte	Aufgabentyp	Aufgabenzahl	Punkte
Schreiben Teil 2	Informationen referieren, erklären, vergleichen, Meinungen äußern und begründen, abwägen, argumentieren, Empfehlungen geben, überzeugen	Leserbrief, Artikel oder Buchbesprechung	Freies Schreiben nach Vorgabe von 3 Aspekten	1	80

Modul Schreiben, Teil 2

Schritt für Schritt zur Lösung

In den folgenden Abschnitten lernen Sie, wie Sie bei der Lösung dieses Teils Schritt für Schritt vorgehen können.

1. Bearbeitungsschritt

Thema wählen

Zunächst müssen Sie sich für ein Thema entscheiden. Verlieren Sie dabei nicht zu viel Zeit und wählen Sie, wenn möglich, kein Thema, über das Sie keine Kenntnisse haben oder das Ihnen nicht gefällt.

So geht's

Überfliegen Sie die folgenden Aufgaben zum Modul Schreiben, Teil 2.
Für welches Thema würden Sie sich entscheiden? Achten Sie dabei auch darauf, wie viel Zeit Sie für die Wahl benötigen.

Thema 1:

Produktpiraterie

- Plagiate führen zum Abbau von Arbeitsplätzen und zu enormen wirtschaftlichen Verlusten.
- Zum Beispiel in der Textilindustrie weisen die Fälschungen nicht nur eine minderwertige Qualität auf, sondern können auch gesundheitsgefährdende Substanzen enthalten.
- Produktfälschung ist unvermeidlicher Bestandteil der wirtschaftlichen Entwicklung ärmerer Länder.

Thema 2:

Unterricht in der Schule oder Privatunterricht zu Hause

- Ein wichtiger Aspekt des Unterrichts in der Schule ist der soziale Kontakt zu Gleichaltrigen.
- Privatunterricht zu Hause bietet die Möglichkeit eines realitäts- und praxisnahen Unterrichts.
- Die Entscheidung, ob Unterricht traditionell in der Schule oder privat zu Hause stattfindet, sollte nicht vom Staat vorgegeben werden, sondern individuell entschieden werden können.

Thema 3:
Robinsons blaues Haus

- Fassen Sie den Inhalt kurz zusammen.
- Charakterisieren Sie die Hauptfigur, indem Sie dabei besonders auf den Aspekt der nicht mehr vorhandenen Freiheit eingehen.
- Empfehlen Sie das Buch den Leserinnen und Lesern des Blogs.

Thema 4:
Landgericht

- Fassen Sie den Inhalt kurz zusammen.
- Erläutern Sie die Beziehung der Hauptfigur zu Exil und Heimat.
- Empfehlen Sie das Buch den Leserinnen und Lesern des Blogs.

Nach welchen Entscheidungskriterien sind Sie vorgegangen? Notieren Sie.

Ich ....

....

....

....

Vorwissen aktivieren

2. Bearbeitungsschritt

Sie haben sich möglichst schnell für ein Thema entschieden. Nun geht es darum, Ihr Vorwissen zum ausgewählten Thema zu nutzen.

So geht's

Fragen Sie sich: Haben Sie eigene Erfahrungen mit dem Thema? Haben Sie etwas dazu gelesen oder davon gehört, kennen Sie jemanden, der in Bezug zum Thema steht? Was fällt Ihnen zudem spontan dazu ein.

Tipp: Eine Mind-Map eignet sich für erste Überlegungen zum Thema.

Aufgabe 1

1. Stellen Sie sich diese Fragen zu Thema 1 „Produktpiraterie" und sammeln Sie Ihre Ideen.

Ihre Notizen: ....

....

....

....

....

Modul Schreiben, Teil 2

3. Bearbeitungsschritt

Einleitung schreiben

Freie Themen
Beginnen Sie nicht direkt mit einem Aspekt des Themas, sondern formulieren Sie einen einleitenden Satz, indem Sie sich auf das Thema in der Aufgabenstellung beziehen oder den Grund für Ihr Schreiben angeben. Gehen Sie dann zur Bearbeitung des ersten Aspekts über.

Literaturgebundene Themen
Hinweis zu den literaturgebundenen Themen: Ihre **Einleitung** stellt den **ersten Aspekt** der Aufgabenstellung (die **Zusammenfassung des Inhalts**) dar. Auf einen einleitenden Satz, der den Grund für Ihr Schreiben angibt, verzichten Sie hier.

So geht's

Aufgabe 2

1. Lesen Sie sich Thema 1 „Produktpiraterie" noch einmal durch. Im Folgenden finden Sie zwei mögliche Textanfänge. Welcher der beiden eignet sich besser und warum?

> Ihre Artikelserie zum Thema „Produktpiraterie" ist bei mir auf großes Interesse gestoßen.
>
> Plagiate stehen hoch im Kurs, obwohl sie gegen eine Reihe von Gesetzen verstoßen.

> Der Handel mit Fälschungen stellt ein wachsendes Problem dar. Denn er verstößt gleich gegen eine Reihe von Gesetzen.

2. Wie würden Sie beginnen? Formulieren Sie nun eine eigene Einleitung:

....
....
....
....
....
....
....

Aspekte der Aufgabenstellung bearbeiten

4. Bearbeitungsschritt

Freie Themen

Gehen Sie auf *alle* Aspekte der Aufgabenstellung ein. Das muss nicht in der Reihenfolge geschehen, in welcher die Aspekte in der Aufgabe aufgeführt sind. Achten Sie jedoch darauf, dass Sie keinen Punkt vergessen.

Literaturgebundene Themen

Im Hauptteil Ihres Textes behandeln Sie den **zweiten Aspekt** der Aufgabenstellung. Dabei handelt es sich um ein **zentrales Thema des Buches**, z.B. die Charakterisierung der Hauptfigur in Bezug auf ein zentrales Thema der Lektüre oder die Beschreibung eines Hauptaspekts, den der Autor in seinem Werk zum Ausdruck bringt.

So geht's
Aufgabe 3

Zu folgenden Aspekten soll etwas gesagt werden:

- Plagiate führen zum Abbau von Arbeitsplätzen und zu enormen wirtschaftlichen Verlusten.
- Fälschungen weisen nicht nur eine minderwertige Qualität auf, sondern können auch gesundheitsgefährdende Substanzen enthalten.
- Produktfälschung ist unvermeidlicher Bestandteil der wirtschaftlichen Entwicklung ärmerer Länder.

1. Machen Sie sich Gedanken zu jedem einzelnen Aspekt. Was wissen Sie darüber, wie stehen Sie persönlich dazu? Notieren Sie sich Fragen wie unter Aspekt 1. Machen Sie sich anschließend Notizen zu allen drei Aspekten oder erstellen Sie eine Mind-Map.

Aspekt 1
Wie führen Plagiate zum Abbau von Arbeitsplätzen? Wieso entstehen wirtschaftliche Verluste? Gibt es noch andere Konsequenzen?

....
....
....

Aspekt 2

....
....
....

Aspekt 3

....
....
....

Modul Schreiben, Teil 2

5. Bearbeitungsschritt

Der Schluss

Freie Themen
Wenn Sie den letzten Aspekt behandelt haben, beenden Sie den Text nicht einfach abrupt. Schließen Sie mit einem Fazit oder einem Ausblick in die Zukunft.

Literaturgebundene Themen
Den **Schlussteil** beenden Sie mit dem **dritten Aspekt** der Aufgabenstellung, einer **Empfehlung des Buches** an eine Zielgruppe. Ihr Fazit ist, dass das Buch aus den von Ihnen genannten Gründen lesenswert ist oder auch nicht.

So geht's

Aufgabe 4

1. Blättern Sie zurück zum eingangs genannten Beispiel „Produktpiraterie" auf Seite 98. Überlegen Sie sich nun auch einen passenden Schluss für Ihr Schreiben.

Schluss

....

....

....

6. Bearbeitungsschritt

Gliederung des Textes und Wortwahl

Freie Themen
Achten Sie auf einen strukturierten Aufbau Ihres Textes. So wichtig es ist, auf alle drei in der Aufgabe aufgeführten Aspekte einzugehen, so wichtig ist es auch, Ihre Gedankengänge klar zu strukturieren und in angemessener Sprache zum Ausdruck zu bringen.

Literaturgebundene Themen
Behandeln Sie bei den literaturgebunden Themen alle drei Aspekte gleich und halten Sie sich an die vorgegebene Reihenfolge der Aspekte (Zusammenfassung, Charakterisierung/Beschreibung, Empfehlung).

So geht's

Dies ist der Aufbau Ihres Schreibens:

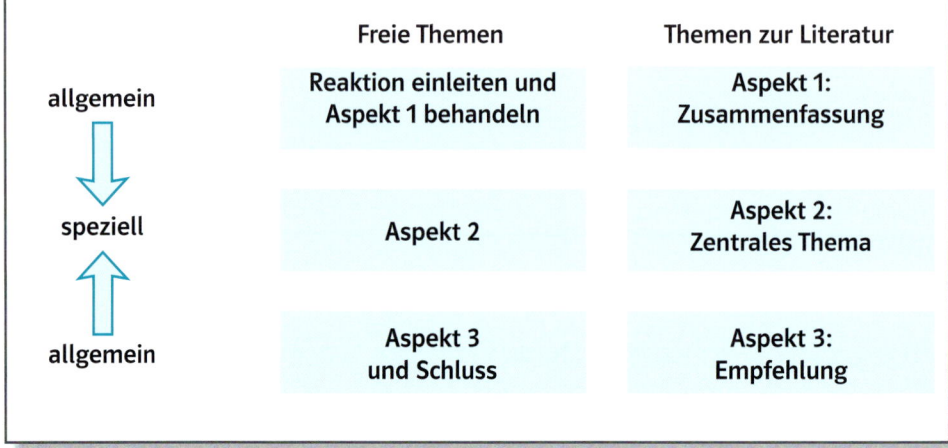

Die Schritte im Einzelnen:

Im Folgenden finden Sie eine Liste von nützlichen Redemitteln. Ergänzen Sie diese durch eigene Beispiele.

Einleitung

REDEMITTEL

Ihre Artikelserie zum Thema … ist bei mir auf großes Interesse gestoßen
Im Internet stieß ich auf Ihren Artikel zum Thema …
Das Thema … interessiert mich besonders / betrifft mich persönlich, darum …
Es besteht kein Zweifel, dass …
In zahlreichen Publikationen ist zu lesen, dass …
Im Fernsehen habe ich eine interessante Sendung zum Thema … gesehen und möchte Ihnen hierzu …

....
....
....

Hauptteil

REDEMITTEL

erstens – zweitens - …
Besonders wichtig erscheint mir(,) …
Ich möchte zunächst/auch darauf aufmerksam machen, dass …
Ein anderer wichtiger Punkt/Aspekt zum Thema … ist, (dass) …
Im Gegensatz zu …
Anders als in Deutschland …
Meiner Meinung nach …
Meines Erachtens …
Was mich betrifft, so …
Zusätzlich sollte in Betracht gezogen werden, dass …

....
....
....

KONNEKTOREN

reihend	und, sowie, das heißt, …
einschränkend	obwohl, aber, doch, …
bedingend	falls, wenn, vorausgesetzt, …
alternativ	oder, andernfalls, anstatt dessen, allerdings, dagegen, …
Beispiele nennend	zum Beispiel, allein, sogar, …
ergänzend	zusätzlich, hinzu kommt, …
folgend	sodass, folglich, …
begründend	weil, denn, da, …

Modul Schreiben, Teil 2

Schluss

> **REDEMITTEL**
>
> Schließlich …
> Für die Zukunft wünsche ich mir, dass …
> Abschließend kann ich feststellen, dass …
> Die Frage ist, ob …
> Ich frage mich, ob …
> Zusammenfassend/Generell lässt sich sagen, dass …
>
> ....
> ....
> ....

Aufgabe 5

Lesen Sie nun Thema 2 „Unterricht in der Schule oder Privatunterricht zu Hause" auf Seite 98 noch einmal.

Sie haben im Fernsehen eine Diskussionsrunde dazu verfolgt. Nach der Sendung wurden die Zuschauer aufgefordert, ihre Meinung dazu zu äußern.

1. Was fällt Ihnen spontan zu diesem Thema ein? Machen Sie sich Notizen.

....
....
....
....
....

2. Sie sollen in einer E-Mail (ca. 350 Wörter) an die Redaktion, in der Sie sich auf die drei folgenden Diskussionsbeiträge beziehen, Ihre Meinung äußern.

- Ein wichtiger Aspekt des Unterrichts in der Schule ist der soziale Kontakt zu Gleichaltrigen.

- Privatunterricht zu Hause bietet die Möglichkeit eines realitäts- und praxisnahen Unterrichts.

- Die Entscheidung, ob Unterricht traditionell in der Schule oder privat zu Hause stattfindet, sollte nicht vom Staat vorgegeben werden, sondern individuell entschieden werden können.

Formulieren Sie zuerst eine mögliche Einleitung.

....
....
....
....

3. Sammeln Sie nun Stichwörter zu den einzelnen Leitpunkten:

Sozialer Kontakt zu Mitschülerinnen und Mitschülern:

....

....

....

....

....

Individueller Unterricht und gezielte Förderung zu Hause:

....

....

....

....

....

Entscheidungsgewalt in Bezug auf Unterricht in der Schule oder zu Hause:

....

....

....

....

....

4. Überlegen Sie sich auch einen passenden Schluss:

....

....

....

....

....

5. Verfassen Sie nun Ihre schriftliche Stellungnahme zum Thema „Unterricht in der Schule oder Privatunterricht zu Hause". Vergessen Sie dabei nicht, Ihre Argumentation zu begründen und mit Beispielen zu untermauern. Kontrollieren Sie, ob Ihr Text zusammenhängend und klar gegliedert ist und Ihre Wortwahl und Ihr Stil dem Thema angemessen sind.

Strukturen überprüfen

7. Bearbeitungsschritt

Lesen Sie Ihren Text nun noch einmal durch und achten Sie dabei besonders darauf, dass Sie ein breites Spektrum an Strukturen verwendet haben und dass Syntax, Orthografie und Interpunktion korrekt sind.

Modul Schreiben, Teil 2

Aufgabe 6

Wählen Sie nun aus den Themen 1, 3 und 4 auf den Seiten 98 bis 99 oder von der aktuellen Literaturliste (vgl. Webseite des Goethe-Instituts) eines aus und schreiben Sie einen Text dazu. Entscheiden Sie sich für Thema 1, können Sie dazu auch Ihre Notizen von den vorherigen Aufgaben zu diesem Thema benutzen.

Bearbeiten Sie nun die folgende Prüfungsaufgabe. Lesen Sie dazu noch einmal die Bearbeitungsschritte für das Modul Schreiben, Teil 2.

1. Bearbeitungsschritt — **Thema wählen**

Entscheiden Sie sich schnell für ein Thema, wählen Sie jedoch überlegt.

2. Bearbeitungsschritt — **Vorwissen aktivieren**

Was wissen Sie bereits zu dem Thema? Haben Sie erst kürzlich etwas darüber gelesen? Kennen Sie jemanden, der von dem Thema betroffen ist, oder liegt es Ihnen aus persönlichen Gründen am Herzen? Notieren Sie alles, was Ihnen dazu in den Sinn kommt.

3. Bearbeitungsschritt — **Einleitung schreiben**

Erklären Sie einleitend den Grund für Ihr Schreiben.
Bei den Themen zur Literatur fassen Sie den Inhalt kurz zusammen.

4. Bearbeitungsschritt — **Aspekte der Aufgabenstellung bearbeiten**

Gehen Sie auf alle drei in der Aufgabenstellung genannten Aspekte ein. Begründen Sie dabei Ihre Argumentation und nennen Sie Beispiele.

Bei den literaturgebundenen Themen gehen Sie an dieser Stelle auf den zweiten Aspekt der Aufgabenstellung ein.

5. Bearbeitungsschritt — **Der Schluss**

Beenden Sie Ihren Text nicht abrupt. Ziehen Sie abschließend ein Fazit oder blicken Sie in die Zukunft.
Bei den Literaturthemen schließen Sie Ihren Text mit dem dritten Aspekt, der Empfehlung des Buches an ein bestimmtes Leserpublikum.

6. Bearbeitungsschritt — **Gliederung des Textes und Wortwahl**

Kontrollieren Sie Ihren Text. Haben Sie ihn zusammenhängend und klar gegliedert? Ist Ihre Argumentation gut nachvollziehbar? Achten Sie auch darauf, ob die Wortwahl und der Stil dem Thema angemessen sind.

7. Bearbeitungsschritt — **Strukturen überprüfen**

Kontrollieren Sie, ob Sie ein breites Spektrum an Strukturen verwendet haben und ob Syntax, Orthographie und Interpunktion korrekt sind.

So sehen die Prüfungsseiten aus

Modul Schreiben, Teil 2

Dauer: 60 Minuten

Wählen Sie aus den folgenden vier Themen ein Thema aus.

Thema 1: Pressefreiheit contra Privatsphäre

Sie haben in der „Süddeutschen Zeitung" eine Artikelserie zum Thema „Pressefreiheit contra Privatsphäre" gelesen. Sie schreiben einen ausführlichen Leserbrief (ca. 350 Wörter) an die Redaktion, in dem Sie sich auf die drei folgenden Aussagen beziehen und Ihre Meinung dazu äußern.

- ▸ Im Grundgesetz ist das Recht auf Privatsphäre fest verankert.
- ▸ Die Meinungsfreiheit ist eine fundamentale Freiheit in jedem demokratischen Staat.
- ▸ Gerade durch die Presse werden immer wieder Korruption und Inkompetenz von Personen des öffentlichen Lebens aufgedeckt.

Thema 2: Der Einfluss elektronischer Kommunikationsmittel auf die Schriftsprache

Sie haben im Fernsehen eine Diskussionsrunde zum Thema „Der Einfluss elektronischer Kommunikationsmittel auf die Schriftsprache" verfolgt. Nach der Sendung wurden die Zuschauer aufgefordert, ihre Meinung zu äußern. Sie schreiben eine ausführliche E-Mail (ca. 350 Wörter) an die Redaktion, in der Sie sich auf die drei folgenden Diskussionsbeiträge beziehen und Ihre Meinung dazu äußern.

- ▸ Durch neue Kommunikationsmöglichkeiten treten auch neue Kommunikationsformen auf. Das bedeutet jedoch nicht – wie oft unbegründet befürchtet –, dass ein Sprachzerfall unmittelbar bevorsteht.
- ▸ Kommunikation per SMS oder E-Mail erfordert nicht die Förmlichkeit eines Briefes.
- ▸ Weil IM- oder SMS-Kommunikation schneller abläuft, denkt mancher, dass die Sprache dabei nicht so gepflegt werden muss und Regeln aller Art zugunsten der Schnelligkeit außer Acht gelassen werden können.

Bei der Bewertung wird u. a. auf Folgendes geachtet:

- Haben Sie alle Aspekte der Aufgabenstellung bearbeitet?
- Haben Sie Ihre Argumentation begründet und Beispiele gegeben?
- Ist Ihr Text zusammenhängend und klar gegliedert?
- Sind Wortwahl und Stil dem Thema und der Textsorte angemessen?

Modul Schreiben, Teil 2

Thema 3: Junges Licht

Sie schreiben für ein deutschsprachiges Literaturfreunde-Blog eine Buchbesprechung zu „Junges Licht" von Ralf Rothmann.
Die Rezension sollte ca. 350 Wörter umfassen:

> ▸ Fassen Sie den Inhalt kurz zusammen.
>
> ▸ Beschreiben Sie den Akt der Vergangenheitsbewältigung.
>
> ▸ Empfehlen Sie das Buch den Leserinnen und Lesern des Blogs.

Thema 4: Die Zeit, die Zeit

Sie schreiben für ein deutschsprachiges Literaturforum im Internet eine Buchbesprechung zu „Die Zeit, die Zeit" von Martin Suter.
Die Rezension sollte circa 350 Wörter umfassen:

> ▸ Fassen Sie den Inhalt kurz zusammen.
>
> ▸ Charakterisieren Sie die Hauptfigur, indem Sie dabei besonders erläutern, welche Stellung sie gegenüber den anderen Figuren im Buch einnimmt.
>
> ▸ Empfehlen Sie das Buch den Leserinnen und Lesern des Blogs.

Bei der Bewertung wird u. a. auf Folgendes geachtet:

- Haben Sie alle Aspekte der Aufgabenstellung bearbeitet?
- Haben Sie Ihre Argumentation begründet und Beispiele gegeben?
- Ist Ihr Text zusammenhängend und klar gegliedert?
- Sind Wortwahl und Stil dem Thema und der Textsorte angemessen?

So geht's

Bearbeiten Sie nun diese Prüfungsaufgabe. Notieren Sie dazu noch einmal die Bearbeitungsschritte für das Modul Schreiben, Teil 2:

1. Bearbeitungsschritt

....

Entscheiden Sie sich schnell für ein Thema, wählen Sie jedoch trotzdem überlegt.

2. Bearbeitungsschritt

....

Was wissen Sie bereits zu dem Thema? Haben Sie erst kürzlich etwas darüber gelesen? Kennen Sie jemanden, der von dem Thema betroffen ist, oder liegt es Ihnen aus persönlichen Gründen am Herzen? Notieren Sie alles, was Ihnen dazu in den Sinn kommt.

3. Bearbeitungsschritt

....

Erklären Sie einleitend den Grund für Ihr Schreiben.
Bei den Themen zur Literatur fassen Sie den Inhalt kurz zusammen.

4. Bearbeitungsschritt

....

Gehen Sie auf alle drei in der Aufgabenstellung genannten Aspekte ein. Begründen Sie dabei Ihre Argumentation und nennen Sie Beispiele.
Bei den literaturgebundenen Themen gehen Sie an dieser Stelle auf den zweiten Aspekt der Aufgabenstellung ein.

5. Bearbeitungsschritt

....

Beenden Sie Ihren Text nicht abrupt. Schließen Sie mit einem Fazit oder einem Ausblick in die Zukunft.
Bei den Literaturthemen schließen Sie Ihren Text mit dem dritten Aspekt, der Empfehlung des Buches an ein bestimmtes Leserpublikum.

6. Bearbeitungsschritt

....

Kontrollieren Sie Ihren Text. Haben Sie ihn zusammenhängend und klar gegliedert? Ist Ihre Argumentation gut nachvollziehbar? Achten Sie auch darauf, ob die Wortwahl und der Stil dem Thema angemessen sind.

7. Bearbeitungsschritt

....

Kontrollieren Sie, ob Sie ein breites Spektrum an Strukturen verwendet haben und ob Syntax, Orthographie und Interpunktion korrekt sind.

Modul Sprechen

Beschreibung des Moduls

Übergreifendes Prüfungsziel

Das Modul Sprechen besteht aus 2 Teilen mit unterschiedlichen Aufgaben. Dabei sollen Sie zeigen, dass Sie
- einen längeren, gut strukturierten Vortrag halten können,
- sich differenziert und in anspruchsvoller Sprache mit einem Thema auseinandersetzen können,
- Argumente überzeugend vorbringen und
- auf Gegenargumente einer Gesprächspartnerin/eines Gesprächspartners eingehen können.

Die Ziele entsprechen dem Niveau C2 des Gemeinsamen Europäischen Referenzrahmens für Sprachen (GER).

> Ich kann klar, flüssig und gut strukturiert sprechen und meinen Beitrag so logisch aufbauen, dass es den Zuhörern erleichtert wird, wichtige Punkte wahrzunehmen und zu behalten. (Mündliche Produktion allgemein)
>
> Ich kann Sachverhalte klar, flüssig, ausführlich und oft sehr interessant darstellen. (Zusammenhängendes monologisches Sprechen)
>
> Ich kann sicher und gut verständlich einem Publikum ein komplexes Thema vortragen, mit dem ich nicht vertraut bin, und dabei die Rede flexibel den Bedürfnissen des Publikums anpassen und entsprechend strukturieren. (Vor Publikum sprechen)
>
> Ich beherrsche idiomatische und umgangssprachliche Wendungen gut und bin mir der jeweiligen Konnotationen bewusst. Ich kann ein großes Repertoire an Graduierungs- und Abtönungsmittel weitgehend korrekt verwenden und damit feinere Bedeutungsnuancen deutlich machen. Ich kann bei Ausdrucksschwierigkeiten so reibungslos neu ansetzen und umformulieren, dass die Gesprächspartner kaum etwas davon bemerken. (Mündliche Interaktion allgemein)
>
> Ich kann alle muttersprachlichen Gesprächspartner verstehen, auch wenn diese über abstrakte und komplexe Fachthemen sprechen, die nicht zu meinem Spezialgebiet gehören, sofern ich Gelegenheit habe, mich auf einen ungewohnten Akzent oder Dialekt einzustellen. (Muttersprachliche Gesprächspartner verstehen)
>
> Ich kann mich sicher und angemessen unterhalten und bin in meinem sozialen und persönlichen Leben in keiner Weise durch sprachliche Einschränkungen beeinträchtigt. (Konversation)
>
> Ich kann meine Dialogrolle außerordentlich gut ausführen, strukturiere die Redebeiträge, interagiere überzeugend und vollkommen flüssig als Interviewerin oder Interviewer respektive als Interviewte oder Interviewter; ich habe gegenüber Muttersprachlern keine Nachteile. (Interviewgespräche)
>
> Ich kann einen gut gegliederten und zusammenhängenden Text erstellen und dabei eine Vielfalt an Mitteln für die Gliederung und Verknüpfung angemessen einsetzen. (Kohärenz und Kohäsion)
>
> Ich kann mich auch in längeren Äußerungen natürlich, mühelos und ohne Zögern fließend ausdrücken. Ich mache nur Pausen, um einen präzisen Ausdruck für meine Gedanken zu finden oder ein geeignetes Beispiel oder eine Erklärung. (Flüssigkeit mündlich)

Die Aufgaben

Modul Sprechen, Teil 1
Sie erhalten zwei Vorlagen zur Auswahl:
- Thema 1 und
- Thema 2

Zudem erhalten Sie Konzeptpapier.

> Indem Sie einen flüssigen und gut strukturierten Vortrag halten, zeigen Sie, dass Sie in der Lage sind, über ein komplexes Thema frei und zusammenhängend zu sprechen, Standpunkte abzuwägen und Ihre persönliche Einstellung klar zu machen.

Modul Sprechen, Teil 2
Sie erhalten zwei Vorlagen zur Auswahl:
- Thema 1 und
- Thema 2

> Indem Sie spontan sprechen und auf Ihre Gesprächspartnerin/Ihren Gesprächspartner eingehen, zeigen Sie, dass Sie in der Lage sind, zu einem komplexen Thema Stellung zu nehmen, Ihre eigene Meinung zu vertreten, auf Gegenargumente zu reagieren, abzuwägen und zu überzeugen.

Dauer

- Die Prüfungszeit des Moduls Sprechen beträgt **insgesamt 15 Minuten**:
- Teil 1 (Produktion) circa 10 Minuten (Vortrag circa 5 Minuten, anschließend Ausführungen zu den Fragen der/des Prüfenden circa 5 Minuten),
- Teil 2 (Interaktion) circa 5 Minuten.

Zusätzlich haben Sie unmittelbar vor Prüfungsbeginn 15 Minuten Vorbereitungszeit, sich mit den Themen vertraut zu machen, Überlegungen anzustellen und stichpunktartige Notizen dazu zu machen.

Bewertung

- Die Teile 1 und 2 des Moduls Sprechen werden nach folgenden Kriterien bewertet:
- Erfüllung der Aufgabenstellung
- Kohärenz
- Wortschatz
- Struktur
- Aussprache und Intonation

Pro Kriterium werden 0 bis maximal 4 Punkte vergeben. Die erreichte Punktzahl wird bei beiden Teilen mit 2,5 multipliziert.

Die maximale Punktzahl beträgt **100 Punkte**.

- Teil 1 – maximal 50 Punkte
- Teil 2 – maximal 50 Punkte

Das Modul Sprechen ist bestanden, wenn mindestens 60%, also 60 Punkte, erreicht werden.

Modul Sprechen

Wichtige Hinweise

- Während der Vorbereitungszeit zum Modul Sprechen und während der gesamten Prüfung ist das Benutzen von **Wörterbüchern**, **Mobiltelefonen** oder **anderen Hilfsmitteln** nicht gestattet.

- Wählen Sie Ihre Themen sorgfältig aus, da Sie Ihre Entscheidung nicht mehr rückgängig machen können.

- Ihre Vorbereitungszeit ist begrenzt. Verwenden Sie auf die Themenwahl nicht zu viel Zeit.

- Strukturieren Sie Ihren Vortrag gut, verwenden Sie eine anspruchsvolle Sprache und machen Sie Ihre persönliche Einstellung zum Thema klar.

- Auf allango stehen Ihnen zum Modul Sprechen, Teil 2 **Argumentationskärtchen** zur Verfügung, damit Sie diesen Teil allein oder auch mit einem Partner üben können.

Überblick über die Prüfungsteile zum Modul Sprechen

Teil	Prüfungsziele	Textsorte/Textstruktur	Aufgabentyp	Aufgabenzahl	Punkte
1	Produktion: monologisches Sprechen zu einem Thema	Vortrag	Thema mit 3 Zitaten	1	50
2	Interaktion: dialogisches Sprechen zu einem Thema	Diskussion	Thema mit 2 Statements	1	50
	Dauer: 15 Minuten (+ 15 Minuten Vorbereitungszeit)				

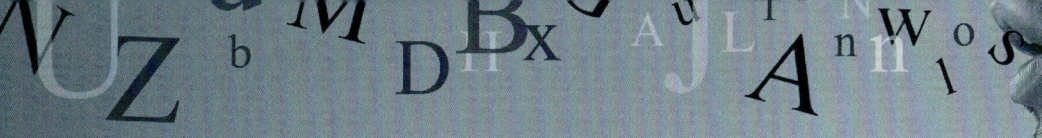

Modul Sprechen, Teil 1
Beschreibung des Prüfungsteils

Was bekommen Sie?

- Sie erhalten zwei Vorlagen zur Auswahl:
  – Thema 1 und
  – Thema 2
Zusätzlich erhalten Sie Konzeptpapier.

Was sollen Sie tun?

- Sie wählen eines der beiden vorgegebenen Themen aus und halten dazu einen ausführlichen, klar strukturierten und flüssigen Vortrag.

Was wird geprüft?

- Diese Aufgabe prüft Ihre Fähigkeit, monologisch über ein Thema zu sprechen.

Lösungsweg

- Wählen Sie überlegt, jedoch möglichst schnell eines der beiden vorgegebenen Themen aus und machen Sie sich Notizen dazu. Nutzen Sie die Vorbereitungszeit für diesen Teil proportional zur effektiven Prüfungszeit.

Dauer

- Die Prüfungsdauer für das Modul Sprechen beträgt insgesamt circa 15 Minuten.

Davon beansprucht Teil 1 etwa 10 Minuten, wobei circa 5 Minuten für den eigentlichen Vortrag vorgesehen sind. Die verbleibende Zeit dient den eher monologischen Ausführungen zu den anschließenden Fragen der/des Prüfenden.

Zudem erhalten Sie unmittelbar vor der Prüfung 15 Minuten Zeit, um sich auf das Modul Sprechen vorzubereiten.

Wie wird diese Aufgabe bewertet?

- Im Modul Sprechen werden Sie nach Ihrer **Produktion** bewertet, d.h. es wird bewertet, ob Ihr Vortrag strukturiert, adressatenbezogen und ausführlich ist, ob Ihre **Interaktion** während der Prüfung souverän war und der Situation bzw. dem Partner entspricht sowie ob Sie **Verknüpfungsmittel** komplex, variabel und flexibel einsetzen. Es wird auch darauf geachtet, ob Ihr **Wortschatz** und die **Strukturen** ein breites Spektrum aufweisen und wie natürlich Ihre **Aussprache** und **Intonation** sind (kaum wahrnehmbare oder nur wenige Abweichungen von deutschsprachigen Muttersprachlern). Die Bewertungskriterien zu Modul Sprechen finden Sie auf der Homepage des Goethe Instituts.

Überblick über das Modul Sprechen, Teil 1

	Prüfungsziele	Textsorte	Aufgabentyp	Aufgabenzahl	Punkte
Sprechen Teil 1	Produktion: monologisches Sprechen zu einem Thema; Fragen dazu beantworten, eigene Aussagen näher ausführen	Vortrag	Thema mit 3 Zitaten	1	50

Modul Sprechen, Teil 1

Schritt für Schritt zur Lösung

In den folgenden Abschnitten lernen Sie, wie Sie bei der Lösung dieser Aufgabe Schritt für Schritt vorgehen können.

1. Bearbeitungsschritt

Thema auswählen

Sie haben nicht viel Zeit zur Vorbereitung, entscheiden Sie sich daher schnell, wählen Sie dennoch sorgfältig zwischen den beiden zur Verfügung stehenden Themen aus. Überlegen Sie, mit welchem Thema Sie mehr assoziieren bzw. welches Thema Ihnen mehr liegt.

2. Bearbeitungsschritt

Ablauf und Aufbau festlegen

Ein klarer und gut nachvollziehbarer Aufbau für Ihren Vortrag ist unablässig, denn der Zuhörer muss Ihnen ohne Weiteres folgen können.

So geht's

Notieren Sie sich auf dem Konzeptpapier den Aufbau Ihres Vortrags:

– Geben Sie in Ihrer knapp gehaltenen **Einleitung** einen kurzen Überblick, worüber Sie sprechen werden. Wecken Sie bei den Zuhörern Interesse für das Kommende.

– Im **Hauptteil** wägen Sie die unterschiedlichen Standpunkte ab. Überlegen Sie, in welchem Verhältnis die Zitate zum Thema stehen. Machen Sie dieses Verhältnis in Ihrem Vortrag deutlich. Sie können, müssen aber nicht, auf alle Zitate eingehen. Beschränken Sie sich in Ihrem Vortrag nicht nur auf die vorgegebenen Zitate, sondern ergänzen Sie diese durch eigene Beispiele. Denken Sie daran, dass Sie Ihre eigene Meinung deutlich zum Ausdruck bringen.

– Zum **Schluss** fassen Sie noch einmal kurz die Punkte des Hauptteils zusammen und legen Ihre persönlichen Schlussfolgerungen dar. Kehren Sie gegebenenfalls zur eingangs genannten Äußerung zurück, um den Kreis zu schließen.

Aufgabe 1

Thema 1: Moderne Kommunikationsmittel - zeitsparend oder zeitraubend?

Sie sind Teilnehmer/-in am Seminar „Fallstricke moderner Kommunikation" und halten dort einen fünfminütigen Vortrag zum Thema „Moderne Kommunikationsmittel – zeitsparend oder zeitraubend?". Im Anschluss beantworten Sie Fragen dazu.

Wägen Sie unterschiedliche Standpunkte ab. Sie können sich an folgenden Zitaten orientieren. Geben Sie auch Beispiele.

> „Mit dem Smartphone bin ich immer erreichbar und kann Fotos machen, im Internet surfen, mich mit Freunden zum Essen verabreden, einen Tisch reservieren und vieles mehr - und das fast gleichzeitig."
>
> „Elektronische Medien präsentieren uns eine Unmenge an Nützlichem, aber auch ebenso Unnützem, in der man sich – und seine Zeit – leicht verliert."
>
> „Mit all den Möglichkeiten, die moderne Kommunikationsmittel bieten, ist es wichtig, sich eigene Freiräume zu erhalten oder sogar wieder zu schaffen. Man muss nicht immer und überall erreichbar sein."

1. Notieren Sie sich Stichworte.

Einleitung

....

....

....

Hauptteil

Vorteile moderner Kommunikationsmittel	Nachteile moderner Kommunikationsmittel

Schluss

....

....

....

Anspruchsvolle Sprache

Gehen Sie Ihre Notizen noch einmal durch und kontrollieren Sie, ob Ihre Sprache ein breites und differenziertes Spektrum aufweist und ob Sie sich aufgrund Ihrer Notizen differenziert ausdrücken können.

3. Bearbeitungsschritt

Persönliche Einstellung zum Thema

Haben Sie auch nicht vergessen, Ihre persönliche Meinung zum Thema zum Ausdruck zu bringen?

4. Bearbeitungsschritt

So geht's

2. Notieren Sie im Folgenden Ausdrücke und Wendungen, mit denen Sie Ihre Äußerungen als Ihre persönliche Meinung kennzeichnen können.

Meiner Meinung nach ....

....

....

....

....

....

Modul Sprechen, Teil 1

5. Bearbeitungsschritt   **Fragen zum Thema beantworten**

Seien Sie darauf vorbereitet, dass der/die Prüfende Ihnen im Anschluss an Ihren Vortrag - möglicherweise auch provokative - Fragen zum Thema stellt, bei denen Sie gebeten werden, noch einmal auf einen bestimmten Aspekt Ihrer Ausführungen einzugehen.

So geht's

Überlegen Sie sich zwei mögliche Fragen. Wie würden Sie in einem Gespräch auf diese Fragen reagieren? Notieren Sie.

....

....

....

Aufgabe 2

1. Lösen Sie nun die folgende Aufgabe. Gehen Sie dabei in folgenden Schritten vor:

1. Bearbeitungsschritt	Thema auswählen
2. Bearbeitungsschritt	Ablauf und Aufbau festlegen
3. Bearbeitungsschritt	Anspruchsvolle Sprache
4. Bearbeitungsschritt	Persönliche Einstellung zum Thema
5. Bearbeitungsschritt	Fragen zum Thema beantworten

Thema 2: Die Bedeutung des Glücks

Sie sind Teilnehmer/-in am Seminar „Die Welt und wir" und halten dort einen fünfminütigen Vortrag zum Thema „Die Bedeutung des Glücks". Im Anschluss beantworten Sie Fragen dazu.

Wägen Sie unterschiedliche Standpunkte ab. Sie können sich an folgenden Zitaten orientieren. Geben Sie auch Beispiele.

> „Oft wird einem erst dann bewusst, was Glück wirklich bedeutet, wenn man es verloren hat."
>
> „Jeder ist zumindest ein Stück weit für sein eigenes Glück verantwortlich. Man sollte nicht einfach darauf warten, dass es einem in den Schoß fällt."
>
> „Wisset, dass das Geheimnis des Glücks die Freiheit ist, das Geheimnis der Freiheit aber ist der Mut." (Perikles)

So geht's

1. Bearbeitungsschritt   **Thema auswählen**

In der Prüfung müssen Sie sich für eines von zwei vorgegebenen Themen entscheiden und sich dabei fragen, welches Thema Sie spontan am meisten anspricht.
Sie befinden sich jedoch im Moment noch in der Übungsphase und haben nur ein Thema (Die Bedeutung des Glücks) vorgegeben. Bearbeiten Sie nun dieses.

Ablauf und Aufbau festlegen

2. Bearbeitungsschritt

Strukturieren Sie Ihren Vortrag und notieren Sie sich Stichworte:

Einleitung

....
....
....
....
....
....
....

Tipp: Halten Sie Ihren Vortrag vor einem Lernpartner, der Klasse oder nehmen Sie sich beim Sprechen auf.

Hauptteil

In welchem Verhältnis stehen die Zitate zum Thema? Was drücken sie aus? Stimmen Sie mit ihnen überein oder vertreten Sie einen anderen Standpunkt? Erläutern Sie anhand von Beispielen. Denken Sie daran: Sie können sich an den Zitaten orientieren, müssen es aber nicht.

....
....
....
....
....
....

Was bedeutet Glück für Sie persönlich? Veranschaulichen Sie auch hier Ihren Standpunkt mit persönlichen Beispielen.

....
....
....
....
....
....
....

Beachten Sie: Sprechen Sie ohne zu stocken? Ist Ihr Vortrag gut strukturiert und die Sprache angemessen? Haben Sie Ihrer eigenen Meinung Ausdruck verliehen? Halten Sie sich an die zeitliche Vorgabe?

Schluss

....
....
....
....
....

Modul Sprechen, Teil 1

3. Bearbeitungsschritt

Anspruchsvolle Sprache

Kontrollieren Sie, ob Sie die richtige Sprache gewählt haben. Lassen sich Ihre Argumente anders vortragen? Gibt es eine bessere Wortwahl oder Formulierung?

4. Bearbeitungsschritt

Persönliche Einstellung zum Thema

Vergessen Sie nicht Ihre persönliche Meinung zum Thema in Ihren Vortrag einzubringen. Haben Sie Ihre Einstellung auch als solche mit treffenden Formulierungen gekennzeichnet?
Welche Ausdrücke und Wendungen verwenden Sie? Notieren Sie.

....
....
....

5. Bearbeitungsschritt

Fragen zum Thema beantworten

Versetzen Sie sich in die Lage des/der Prüfenden (des Zuhörers/der Zuhörerin)? Wo würden Sie noch einmal nachhaken? Was würden Sie im Anschluss an die Ausführungen genauer wissen wollen?

Notieren Sie zwei Fragen und Stichworte zur Beantwortung.

....
....
....

Tipps und Tricks

Bei Teil 1 geht es um Produktion. Achten Sie daher auf folgende Aspekte:

→ Sprechen Sie frei. Lesen Sie auf keinen Fall Ihre Notizen ab!

→ Denken Sie daran, dass Ihre Zuhörer nicht wie in einem Buch zurückblättern können, um entgangene Informationen noch einmal nachzulesen. Es ist daher unerlässlich, dass die Zuhörer Ihren Gedanken immer sofort folgen können.

→ Wenn Sie in Ihrer Einleitung einen kurzen Überblick über Ihren Vortrag geben, bereitet das den Zuhörer/die Zuhörerin auf das Kommende vor.

→ Achten Sie auf eine gute Aussprache (Artikulation und Lautstärke). Sprechen Sie nicht zu schnell, dafür aber laut genug und deutlich.

→ Schauen Sie Ihre Zuhörer an.

→ Verzichten Sie möglichst auf Füllwörter und Floskeln, wie zum Beispiel *das heißt, natürlich, selbstverständlich,* etc.

→ Lebensnahe Beispiele sind hörerfreundlich.

→ Vermeiden Sie Eintönigkeit, verwirrende Nebensächlichkeiten und ausufernde Erklärungen. Halten Sie stattdessen Erklärungen und Beispiele kurz und interessant.

i Achten Sie auf die Zeit.

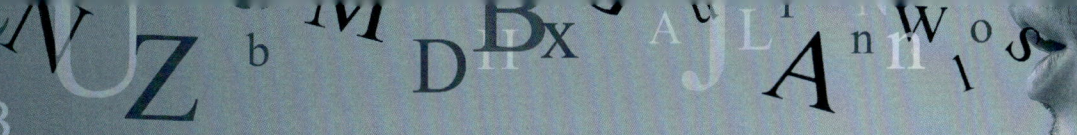

So sehen die Prüfungsseiten aus

Modul Sprechen, Teil 1

Dauer: 10 Minuten

Produktion

Wählen Sie aus den beiden Themen ein Thema aus.

Thema 1: Geschwindigkeitsbegrenzungen auf Autobahnen?

Sie sind Teilnehmer/-in am Seminar „Verkehrssicherheit und -ökonomie" und halten dort einen fünfminütigen Vortrag zum Thema „Geschwindigkeitsbegrenzungen auf Autobahnen?" Im Anschluss beantworten Sie Fragen dazu.

Wägen Sie unterschiedliche Standpunkte ab. Sie können sich an folgenden Zitaten orientieren. Geben Sie auch Beispiele.

> „Bei einer Fahrgeschwindigkeit von über 100 km/h steigt der Benzinverbrauch überproportional an."
>
> „Bei einer Geschwindigkeitsbegrenzung auf Autobahnen wird nicht nur die Geschwindigkeit, sondern auch die individuelle Freiheit des Einzelnen eingeschränkt."
>
> „Durch die Geschwindigkeitsbegrenzung werden weniger Unfälle verursacht, dadurch fließt der Verkehr besser und es wird weniger Treibstoff verbraucht."

Thema 2: Legalisierung weicher Drogen – Suchtprävention oder Drogeneinstieg?

Sie sind Teilnehmer/-in am Seminar „Drogenpolitik im internationalen Vergleich" und halten dort einen fünfminütigen Vortrag zum Thema „Legalisierung weicher Drogen – Suchtprävention oder Drogeneinstieg?" Im Anschluss beantworten Sie Fragen dazu.

Wägen Sie unterschiedliche Standpunkte ab. Sie können sich an folgenden Zitaten orientieren. Geben Sie auch Beispiele.

> „Eine Legalisierung sogenannter weicher Drogen ist eine Verharmlosung des Produkts und seiner Konsequenzen. Sie erleichtert den Zugang und verleitet zum Konsum. Folglich ist das keine verantwortungsbewusste Maßnahme in der Suchthilfe."
>
> „Mit einer Legalisierung weicher Drogen kann der Beschaffungskriminalität entgegengewirkt werden."
>
> „Verantwortungsbewusste Drogenpolitik kann nur stattfinden, wenn Prävention, Bekämpfung der Drogenkriminalität und Hilfe zum Ausstieg für Süchtige sinnvoll miteinander kombiniert werden."

Achten Sie darauf, dass Sie
- Ihren Vortrag gut strukturieren,
- eine anspruchsvolle Sprache (Wörter, Strukturen) verwenden und
- Ihre persönliche Einstellung zum Thema klar machen.

Modul Sprechen, Teil 1

So geht's

Bearbeiten Sie nun diese Prüfungsaufgabe. Lesen Sie dazu noch einmal die Bearbeitungsschritte für das Modul Sprechen, Teil 1:

1. Bearbeitungsschritt — **Thema auswählen**

Entscheiden Sie sich schnell und dennoch bedacht für ein Thema.

2. Bearbeitungsschritt — **Ablauf und Aufbau festlegen**

Strukturieren Sie den Aufbau Ihres Vortrags. Machen Sie sich entsprechende Notizen.

....
....
....
....
....

3. Bearbeitungsschritt — **Anspruchsvolle Sprache**

Überprüfen Sie Ihre Notizen. Haben Sie sich für die bessere Wortwahl und Struktur entschieden?

4. Bearbeitungsschritt — **Persönliche Einstellung zum Thema**

Drücken Sie Ihre persönliche Meinung zum Thema aus und kennzeichnen Sie diese auch als solche? Wie kennzeichnen Sie sie? Notieren Sie.

....
....
....
....
....

5. Bearbeitungsschritt — **Fragen zum Thema beantworten**

Mit welchen Rückfragen rechnen Sie? Haben Sie sich entsprechende Argumente überlegt?
Tragen Sie Ihren Vortrag vor Publikum vor. Ihre Zuhörer sollen Ihnen zwei Fragen dazu stellen.

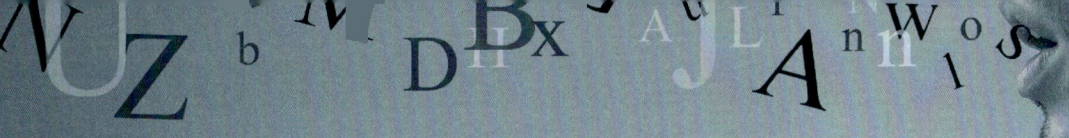

Modul Sprechen, Teil 2

Beschreibung des Prüfungsteils

Was bekommen Sie?

- Sie erhalten zwei Vorlagen zur Auswahl :
  - Thema 1 und
  - Thema 2

Zusätzlich erhalten Sie Konzeptpapier.

Was sollen Sie tun?

- Sie wählen eines der beiden vorgegebenen Themen aus und diskutieren mit Ihrer Gesprächspartnerin/Ihrem Gesprächspartner darüber.

Was wird geprüft?

- Diese Aufgabe prüft Ihre Fähigkeit, dialogisch über ein Thema zu sprechen.

Lösungswege

- Entscheiden Sie sich möglichst rasch für den Pro- oder Contra-Standpunkt. Machen Sie sich zu Ihrem Standpunkt Notizen. Überlegen Sie sich auch, welche Argumente Ihr Gegenüber anbringen könnte und was Sie diesen entgegensetzen könnten. Denken Sie daran, dass Sie für beide Teile 15 Minuten Vorbereitungszeit haben und Teil 2 in der Prüfung ca. 5 Minuten beansprucht, jedoch genauso gewichtet wird wie Teil 1.

Dauer

- Die Prüfungsdauer für das Modul Sprechen beträgt insgesamt circa 15 Minuten. Zudem erhalten Sie unmittelbar vor der Prüfung 15 Minuten Zeit, um sich auf das gesamte Modul Sprechen vorzubereiten.

Wie wird dieser Teil bewertet?

- Im Modul Sprechen werden Sie entsprechend Ihrer **Produktion** bewertet, d.h. es wird bewertet, ob Ihr Vortrag strukturiert, adressatenbezogen und ausführlich ist, ob Ihre **Interaktion** während der Prüfung souverän, situations- und partneradäquat ist und ob Sie **Verknüpfungsmittel** komplex, variabel und flexibel einsetzen. Es wird auch darauf geachtet, ob Ihr **Wortschatz** und die **Strukturen** ein breites Spektrum aufweisen und wie natürlich Ihre **Aussprache** und **Intonation** ist (kaum wahrnehmbare oder nur wenige Abweichungen von deutschsprachigen Muttersprachlern). Die Bewertungskriterien zu Modul Sprechen finden Sie auf der Homepage des Goethe Instituts.

Überblick über das Modul Sprechen, Teil 2

	Prüfungsziele	Textsorte	Aufgabentyp	Aufgabenzahl	Punkte
Sprechen Teil 2	Interaktion: dialogisches Sprechen zu einem Thema	Diskussion	Thema mit 2 Statements	1	50

Modul Sprechen, Teil 2

Schritt für Schritt zur Lösung

Tipp:
Üben Sie diesen Prüfungsteil mit einer Lernpartnerin/einem Lernpartner.

In den folgenden Abschnitten lernen Sie, wie Sie bei der Lösung dieses Teils Schritt für Schritt vorgehen können.

Im zweiten Teil des Moduls Sprechen diskutieren Sie mit einer Gesprächspartnerin/einem Gesprächspartner über ein Thema. Dabei sollen Sie Ihre Meinung vertreten und diese anhand von Beispielen untermauern, auf die Argumente Ihres Gegenübers eingehen und versuchen, Ihre Gesprächspartnerin/Ihren Gesprächspartner schließlich von Ihren Argumenten zu überzeugen.

1. Bearbeitungsschritt

Standpunkt auswählen

Sie müssen sich für eine von zwei Aussagen entscheiden. Fragen Sie sich, mit welcher Aussage Sie sich eher identifizieren und wählen Sie diese. Überlegen Sie sich jedoch auch, was für oder gegen beide Standpunkte spricht. So sind Sie auf die Argumente Ihrer Gesprächspartnerin/Ihres Gesprächspartners vorbereitet.

So geht's

Lesen Sie sich Pro und Contra sorgfältig durch und entscheiden Sie sich dann für eine Aussage. Machen Sie sich während der Vorbereitungszeit Gedanken, wie Sie Ihre Meinung vertreten können und überlegen Sie sich Beispiele, die Ihre Meinung unterstützen. Überlegen Sie sich auch, welche Gegenargumente Ihr Gegenüber im Gespräch vorbringen könnte und was Sie diesen entgegenhalten könnten.

Aufgabe 1

1. Lesen Sie sich die untenstehende Aufgabenstellung durch und entscheiden Sie sich für einen Standpunkt.

Thema 1: Sind Märchen vom Aussterben bedroht?

Sie sind zum genannten Thema zu einer Diskussion eingeladen und gehen mit Ihrer Gesprächspartnerin/Ihrem Gesprächspartner der Frage nach, ob Märchen in der heutigen Zeit noch einen Platz haben.

Entscheiden Sie sich für eines der folgenden Statements.

Pro

Märchen sind zeitlos und geben bleibende Werte weiter.

Contra

Die Rollenbilder, die in Märchen vermittelt werden, sind völlig veraltet.

2. Was spricht für Pro, was für Contra, was dagegen? Tragen Sie Argumente in die folgende Liste ein.

Pro	Contra
zeitlos	Werte veraltet

Erläutern Sie Ihren Standpunkt

Zu Beginn des zweiten Teils werden Sie von einem der Prüfungsexperten darauf hingewiesen, dass Sie zu einer Diskussionsrunde eingeladen sind und gebeten, Ihren Standpunkt zu äußern.

2. Bearbeitungsschritt

So geht's

Erläutern Sie kurz und flüssig Ihren Standpunkt, also das Pro- oder Contra-Argument, für das Sie sich zuvor entschieden haben. Untermauern Sie Ihren Standpunkt mit Beispielen. Achten Sie jedoch darauf, dass Sie nicht gleich zu Beginn bereits alle Beispiele und Argumente anführen. Einige werden Sie später noch benötigen, um Ihrer Gesprächspartnerin/Ihrem Gesprächspartner Ihren Standpunkt zu vermitteln.

Aufgabe 2

1. Sammeln Sie dazu Redemittel und tragen Sie sie in die Tabelle ein:

Redemittel zum Einstieg
Ich habe den Standpunkt … gewählt und glaube, dass …

Redemittel zum Untermauern
Für mich steht fest, dass …
Ich bin sicher, dass …

Modul Sprechen, Teil 2

3. Bearbeitungsschritt

Auf Gegenargumente eingehen

Ihre Gesprächspartnerin/Ihr Gesprächspartner wird nun den anderen Standpunkt vertreten. Wenn Sie sich bereits während der Vorbereitungszeit mögliche Argumente Ihres Gegenübers überlegt haben, wird Ihnen dies helfen, in der Prüfung passend darauf zu reagieren. Denken Sie daran, dass Ihr Gegenüber nur eine Rolle übernimmt und seine Argumente nicht seiner wahren Überzeugung entsprechen müssen. Scheuen Sie sich also nicht, Ihre Meinung aktiv vorzutragen und bestimmend zu argumentieren.

So geht's

Sie haben Ihren Standpunkt begründet. Nun vertritt Ihre Gesprächspartnerin/Ihr Gesprächspartner die gegenteilige Meinung. Kontern Sie! Nennen Sie weitere Beispiele, die für Ihr Argument sprechen.

Sie können durchaus einräumen, dass Sie den Standpunkt Ihres Gegenübers verstehen, versuchen Sie dann aber, dessen Argumente zu entkräften.

2. Überlegen Sie sich Redemittel mit denen Sie Ihrer Gesprächspartnerin/Ihrem Gesprächspartner widersprechen können.

Redemittel zum Widersprechen
Ich kann Ihr Argument nachvollziehen, ich finde jedoch, dass …
Ich teile Ihre Meinung nicht (ganz), denn …

Überlegen Sie sich zudem, welche Argumente Ihre Gesprächspartnerin/Ihr Gesprächspartner anbringen könnte und was Sie darauf erwidern. Notieren Sie:

Argumente Gesprächspartner	Argumente dagegen

3. Spielen Sie nun die Situation mit einem Lernpartner durch. Dazu finden Sie auf allango Kärtchen mit Pro- und Contra-Argumenten.

4. Bearbeitungsschritt

Von eigenen Argumenten überzeugen

Abschließend versuchen Sie, Ihre Gesprächspartnerin/Ihren Gesprächspartner von Ihrer Sicht der Dinge zu überzeugen.

So geht's

Heben Sie sich eines Ihrer überzeugendsten Beispiele bis zum Schluss auf. Tragen Sie dieses so überzeugend wie möglich vor.

4. Welches sind Ihre beiden stärksten Argumente? Notieren Sie.

....

....

....

Aufgabe 3

1. Lösen Sie nun die folgende Aufgabe. Gehen Sie dabei gemäß den Bearbeitungsschritten vor.

Standpunkt auswählen	1. Bearbeitungsschritt
Erläutern Sie Ihren Standpunkt	2. Bearbeitungsschritt
Auf Gegenargumente eingehen	3. Bearbeitungsschritt
Von eigenen Argumenten überzeugen	4. Bearbeitungsschritt

Thema 2: Schönheitsoperationen

Sie sind zum genannten Thema zu einer Diskussion eingeladen und gehen mit Ihrer Gesprächspartnerin/Ihrem Gesprächspartner der Frage nach, ob die plastische Chirurgie es vermag, Leiden zu mindern oder eher neue schafft.

Pro
Unfallopfern kann mit Schönheitsoperationen oft ihr Selbstwertgefühl zurückgegeben werden.

Contra
Die plastische Chirurgie unterstützt und fördert den Schönheitswahn.

So geht's

Standpunkt auswählen   1. Bearbeitungsschritt

2. Notieren Sie sich Stichworte zu Pro und Contra. Welche Gegenargumente erwarten Sie von Ihrer Gesprächspartnerin/Ihrem Gesprächspartner?

Pro	Contra

Modul Sprechen, Teil 2

2. Bearbeitungsschritt

Erläutern Sie Ihren Standpunkt

Überlegen Sie sich genau, welche Argumente und Beispiele Sie in Ihrer Eröffnung anbringen möchten. Notieren Sie Stichworte.
Tragen Sie sie dann laut vor.

....

....

....

....

....

3. Bearbeitungsschritt

Auf Gegenargumente eingehen

Überlegen Sie sich im Vorfeld, welche Argumente ihr Gegenüber vorbringen könnte und mit welchen Sie darauf kontern.
Üben Sie mit einer Gesprächspartnerin/einem Gesprächspartner.

Argumente Gesprächspartner	Argumente dagegen

4. Bearbeitungsschritt

Von eigenen Argumenten überzeugen

Welches ist Ihr schlagendstes Argument? Notieren Sie in knappen Stichworten, welches Argument Sie abschließend vorbringen wollen.

....

....

....

Tipp:
Nehmen Sie sich bei einem Übungsgespräch auf.

Beachten Sie:
Lassen Sie Ihre Partnerin/Ihren Partner auch zu Wort kommen? Gehen Sie auf deren/dessen Argumente ein? Kontrollieren Sie dabei auch, ob Sie flüssig sprechen.

Tipps und Tricks

Bei diesem Prüfungsteil geht es um Interaktion. Achten Sie daher auf folgende Aspekte:

→ Beziehen Sie Ihre Gesprächspartnerin/Ihren Gesprächspartner mit ein. Reden Sie auf keinen Fall allein vor sich hin. Fordern Sie Ihre Gegenüber ruhig auch zur Stellungnahme auf, indem Sie sie/ihn fragen, was sie/er darüber denkt.

i Nehmen Sie Bezug auf die Äußerungen Ihrer Gesprächspartnerin/Ihres Gesprächpartners, besonders wenn Sie widersprechen.

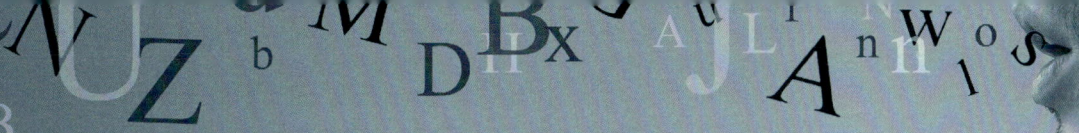

So sehen die Prüfungsseiten aus

Modul Sprechen, Teil 2

Dauer: 5 Minuten

Interaktion

Wählen Sie aus den beiden Themen **ein Thema** aus.

Thema 1: Organspende

Sie sind zum genannten Thema zu einer Diskussion eingeladen und gehen mit Ihrer Gesprächspartnerin/Ihrem Gesprächspartner der Frage nach, was für oder gegen Organspende spricht.

Pro

Verzweifelt wartenden Menschen kann durch ein Spenderorgan geholfen werden.

Contra

Ein Spenderorgan bekommen nicht immer die, die es am dringendsten brauchen, sondern die, die am meisten zahlen.

Thema 2: Retten Zoos und Tierparks die Artenvielfalt?

Sie sind zum genannten Thema zu einer Diskussion eingeladen und gehen mit Ihrer Gesprächspartnerin/Ihrem Gesprächspartner der Frage nach, welche Rolle Zoos und Tierparks haben und was dabei mögliche Auswirkungen auf die Tiere sind.

Pro

Zoos sind ein wichtiger Baustein im weltweiten Bemühen zur Erhaltung der Biodiversität.

Contra

Ein Zoo ist ein Wirtschaftsunternehmen, das mit der Zurschaustellung eingesperrter Wildtiere Geld verdient.

Zum Ablauf der Diskussion:

- Vertreten Sie Ihre Meinung und geben Sie Beispiele.
- Gehen Sie auf die Argumente Ihrer Gesprächspartnerin/Ihres Gesprächspartners ein.
- Versuchen Sie, Ihre Gesprächspartnerin/Ihren Gesprächspartner von Ihren Argumenten zu überzeugen.

So geht's

Bearbeiten Sie nun diese Prüfungsaufgabe. Sie können sich hier Notizen dazu machen.

1. Bearbeitungsschritt

Standpunkt auswählen
Entscheiden Sie sich schnell, aber dennoch bedacht für einen der beiden Standpunkte und notieren Sie die Argumente dazu.

Pro	Contra

2. Bearbeitungsschritt

Erläutern Sie Ihren Standpunkt
Skizzieren Sie kurz und knapp, wie Sie Ihren Standpunkt darlegen wollen.

....

....

....

....

3. Bearbeitungsschritt

Auf Gegenargumente eingehen
Welche Gegenargumente erwarten Sie von Ihrer Gesprächspartnerin/Ihrem Gesprächspartner? Was setzen Sie entgegen? Notieren Sie.

Argumente Gesprächspartner	Argumente dagegen

Welche Formulierungen benutzen Sie für Ihren Widerspruch?

....

....

....

....

4. Bearbeitungsschritt

Von eigenen Argumenten überzeugen
Mit welchen abschließenden Argumenten versuchen Sie Ihr Gegenüber zu überzeugen?

....

....

....

....

Modelltest 1 & 2

Modelltest 1

Modul Lesen, Teil 1

Dauer: 25 Minuten

Lesen Sie die folgende Stellungnahme. Wählen Sie bei den Aufgaben **1–10** die Lösung **a**, **b**, **c** oder **d**. Es gibt nur eine richtige Lösung.

Bikulturalität und Kindererziehung

In den westlichen Gesellschaften nimmt die Zahl der bikulturellen Familien stetig zu. Die Thematik stößt daher zunehmend auf das Interesse von Pädagogen, Soziologen und Psychologen, wobei sie vor allem die Frage zu beantworten suchen, inwiefern die Entwicklung der binationalen Kinder und die Kindererziehung durch kulturelle Muster beeinflusst werden.

5   Ebenso wie Familien und Kinder mit Zuwanderungsgeschichte, wenn auch vielleicht in etwas geringerem Ausmaß, gelten bikulturelle Familien bzw. Partnerschaften als eine Risikogruppe. Man vermutet im Vergleich zu monokulturellen Familien durch aus der Bikulturalität entstehende Belastungen eine erhöhte Scheidungsrate und sogar ein größeres Gewaltpotenzial. Hierbei wird jedoch übersehen, dass eine große Zahl von bikulturellen Familien tagtäglich es schafft, einen Alltag zufriedenstellend zu gestalten, ohne mit psychischen Störungen
10 oder abweichendem Verhalten aufzufallen, gleichwohl sie mit mehr Widrigkeiten zu kämpfen haben. So haben beispielsweise entwicklungspsychologisch Kinder mit Zuwanderungsgeschichte oder bikulturellem Hintergrund in der Adoleszenz zunächst die allgemeine Entwicklungsaufgabe, eine angemessene Identität, ein kohärentes Selbst zu entwickeln. Darüber hinaus müssen sie sich auch noch kritisch mit der deutlich anspruchsvolleren Frage der Zugehörigkeit (eventuell zu einer Minderheit) auseinandersetzen und eine „ethnische - eventuell multi-
15 ethnische - Identität" ausbilden bzw. sich zur ethnischen Identität ihrer Eltern bzw eines Elternteils positionieren. Dem Umstand, dass ein Elternteil zugewandert ist, liegen stets ganz bestimmte Voraussetzungen zugrunde. Zunächst ist eine (freiwillige) Migration stets mit dem Ziel angetreten worden, sich im weitestgehenden Sinn des Wortes zu entwickeln bzw. weiterzuentwickeln, sei es in ökonomischer, bildungsmäßiger, beruflicher oder familiärer Hinsicht. Das gilt auch in dem nicht seltenen Fall, dass der Entscheidung zur Migration der Entschluss
20 für ein Zusammenleben mit einem bestimmten Partner aus einer anderen Kultur zu Grunde liegt.

Mobilität ist in der Moderne ein positiv besetzter Begriff; in dem Sinne sind Migranten eine äußerst mobile Population, die es wagte, ihr Land zu verlassen, und daher Mut genug bewiesen hat, die Herausforderung der kulturellen und sprachlichen Fremdheit auf sich zu nehmen. Eben diese Herausforderung stellt bikulturelle Familien vor anspruchsvolle Entwicklungsaufgaben. Der Elternteil mit Zuwanderungsgeschichte vermag
25 beispielsweise das Entwicklungsgefälle zwischen Herkunfts- und Aufnahmeland zu überbrücken, kann aber auch zur Konservierung alter Werte und zur Ausbildung einer Defensivkultur in der Migrationssituation neigen, wodurch sich der anhängenden Familie ganz unterschiedliche Aufgaben stellen.

Schon hier zeigt sich, dass Bikulturalismus nicht nur die Herausbildung von Orientierungsfähigkeit in zwei unterschiedlichen kulturellen Systemen bedeutet. Durch die Synthese der beiden Kulturen wird von den
30 Subjekten auch eine stärkere kognitive wie soziale Flexibilität gefordert. Eine gelungene bzw. balancierte Bikulturalität ist als Zeichen dieser kognitiven Flexibilität zu werten. Bedeutsam ist hierbei, dass mindestens zwei kulturelle Einflüsse prägend für die Identität des Einzelnen sind, wobei dieser Einfluss einen wesentlichen Bestandteil der alltäglichen Lebenserfahrung darstellt und nicht nur in einer kurzen Lebensphase, etwa einem touristischen oder vorübergehenden Gastaufenthalt, erfahren wird.

35 Menschen mit einer sichtbar anderen kulturellen Herkunft werden im Alltag - und Kinder in der Schule - besonders häufig auf ihre Herkunft angesprochen, was ihr Bewusstsein für ethnisch-kulturelle Differenz schärft. Andererseits stellt die Bikulturalität auch eine beständige Relativierung der Verhaltens- und normativen Standards aus der jeweils eigenen Kultur der Elternteile dar. Der bikulturell Sozialisierte, der einerseits Insiderwissen über beide Kulturen besitzt, andererseits auch die Skepsis der Mehrheitsgesellschaft gegenüber Minderheiten
40 am eigenen Leibe kennt, kann durch seine außergewöhnliche Position zu einem kompetenten Kritiker und Beurteiler der dominanten Kultur werden. Die eigene Situation der Bikulturalität wird dann dazu führen, unreflektierte Gewohnheiten und Bindungen abzustreifen, und Anstoß geben für eine bewusste und individuelle Lebensgestaltung.

Beispiel

0 Pädagogen, Soziologen und Psychologen befassen sich damit,
- [ ] a aus welchem Grund die Zahl bikultureller Familien in den westlichen Gesellschaften zunimmt.
- [x] b wie sich die jeweilige Kultur der Eltern auf die Erziehung auswirkt.
- [ ] c inwiefern die Entwicklung binationaler Kinder mustergültig ist.
- [ ] d ob die Kindererziehung die Entwicklung binationaler Kinder beeinflusst.

1 Man nimmt allgemein an, dass
- [ ] a Bikulturalität das Familienleben nicht unbedingt einfacher macht.
- [ ] b bikulturellen Partnerschaften häufiger zur Trennung geraten wird.
- [ ] c bikulturelle Familien sich oft mit monokulturellen vergleichen.
- [ ] d Kinder mit bikulturellem Hintergrund zu Gewalttätigkeit neigen.

2 Kinder, die bikulturell aufwachsen, stehen vor der Schwierigkeit,
- [ ] a ihre Eltern richtig einzuordnen.
- [ ] b sich nirgends zugehörig zu fühlen.
- [ ] c für sich selbst eine Einordnung zu finden.
- [ ] d sich für eine Ausbildung zu entscheiden.

3 Der Elternteil, der zugewandert ist,
- [ ] a war bereit, persönlich eine Herausforderung anzunehmen.
- [ ] b wollte für sich ein Ziel entwickeln oder weiterentwickeln.
- [ ] c war offen für ein Zusammenleben in einer anderen Kultur.
- [ ] d zielte zunächst auf eine freiwillige Migration ab.

4 Der Partner mit Zuwanderungsgeschichte könnte
- [ ] a an den kulturellen Unterschieden keinen Gefallen finden.
- [ ] b seine eigene Kultur unbedingt verteidigen wollen.
- [ ] c sich in der Familie verschiedenen Aufgaben stellen müssen.
- [ ] d in dem Aufnahmeland einen Kulturschock erleiden.

5 Wenn Bikulturalität gelingt,
- [ ] a so ist das etwas, was sich besonders im Alltagsgeschehen zeigt.
- [ ] b so ist das immer durch mehr als zwei kulturelle Einflüsse bedingt.
- [ ] c so ist das ein Zeichen von Anpassungsfähigkeit und geistiger Beweglichkeit.
- [ ] d muss man über längere Zeit Gast im Aufnahmeland sein.

Eine wesentliche Rolle spielt hierbei die Sondersituation der Bilingualität.

Spracherwerb geschieht stets in einem kulturellen Umfeld. Das Symbolsystem einer Sprache lässt sich daher nicht ohne die spezifischen Einstellungen des dazugehörigen sozialen Umfelds übernehmen. Sprache gilt sowohl in der Selbst- wie in der Fremdzuschreibung als wichtiges Kennzeichen ethnischer bzw. kultureller Identität. Besonders in bikulturellen Kontexten, in denen zugleich auch mindestens zwei Sprachsysteme für die Individuen relevant werden, wird der Zusammenhang zwischen Bikulturalität und Bilingualität besonders deutlich. Für bikulturell aufwachsende Kinder bietet sich die einmalige Chance, in einem natürlichen Kontext bilingual aufzuwachsen und ein wahrhaft bikulturelles Leben zu führen. Mit Bilingualismus ist dabei nicht nur die Fähigkeit gemeint, sich in zwei Sprachen verständigen zu können, sondern auch die Fähigkeit des Individuums, sich mit den beiden beteiligten Sprachgruppen zu identifizieren. Die Chancen, die sich durch Bilingualismus ergeben, erstrecken sich auch auf kognitive Potenziale. So zeigen eine Reihe von empirischen Studien, dass bilinguale Personen sowohl im Bereich der allgemeinen Intelligenz als auch in den kognitiven Stilen und den metalinguistischen Fähigkeiten sich als monolingualen überlegen erweisen. Bilingual erzogene Kinder neigen weniger dazu, Begriff und Referent zu verwechseln. Die Differenz zwischen Wort und Gegenstand ist ihnen also eher gegenwärtig, weil sie durch ihre Zweisprachigkeit eher eine gewisse Distanz zur eigenen und der erworbenen Sprache entwickeln, und so erkennen, dass sprachliche Symbole für die Bezeichnung von Gegenständen auswechselbar sind. Dabei wird davon ausgegangen, dass im Leben von bilingual aufwachsenden Kindern ein doppelter sprachlicher Input ihre metasprachlichen Fähigkeiten fördert, so etwa die oben erwähnte Einsicht in die Willkürlichkeit des Zeichens erleichtert und insgesamt dem Abstraktionsvermögen zu Gute kommt.

Kindern die Chance wirklicher Bilingualität zu eröffnen liegt freilich in der Hand der Eltern und steht im Zusammenhang mit deren Umgang mit ihrer bikulturellen Situation. Der den zugewanderten Elternteil betreffende Widerspruch, sich einerseits in die Mehrheitsgesellschaft zu integrieren, andererseits aber auch kulturelle– also auch sprachliche - Wurzeln nicht ganz aufzugeben, gestaltet sich insbesondere im erzieherischen Kontext als spannungsgeladen. Bikulturelle Familien sind insbesondere zu Beginn der Partnerschaft durch ein starkes Machtgefälle gekennzeichnet. Der zugewanderte Partner ist juristisch abhängig (Aufenthaltsrecht, Arbeitsaufnahme etc.), was sich auf die Partnerschaft langfristig belastend auswirken kann. Darüber hinaus können Unterschiede in den Erziehungsvorstellungen, -praktiken und –zielen, die zu Beginn der Partnerschaft kein Thema waren, mit der Geburt des Kindes relevant werden und die Frage aufwerfen, inwieweit eigene kulturelle Normen und Werte weitergegeben werden sollen. Die Vorstellungen von Erziehungsstil und Erziehungszielen mögen weit auseinander klaffen. Dabei ist es nicht notwendig so, dass in der bikulturellen Familie nun per se deutsche bzw. die in der Mehrheitskultur gängige Erziehungsstile übernommen werden, ebenso wenig der möglicherweise harte und rigide Erziehungsstil des Herkunftslandes des zugewanderten Partners. Statt dessen werden individuelle Wege und Methoden in der Erziehung der eigenen Kinder gefunden. Letzten Endes jedoch ist die bikulturelle Identität immer eine Wahl der Kinder, die sie selber treffen müssen, wenn diese auch von den Eltern stark durch die Erziehung und deren Situation beeinflusst wird. Die gewählte Identität zeigt, ob es beiden Elternteilen gelungen ist, ihre Werte zu vermitteln.

6 Wer bikulturell aufwächst,
- a wird in der dominanten Kultur häufig kritisiert.
- b nimmt sein Umfeld und seine Mitmenschen unreflektiert an.
- c ist durch Kenntnis beider Kulturen im Vorteil.
- d hat mit Minderheiten seine eigenen Erfahrungen gemacht.

7 Bilingual zu sein bedeutet
- a beide Sprachgruppen zu akzeptieren.
- b sich in mehr als zwei Sprachen verständigen zu können.
- c in einem ganz natürlichen Umfeld aufzuwachsen.
- d zwei Kulturen wirklich zu verstehen.

8 Zweisprachig aufwachsende Kinder
- a begreifen schneller, wie Sprache funktioniert.
- b verwechseln die Bezeichnung und den Gegenstand.
- c leben deutlicher in der Gegenwart.
- d sind einsprachigen Kindern unterlegen.

9 Der Autor hält bikulturelle Partnerschaften für relativ schwierig, weil
- a es bei ihnen niemals echte Gleichberechtigung gibt.
- b der neu zugewanderte Partner sich als unterlegen empfindet.
- c es wegen der Familienplanung Unstimmigkeiten gibt.
- d sie schon früh als nicht mehr spannend empfunden werden.

10 Ob eine bikulturelle Identität angenommen wird, entscheiden letztlich
- a die Eltern durch ihre Erziehung.
- b allein die Kinder.
- c die Einflüsse der zwei Kulturen.
- d die Wertvorstellungen der Eltern.

Modelltest 1

Modul Lesen, Teil 2

Dauer: 20 Minuten

Sieben der folgenden Aussagen entsprechen dem Inhalt des Artikels „Fleischlos den Planeten retten". Ordnen Sie die Aussagen den jeweilgen Textabschnitten (**11–16**) zu. Eine Aussage ist bereits als Beispiel markiert und zugeordnet. Zwei Aussagen passen nicht. Markieren Sie Ihre Lösungen auf dem **Antwortbogen**.

Beispiel

0   Veganer verzichten komplett auf tierische Produkte.

Aussagen

A   Besonders in Großstädten ist bereits ein beträchtliches Angebot für Veganer vorhanden.

B   Auf den Geschmack kam Teichmann durch ihre Eltern, die sich vegetarisch ernähren.

C   Veganer sollten dem Bedarf des Organismus an lebenswichtigen Nährstoffen besondere Aufmerksamkeit widmen.

D   Schon im Altertum existierten Vertreter des fleischlosen Lebensstils.

E   Der Umgang mit Nicht-Veganern ist nicht immer unproblematisch.

F   Begleiterscheinungen des Veganismus sind diverse Mangelerscheinungen.

G   Veganern geht es um mehr als gesunde Ernährung.

H   Übermäßiger Fleischkonsum kann zu gesundheitlichen Problemen führen.

Fleischlos den Planeten retten

Veganern geht es um mehr als gesunde Ernährung. In Frankfurt hat sich ein ansehnliches Angebot für diejenigen, die komplett auf tierische Produkte verzichten wollen, entwickelt. Ernährungswissenschaftler raten aber zur Vorsicht.

Beispiel

0 Veganer verzichten komplett auf tierische Produkte.

Lydia Teichmann steht hinter einem Stand am Mainufer. Auf dem Tisch vor ihr liegen Buttons mit der Aufschrift „Go Vegan!". Die Flyer daneben werben dafür, tierische Lebensmittel durch vegane zu ersetzen: pflanzlicher Aufschnitt statt Dauerwurst, Sojaschnitzel statt Steak, Ahornsirup statt Bienenhonig. Teichmann und ihre Gruppe wollen die Menschen über den Veganismus informieren. Vegan zu leben heißt, auf alle tierischen Nahrungsmittel zu verzichten, also neben Fisch und Fleisch auch Kuhmilch, Ziegenkäse, Eier und Honig von der Speisekarte zu streichen. „Trotzdem esse ich nicht den ganzen Tag Vollkorn", sagt Teichmann und zeigt auf den Schokoladenkuchen und die Walnussmuffins. Beides wurde ohne tierische Zutaten gebacken.

11 _____ Derzeit will die Gruppe, die sich über den Verkauf von gebrauchter Kleidung und Spenden finanziert, darauf aufmerksam machen, dass die Haltung von Wildtieren im Zirkus aus ihrer Sicht nicht artgerecht ist. Tiere gehören ihrer Meinung nach ohnehin nicht in Käfige. Außerdem veranstalten die sechs immer wieder vegane Grill-Picknicks, um in lockerer Atmosphäre mit Interessierten ins Gespräch zu kommen und Seitan-Wurst, Gemüsespieße und Folienkartoffeln schmackhaft zu machen.
Teichmann selbst verzichtet seit fünf Jahren auf tierische Produkte. Ihr Vater ist Vegetarier, weshalb die Mutter oft fleischlos kochte. Der letzte Schritt, auch auf Honig, Milch und Eier zu verzichten, war für die Studentin deshalb ein kleiner. Zudem trägt sie keine Kleidung mehr aus Leder, Wolle und Pelz.

12 _____ Schwierigkeiten im Alltag bereite die Ernährung nicht. „Pizza schmeckt auch ohne Käse, in den meisten Imbissen gibt es vegane Falafel, selbst Dosenravioli mit Gemüsefüllung sind vegan", sagt sie. Ohnehin bieten Großstädte wie Frankfurt mittlerweile ein ansehnliches Angebot für Veganer.
Vor zwei Jahren hat sich Teichmann dann mit kulinarisch gleichgesinnten Freunden zusammengetan, um „Frankfurt Vegan" zu gründen. Die Kerngruppe besteht aus vier jungen Frauen und zwei Männern, die meisten sind Studenten.

13 _____ Der prototypische Veganer – wenn es ihn denn gibt – ist weiblich und gebildet, erklärt Claus Leitzmann. Wie viele Veganer in Deutschland genau leben, sei allerdings schwer zu ermitteln, sagt der Ernährungswissenschaftler, der viele Jahre an der Universität Gießen gelehrt hat. Schätzungen zufolge gibt es in Deutschland etwa sechs Millionen Vegetarier – das entspricht gut sieben Prozent der Bevölkerung. Von diesen sechs Millionen Menschen hätten sich wiederum rund zehn Prozent dafür entschieden, auch tierische Produkte beim Kochen und Backen zu umgehen. Der Veganismus als Einstellung zu der eigenen Gesundheit, Tierrecht und Umweltschutz wurzelt also im Vegetarismus, erklärt Leitzmann.
Aus religiösen oder ethischen Gründen auf den Verzehr von Fleisch zu verzichten, habe schon in der vorchristlichen Antike Anhänger gefunden. Als Urvater des Vegetarismus, sagt der Ernährungswissenschaftler, gelte der griechische Philosoph und Mathematiker Pythagoras, der die „Enthaltung vom Beseelten" gelehrt habe. Wann genau sich aus der Entscheidung, Fleisch und Fisch zu meiden, die konsequentere Variante des Veganismus entwickelt hat, ist laut Leitzmann nicht nachweisbar.

14 _____ Belegt sei jedoch, dass der durchschnittliche Fleischesser heute im Jahr rund 60 Kilogramm Fleischwaren in roher, gebratener oder panierter Form esse - davon seien nach Angaben der Statistiker rund 40 Kilogramm Schwein, 11 Kilogramm Geflügel, etwa 8 Kilogramm Rind und Kalb sowie Schaf und Ziege. Bei Menschen, die deutlich mehr Fleisch und Wurst verzehren, könne das in den schlimmsten Fällen zu erhöhten Cholesterin- und Blutdruckwerten führen, außerdem steige die Gefahr, an Osteoporose, Gicht und Rheuma zu erkranken sowie Herz- und Krebsleiden zu entwickeln.

15 _____ Doch Veganern geht es nicht nur um die eigene Gesundheit. „Klar versucht man als Veganer, den Planeten zu retten", sagt Anna Prokein. Sie schäumt Mandelmilch auf, um aus einem gewöhnlichen Kaffee einen veganen Cappuccino zu machen. In ihrem Café „Edelkiosk" an der Rhönstraße im Ostend verkauft die 28 Jahre alte gelernte Medienkauffrau ausschließlich Produkte ohne tierische Zutaten: vom Latte macchiato mit Soja- oder Mandelmilch über Schokoladentörtchen und Mandarinensahnekuchen bis hin zu Zitrone-Quitte-Eis. Kuhmilch ersetzt sie beim Backen durch Wasser, auf Eier verzichtet sie ganz: „Viele der Kunden merken überhaupt nicht, dass irgendetwas anders ist."
Wie geht Prokein, die seit zwei Jahren selbst Veganerin ist, mit fleischessenden Freunden um? „Ich kann die Essgewohnheiten zwar nicht tolerieren, aber ich versuche, damit zu leben." So weit theoretisch. Dass das in der Praxis nicht immer einfach ist, kann sie nicht bestreiten, und so diskutiert sie häufig mit nichtveganen Freunden über deren Essverhalten, versucht ihr Bewusstsein für die Nahrung zu schärfen.

16 _____ Doch bei aller Liebe für die Tiere und die Umwelt rät Ernährungswissenschaftler Leitzmann zur Vorsicht. „Um sich bedarfsgerecht zu ernähren, ist es wichtig, sich intensiv mit den Nahrungsmitteln und ihren Inhaltsstoffen auseinanderzusetzen." Deshalb empfiehlt er den Verzehr von Hülsenfrüchten, Nüssen, Beeren sowie Kohl- und Zwiebelgewächsen, um einem Mangel an Eiweiß, Vitaminen, Mineral- und Ballaststoffen vorzubeugen. Nur dann sei der Veganismus auch während der Schwangerschaft, der Stillzeit, aber auch in Kindheit und Alter eine gesunde Lebensform. „Letztlich hat der Veganer nur eine Achillesferse", erklärt Leitzmann: Vitamin B12, ein Stoff, der in ausreichender Menge nur in tierischen Produkten enthalten sei. Für Veganer, die sich gesund ernähren wollen, bleibt demnach nur der Rückgriff auf angereicherte Lebensmittel oder Nahrungsergänzungsmittel.

Modelltest 1

Modul Lesen, Teil 3

Dauer: 25 Minuten

Lesen Sie die folgende Reportage, aus der Textabschnitte entfernt wurden. Setzen Sie die Abschnitte in den Text ein (**17–22**). Ein Textabschnitt passt nicht. Ein Abschnitt ist bereits als Beispiel eingefügt. Markieren Sie Ihre Lösungen auf dem **Antwortbogen**.

Fotos, mit denen man tanzen möchte

Von Gunda Schwantje

Der Markt für Fotografie boomt - und doch gibt es noch immer Nischen für private Sammler. Der New Yorker Kunstmarkt-Experte William Hunt kauft seit vier Jahrzehnten Bilder. Er erklärt, was es braucht, um die Talente von morgen zu entdecken.

> **Beispiel: Textabschnitt 0**
> Es gilt nämlich, das Besondere zu entdecken. So hat der britische Magnum-Fotograf Martin Parr Gegenstände zusammengetragen, die mit Fotografien bedruckt sind.

Der niederländische Werber, Art-Direktor und Kurator Erik Kessels stöbert auf Flohmärkten nach alten Fotoalben. Menschen jagen und sammeln mit Leidenschaft, und Fotografien scheinen eine ganz besondere Anziehungskraft auszuüben.

Worin aber besteht die Fotografie als Kunstgegenstand? In der künstlerischen Fotografie kann das Medium Fotografie als künstlerisches Ausdrucksmittel oder zum Erzielen aufklärerischer, sozialkritischer oder anderer ideologischer bzw. politischer Wirkungen verwendet werden. Im Allgemeinen kann bei der künstlerischen Fotografie das Foto auch als Werk bezeichnet werden und ist als bildende Kunst zu verstehen. Nach dieser Definition bilden Fotos nicht immer die Wahrheit ab, sondern sind die Interpretation eines Moments. Solche künstlerischen Fotos sind zumeist Teile aus sogenannten Serien. Die Betrachtung der gesamten Serie, anstatt eines einzelnen Werkes, kann das Erfassen der beabsichtigten Aussage erleichtern. In der Kunstfotografie kann es auch zu Korrekturen am Bild im Labor oder am Computer kommen, dabei sind der Kreativität des Künstlers keine Grenzen gesetzt.

> **17 Textabschnitt:**

Finanzkräftige Investoren kaufen Fotos, um sie irgendwann mit Gewinn weiterzuverkaufen. Die Preise haben so angezogen, dass sich Stiftungen und kulturelle Institutionen relevante Werke zum Teil gar nicht mehr leisten können.

Doch der Ankauf von Bildern unbekannter Fotografen und junger Talente ist noch erschwinglich. Im gehobenen Segment hingegen steigen die Preise rapide. Der Fotokünstler Andreas Gursky hält derzeit den Weltrekord. 4,3 Millionen Dollar brachte die monumentale Fotografie „Rhein II" bei einer Versteigerung ein. Die Aufnahme entstand als zweite und größte einer Serie von sechs Bildern des Rheins. Unter bedecktem Himmel fließt der Rhein horizontal zwischen grasbewachsenen Deichen. Unter dem vorderen Deich ist ein asphaltierter Fahrrad- und Fußweg zu sehen. Das ursprünglich mit abgelichtete Kraftwerk Lausward und weitere Hafenanlagen im Hintergrund sowie eine Person im Vordergrund, die ihren Hund ausführt, wurden von Gursky digital entfernt.

18 Textabschnitt:

Die Galerie Monika Sprüth in Köln erwarb den Druck und verkaufte ihn an einen anonymen deutschen Sammler. Am 8. November 2011 erzielte das Bild in New York bei einer Auktion von Christie's einen Preis von 3,1 Millionen Euro und wurde damit zur teuersten Fotografie der Welt. 433.000 Euro zahlte ein Käufer für das bislang teuerste Foto von Henri Cartier-Bresson. Aber wie fängt man mit dem Sammeln an? Wo finden Interessierte Fotografien, die selbst nach langer Zeit noch faszinieren? Und wann kann der Kauf einer Fotografie zugleich eine vielversprechende Investition sein?

19 Textabschnitt:

„Gute Fotografie gibt es im Überfluss", sagt Hunt. „Wahrhaft herausragende Fotografien jedoch sind Raritäten, sind Schätze. Wenn man so eine Fotografie sieht, singt das Herz."
Das Geheimnis herausragender Bilder sei oft erstaunlich simpel: Ein Bild, bei dem die Elemente perfekt austariert seien. Oft zeigten diese Fotografien etwas, das man noch nie zuvor gesehen habe, etwas Überraschendes, Geheimnisvolles, Magisches. Die amerikanische Malerin Georgia O'Keeffe habe es das Unfassbare genannt, sagt Hunt.
Wer seinen Blick für gute Bilder schulen will, sollte sich in Galerien und Museen sowie auf Fotofestivals und Messen umsehen. Paris Photo ist eine der wichtigsten Fotomessen. Im November lockt die Veranstaltung jedes Jahr Sammler und Interessierte in die französische Hauptstadt.

20 Textabschnitt:

Dort werden auch Bilder für weniger als 1000 Euro angeboten.
Woran erkennt man, welches Bild zu einem passt - und welches womöglich an Wert gewinnt? Fotografien finde man auf zwei Wegen, erklärt Experte Hunt. Zum einen - das habe der Fotograf Walker Evans gesagt - durch schauen, schauen, schauen.

21 Textabschnitt:

Ein Bild zu finden, das man kaufen möchte, sei berauschend, meint Hunt. Mit einem solchen Bild wolle man im Raum herumtanzen. Zugleich sind die Preisspannen auf dem Fotografie-Markt so groß, dass er auch für Einsteiger interessant bleibt. Wer selbst verhandeln will, sollte sich vorher gut informieren, rät Hunt. Der Wert einer Fotografie sei relativ für jeden Sammler, sagt Hunt. Dennoch gebe es einige zentrale Bewertungsmaßstäbe: Wie hoch ist die Auflage? Auf welcher Stufe befindet sich die Karriere des Fotografen? Wie wird sich der Fotograf entwickeln? Wie ambitioniert ist ein junges Talent, welches Entwicklungspotential deutet sich an? Wo und bei welchen Personen war ein Fotograf in der Ausbildung? Und nicht zuletzt: Möchte man das Bild tatsächlich besitzen? Über den Beginn seiner eigenen Sammelleidenschaft erzählt Hunt, er habe ein Foto gekauft, es sei eine aufregende Erfahrung gewesen. Er habe ein zweites Bild gekauft, und dann noch eins. Eines Tages habe er sich in seiner Wohnung umgeschaut und gedacht: „Um Himmels Willen, was ist hier denn los?»

22 Textabschnitt:

Inzwischen sind seine Bilder als Buch publiziert. Die Ausstellung ist um die halbe Welt gereist - in diesem Jahr war sie unter anderem auf dem Fotofestival in Perpignan zu sehen.

Modelltest 1

Teil 3

0
Es gilt nämlich, das Besondere zu entdecken. So hat der britische Magnum-Fotograf Martin Parr Gegenstände zusammengetragen, die mit Fotografien bedruckt sind.

A
Das Hobby verselbständigte sich, bald suchte Hunt auch nach spezifischen Motiven, die ihn faszinierten. Die Sammlung mit dem Titel „The Unseen Eye. Photographs from the Unconsciousness" ist über 35 Jahre gewachsen - begonnen hatte alles mit einem Foto, das Hunt bei einer Auktion erstand.

B
William Hunt hat Antworten auf diese Fragen. Der New Yorker kauft seit vier Jahrzehnten Prints. Er gilt als Autorität im Fotografie-Universum: Sammler, Kurator, Autor, Berater, Jurymitglied des World Press Photo Award.

C
Und so wird es stetig populärer, Fotos solch kreativer Künstler zu sammeln. Fotografie hat die Museen erobert. Sie ist Bestandteil und Motor des Kunstmarkts; einige Bilder sind schon Teil von Investment-Portfolios.

D
Vor allem die bei der Kamera zwingende scharfe Abgrenzung des Bildrandes durch das Bildformat war im Biedermeier bereits gemalt worden, um die Reihung der Motive als Teile ihrer Welt zu zeigen; Kleinbürgertum gegenüber der egozentrischen Sicht des Adels auf die Welt.

E
Und wer empfänglich sei, werde gelegentlich auch von Fotografien gefunden. Beim Kauf vertraue jeder Sammler letztendlich dem eigenen Instinkt, sagt Hunt.

F
Allerdings bedarf es schon eines gut gefüllten Bankkontos, um von dort ein Foto mit nach Hause zu nehmen. Wer noch wenig Erfahrung beim Kauf von Fotografien hat, kann beispielsweise die internationale Messe Unseen besuchen, die künftig ein Mal im Jahr in Amsterdam zu sehen sein wird.

G
Aufgenommen wurde das Bild vom Deich an der Rheinallee in Düsseldorf-Oberkassel zwischen der Walkürenstraße und der Hectorstraße.
Er ließ das Bild im C-Print-Verfahren in einer Größe von 185,4 × 363,5 cm ausbelichten und mit der Bildseite auf Acrylglas montieren.

Modul Lesen, Teil 4

Dauer: 10 Minuten

Sie interessieren sich für einen Freiwilligendienst. Verschaffen Sie sich schnell einen Überblick über die vier Angebote. Zu welcher Anzeige (**A**, **B**, **C**, **D**) passen die Aussagen (**23–30**). Auf eine Anzeige können mehrere Aussagen zutreffen, aber es gibt nur **eine** richtige Lösung für jede Aussage. Markieren Sie Ihre Lösungen auf dem **Antwortbogen**.

Beispiel

0   _C_   Eine Obergrenze in Bezug auf das Alter der Bewerber gibt es nicht.

23 _____   Die Arbeitszeit beträgt 40 Stunden pro Woche.

24 _____   Eine wichtige Kompetenz für diese Stelle ist Kontaktfreudigkeit.

25 _____   Dienstleistende haben Anrecht auf Ferien.

26 _____   Bei der Tätigkeit hat man mit diversen Persönlichkeiten des öffentlichen Lebens zu tun.

27 _____   Die Stelle ist auf 18 Monate beschränkt.

28 _____   Ein Teilzeitpensum ist für unter 27-jährige nicht möglich.

29 _____   Geeignete Kandidaten dürfen nicht jünger als 18 Jahre alt sein.

30 _____   Mitarbeiter erhalten ein Taschengeld, in dem auch Sozialleistungen enthalten sind.

Modelltest 1

Text A

Freiwilliges soziales Jahr (FSJ) bei Schüler Helfen Leben e.V.

Aufgabenbereich: Schulkommunikation und Fundraising

Anmeldung: bis zum 25. Februar

Dienstbeginn: Juli oder August

Dauer der Anstellung: 13 Monate

Stellenbeschrieb:
Du bist interessiert an Netzwerkarbeit? Du hast keine Scheu mit Leuten in Kontakt zu treten? Dann bringst du schon zwei wichtige Kompetenzen für die FSJ-Stelle der Unterstützerbetreuung mit!
Bei der Arbeit auf der Unterstützerstelle trittst du mit Unternehmen sowie Persönlichkeiten aus Wirtschaft, Politik und dem öffentlichem Leben in Kontakt. Deine Aufgabe ist es, potenzielle Unterstützer von unseren Ideen zu begeistern und gemeinsam mit ihnen an der Unterstützung, sei es finanziell oder materiell, zu arbeiten. Anrufe bei noch unbekannten Personen zu tätigen, sollte für dich kein Problem sein.
Es ist wichtig, dass du offen auf Menschen zugehen kannst. Egal ob am Telefon, bei einem persönlichen Gespräch oder in Textform via E-Mail. Daher sind Erfahrungen auf diesem Gebiet unterstützend, doch nicht unbedingt notwendig. Wenn du genügend Motivation, Selbstinitiative und etwas Geduld mitbringst, dann kann auch das gelernt werden! Du solltest in der Lage sein, Anträge an Stiftungen und andere Organisationen zu formulieren, um so die Möglichkeit der projektbezogenen Förderung abzudecken.
Deine Arbeit ist wichtig, damit ein Netz entstehen bzw. erweitert werden kann, das sich aus Politikern, Prominenten, Organisationen und Firmen zusammensetzt. Bei dieser FSJ-Stelle hast du somit auch noch die Chance, Leute zu treffen, die einem nicht einfach so über den Weg laufen. Du hast das Gefühl, dich in dieser Stelle wiederzufinden?
Dann sei dabei - unterstütze uns mit deinen Fähigkeiten!

Text B

Freiwilligendienst in der Rehabilitationsklinik Alpenrose

Sie suchen eine Herausforderung und sind mindestens 18 Jahre alt. Egal ob Mann oder Frau, ob alt oder jung, Sie sind in der Rehaklinik Alpenrose genau richtig!
Ob nach dem Schulabschluss oder zur Überbrückung, der Bundesfreiwilligendienst hilft Ihnen, sich in das Berufsleben einzufinden und vermittelt Ihnen soziale Kompetenzen.
Sie lernen den Umgang mit Menschen und sammeln wertvolle Erfahrungen.
Sie sind arbeitsuchend, dann bieten wir Ihnen die Möglichkeit, den Bundesfreiwilligendienst anzutreten, oder Sie brauchen Abwechslung von Ihrem Rentnerleben und sind immer noch topfit. Dann sind Sie bei uns genau richtig!
Wir suchen für unser Team einen motivierten und engagierten Mitarbeiter.
Sie sind teamfähig und der Umgang mit Menschen macht Ihnen Spaß!
Dann bewerben Sie sich bei uns. Die Stelle ist ab dem 01. September zu besetzen und auf einen Zeitraum von längstens 18 Monaten begrenzt. Richten Sie Ihre vollständige schriftliche Bewerbung bitte an die Personalabteilung.

Text C

Berufsfreiwilligendienst (BFD) in allen Bereichen des Sports

Einsatzfeld:
BFDler/innen können in allen Bereichen des Sports eingesetzt werden. So beinhaltet ein BFD bspw. Aufgaben in der Arbeit mit Senioren, Hausmeister-, Platzwart- und Verwaltungstätigkeiten sowie Übungsleitertätigkeiten in allen Altersklassen.

Einblicke:
Der Bundesfreiwilligendienst im Sport ist (ein) Kontrastprogramm zum Alltag: Jede Menge interessante Bekanntschaften, neue Herausforderungen und ein hohes Maß an Selbstverantwortlichkeit. Viele Teilnehmer/innen nutzen ihre BFD-Zeit zur beruflichen (Neu-) Orientierung im Bereich Sport, um wichtige Kontakte für das weitere Arbeitsleben zu knüpfen oder um sich nach langjähriger Berufserfahrung für andere Menschen zu engagieren.

Arbeitszeiten:
Der BFD ist in der Regel ein 12-monatiger freiwilliger Dienst für Menschen, die ihre Vollzeitschulpflicht erfüllt haben und mindestens 16 Jahre alt sind. Eine Altersgrenze besteht in diesem Dienst nicht. Die reguläre Wochenarbeitszeit für einen/e BFDler/in beträgt in der Regel 39 Stunden die Woche. Ab einem Alter von 27 Jahren besteht die Möglichkeit zur Teilzeitarbeit (20,5 oder 30 Std. pro Woche).

Vergütung:
Im BFD ist bei einer Vollzeitstelle eine Vergütung von 300 € im Monat vorgesehen. Bei Teilzeitstellen verringert sich der Betrag folgendermaßen: 160 € bei 20,5 Std. und 230 € bei 30 Std. Zusätzlich übernehmen wir die Anmeldung zur Sozialversicherung und die Zahlung der Beiträge. Bei Kindergeldberechtigten wird dieses den Eltern weiterhin durch die Familienkasse ausgezahlt.

Urlaub:
Jedem/jeder BFDler/in stehen im Jahr 26 Urlaubstage zu. Bei Teilzeitstellen wird dieser anteilig gekürzt.

Bildung:
Zur Qualifizierung und Weiterbildung stehen den Teilnehmer/innen Seminartage zur Verfügung.

Text D

Kita Froschkönig braucht Unterstützung

Art der Stelle: Bundesfreiwilligendienst (BFD) oder freiwilliges soziales Jahr (FSJ)
Einsatzbereich: Kinder- und Jugendhilfe
Anzahl der Stellen: 1 Stelle
Dienstbeginn: August
Dauer der Anstellung: 9 Monate
Wochenstunden: 40 Std.

Stellenbeschreibung:
Die Kita Froschkönig ist eine private Initiative von Eltern für die Betreuung von 16 Kindern zwischen 2 und 6 Jahren in entspannter familiärer Atmosphäre.

Wir suchen eine Hilfe (BFD oder FSJ) für hauswirtschaftliche Tätigkeiten. Das heißt konkret: Frühstück vorbereiten, Mittagessen kochen, den Kinderladen aufräumen und saubermachen. Unsere Arbeitszeiten sind von 8.00 bis 16.00 Uhr. Wir bieten 550 € Taschengeld inkl. der Sozialversicherung und gesetzlichen Unfallversicherung und ein nettes Team mit zwei erfahrenen Erzieherinnen.

Unsere Einrichtung hat einen großen Garten und liegt in einem autofreien Studentendorf, hier können wir bei Bedarf auch bei einer Zimmervermittlung behilflich sein.

Wir freuen uns über eine selbstständige und organisierte Person, die auch im wuseligen Kinderalltag den Überblick behält und Lust hat, sich unseren Gruppenausflügen und Festen anzuschließen.

Modelltest 1

Modul Hören, Teil 1

Dauer: circa 12 Minuten

11 🎧 Modelltest 1 - Hörverstehen 1

Sie hören fünf Ausschnitte aus Radiosendungen zu verschiedenen Themen. Zu jedem Ausschnitt gibt es drei Aufgaben. Entscheiden Sie, ob die Aussagen mit dem Textinhalt übereinstimmen oder nicht. Kreuzen Sie an. Sie hören die Texte **einmal**.

Beispiel

Sie hören einen Ausschnitt aus einem Radiobericht zum Thema typisch deutsch.	Ja	Nein
0 Die Deutschen halten sich selbst für humorlos.	☒	☐
1 In den Nachbarländern gelten die Deutschen unter anderem als penibel und etwas kleinkariert.	☐	☐
2 Besonders in Österreich sind die Deutschen sehr beliebt.	☐	☐
3 Deutsche sehen sich als Pessimisten.	☐	☐

Sie hören einen Ausschnitt aus einem Radiobericht über einen besonderen Fluggast.	Ja	Nein
4 Als der Co-Pilot plötzlich ohnmächtig wurde, sprang ein Passagier ein.	☐	☐
5 Beim helfenden Fluggast handelte es sich um einen Berufspiloten.	☐	☐
6 Der Co-Pilot musste in Dublin ins Krankenhaus eingeliefert werden.	☐	☐

Sie hören einen Ausschnitt aus einem Radiobericht über Tee-Tester.   Ja   Nein

7   Tee-Tester trinken täglich 20–30 Teesorten.   ☐   ☐

8   Die Aufgabe des Tee-Verkosters besteht nicht nur in der Qualitätsprüfung, sondern auch in der Kreation neuer Sorten.   ☐   ☐

9   Kamille und Minze sind keine Tees im eigentlichen Sinne.   ☐   ☐

Sie hören einen Ausschnitt aus einem Radiobericht über Legasthenie.   Ja   Nein

10   Legastheniker können schon im Vorschulalter auffällig werden.   ☐   ☐

11   Kinder mit Legasthenie erbringen trotz intensiven Übens oft nicht dieselben Leistungen wie ihre Mitschüler.   ☐   ☐

12   Legastheniker sind nicht minder talentiert als andere.   ☐   ☐

Sie hören einen Ausschnitt aus einem Radiobericht über Fernsehköche und Fertiggerichte.   Ja   Nein

13   Die Deutschen stehen Gerichten von Fastfoodketten skeptisch gegenüber.   ☐   ☐

14   Die von prominenten Köchen zubereitete Fertigkost wies zu viele Kalorien auf.   ☐   ☐

15   Die Bilanz: Fertiggerichte sind den Kochrezepten berühmter Köche vorzuziehen.   ☐   ☐

Modelltest 1

Modul Hören, Teil 2

Dauer: circa 5 Minuten

12 Modelltest 1 - Hörverstehen 2

Zwei Freunde aus dem Schwimmverein, Lina und Tobi, unterhalten sich über integrativen Behindertensport. Entscheiden Sie, ob die Meinungsäußerung nur von einem Sprecher stammt oder ob beide Sprecher in ihrer Meinung übereinstimmen.

Es gibt nur **eine** richtige Lösung. Sie hören das Gespräch **einmal**.

		Person 1 Lina	Person 2 Tobi	beide
Beispiel				
0	Trainingsmethoden unterscheiden sich oft national.	☒	☐	☐
16	Integratives Training ist für Behinderte frustrierend.	☐	☐	☐
17	Nicht-Behinderte sind durch die Behinderungen oft verunsichert.	☐	☐	☐
18	Behinderte Sportler können in ihren Leistungen nicht mit Nicht-Behinderten mithalten.	☐	☐	☐
19	Nicht jede Behinderung ist zwingend ein Nachteil für den betroffenen Sportler.	☐	☐	☐
20	Bei integrativem Training können die Sportler viel voneinander lernen.	☐	☐	☐

Modul Hören, Teil 3

Dauer: 20 Minuten

13 🎧 Modelltest 1 - Hörverstehen 3

Sie hören ein Interview mit dem Märchenforscher Hans Friedrich Müller. Kreuzen Sie bei den Aufgaben **21–30** die richtige Lösung an (**a**, **b** oder **c**). Es gibt nur **eine** richtige Lösung. Sie hören das Gespräch **zweimal**.

Beispiel

0 Hans Friedrich Müller empfindet seinen Beruf als märchenhaft, denn
- [X] a er liebt den Beruf des Märchenforschers.
- [ ] b er muss unter dem Beruf nicht leiden.
- [ ] c der Beruf lässt ihm viel Freizeit.

21 Was lernen Kinder durch Märchen?
- [ ] a Den Alltag zu bestehen.
- [ ] b Sich früher zu entwickeln.
- [ ] c Mit anderen mitzuempfinden.

22 Grausamkeit in Literatur und Film
- [ ] a ist für Kinder heutzutage nichts Ungewohntes.
- [ ] b macht Kinder aggressiv und ungehorsam.
- [ ] c hat keinerlei Einfluss auf Kinder.

23 Der Held im modernen Trickfilm
- [ ] a schadet den Beteiligten.
- [ ] b tut jedem anderen Gewalt an.
- [ ] c durchsteht seine Abenteuer unversehrt.

24 Das Sammeln von Märchen durch die Gebrüder Grimm geschah
- [ ] a dank der Unterstützung ihrer Tante.
- [ ] b im Auftrag von Brentano.
- [ ] c im Rahmen ihres Studiums.

25 Jacob Grimms herausragende Eigenschaft war
- [ ] a seine Gefühlskälte.
- [ ] b sein rastloser Arbeitseifer.
- [ ] c sein wehleidiges Wesen.

26 Die ersten Auflagen des Märchenbuches verkauften sich nicht so gut, weil es
- [ ] a zu wissenschaftlich verfasst war.
- [ ] b für verhältnismäßig wenig Geld zu haben war.
- [ ] c zu kindgerecht war.

Modelltest 1

27 Wilhelm Grimm veränderte die ursprüngliche Handlung einiger Märchen, indem er u.a.
- [ ] a Mütter zu Stiefmüttern machte.
- [ ] b psychologische Aspekte berücksichtigte.
- [ ] c völlig schiefe Handlungsabläufe korrigierte.

28 Das Verhalten der jugendlichen Gestalten in den Märchen ist
- [ ] a dem Zeitgeist entsprechend tugendhaft.
- [ ] b als typisch bürgerlich zu charakterisieren.
- [ ] c durch Komplexität gekennzeichnet.

29 Wie kann man die Rolle der Frau im Märchen skizzieren?
- [ ] a Die Frau reagiert angepasst.
- [ ] b Die Frau wirkt auf das Geschehen ein.
- [ ] c Die Frau spielt die typische Rolle ihrer Zeit.

30 Hans Friedrich Müller mag das Märchen „Hans im Glück", weil
- [ ] a Hans im Leben annimmt, was kommt.
- [ ] b Hans sich alles nimmt, was er bekommen kann.
- [ ] c Hans alles bekommt, was er haben will.

Modul Schreiben, Teil 1

Dauer: 20 Minuten

Überarbeiten Sie das Kurzreferat in den markierten Passagen und verwenden Sie dabei die Wörter aus der rechten Spalte, die **nicht** verändert werden dürfen.
Nehmen Sie alle notwendigen Umformungen vor. Schreiben Sie dann die neu formulierten Passagen auf den **Antwortbogen**.

(0) Ganz bestimmter gesellschaftlicher Entwicklungstendenzen wegen muss die soziale Lage der Bevölkerung bei der Stadtentwicklung als Grundorientierung dienen. Vor allem **(1) unter Berücksichtigung des demographischen Wandels** ist Stadtumbau durch neu entstandene Ansprüche als Herausforderung zu betrachten. Zum einen **(2) muss der Anstieg des Durchschnittsalters bedacht werden**, zum anderen aber **(3) dürfen auch die folgenden Generationen nicht vernachlässigt werden**. Gerade die jungen Leute brauchen **(4), was die Lage und das Wohnumfeld betrifft**, eine bestimmte Atmosphäre, um ein auf die Zukunft gerichtetes Lebensgefühl zu entwickeln und nicht in Jugendkriminalität, Alkoholismus oder Drogenkonsum abzudriften. **(5) Schaffen es die Betroffenen**, sich mit ihrer Wohnlage zu identifizieren, führt das wiederum zu einer sozialen Stabilität des Wohnquartiers. Hier können auch Bau– und Gestaltqualität **(6) die Lebensqualität der Bewohner beeinflussen**. Die Thematik „Wohnen im Alter" genießt in dieser Hinsicht zurzeit eine rege Aufmerksamkeit; Es wird **(7) intensiv** versucht, Wohnstandorte, die Gestaltung des Wohnumfeldes und die Ausstattung der Wohnquartiere den Bedürfnissen anzupassen. Die Alterung unserer Gesellschaft **(8) resultiert zwar hauptsächlich aus der schrumpfenden Bevölkerungszahl**, doch auch die zunehmende Stadtflucht von Familien sollte beachtet werden. Daher **(9) stellt sich auch die Frage**, wie Wohnen in der Stadt für Familien wieder attraktiv und vor allem finanzierbar wird. Um durch den Stadtumbau **(10) all diesen modernen Schwierigkeiten zu begegnen**, ist eine umfassende Partizipation und Kommunikation aller Beteiligten unbedingt notwendig.	(0) Weil (1) wenn man (2) ansteigt (3) beachtet (4) Hinblick (5) gelingt (6) Einfluss (7) Maße (8) in Zusammenhang (9) klären (10) bewältigen

147

Modelltest 1

Modul Schreiben, Teil 2

Dauer: 60 Minuten

Wählen Sie aus den folgenden vier Themen **ein Thema** aus.

Thema 1: Soziale Ungerechtigkeit
Sie haben in der „Süddeutschen Zeitung" eine Artikelserie zum Thema „Soziale Ungerechtigkeit" gelesen. Sie schreiben einen ausführlichen Leserbrief (ca. 350 Wörter) an die Redaktion, in dem Sie sich auf die drei folgenden Aussagen beziehen und Ihre Meinung dazu äußern.

> ▸ Das Auseinanderklaffen der sozialen Schere ist eine bedenkliche und gefährliche Entwicklung.

> ▸ „Wir sind der sozialen Gerechtigkeit verpflichtet. Jeder Mensch braucht die Chance zu einem menschenwürdigen Einkommen." (Erzbischof Zollitsch)

> ▸ Solidarität mit den Schwächeren ist gefragt. Dies gilt nicht nur innerhalb der Landesgrenze, sondern auch über diese hinaus.

Thema 2: Traditionen – veraltet oder zeitgemäß?
Sie haben im Fernsehen eine Diskussionsrunde zum Thema „Traditionen – veraltet oder zeitgemäß?" verfolgt. Nach der Sendung wurden die Zuschauer aufgefordert, ihre Meinung dazu abzugeben. Sie schreiben eine ausführliche E-Mail (ca. 350 Wörter) an die Redaktion, in der Sie sich auf die drei folgenden Diskussionsbeiträge beziehen und Ihre Meinung dazu äußern.

> ▸ Traditionen bereichern das tägliche Leben und die menschliche Kultur.

> ▸ Traditionen wachsen mit der Zeit. Tun sie dies nicht, können sie schnell einschränken.

> ▸ „Traditionen sind mit anderen Worten keineswegs das Privileg konservativer Kräfte. Noch weniger gehören sie in die alleinige Erbpacht von Reaktionären, obgleich diese am lautstärksten von ihnen reden." (Gustav Heinemann)

Bei der Bewertung wird u. a. auf Folgendes geachtet:

- Haben Sie alle Aspekte der Aufgabenstellung bearbeitet?
- Haben Sie Ihre Argumentation begründet und Beispiele gegeben?
- Ist Ihr Text zusammenhängend und klar gegliedert?
- Sind Wortwahl und Stil dem Thema und der Textsorte angemessen?

Literatur

Thema 3: Sand

Sie schreiben für ein deutschsprachiges Literaturfreunde-Blog eine Buchbesprechung zu "Sand" von Wolfgang Herrndorf.
Die Rezension sollte circa 350 Wörter umfassen:

- Fassen Sie den Inhalt kurz zusammen.
- Charakterisieren Sie den Mann ohne Gedächtnis, gehen Sie dabei besonders dem Rätsel seiner Existenz nach.
- Empfehlen Sie das Buch den Leserinnen und Lesern des Blogs.

Thema 4: Fliehkräfte

Sie schreiben für ein deutschsprachiges Literaturforum im Internet eine Buchbesprechung zu "Fliehkräfte" von Stephan Thome.
Die Rezension sollte circa 350 Wörter umfassen:

- Fassen Sie den Inhalt kurz zusammen.
- Beschreiben Sie die alles entscheidende Reise des Protagonisten.
- Empfehlen Sie das Buch den Leserinnen und Lesern des Blogs.

Bei der Bewertung wird u. a. auf Folgendes geachtet:

- Haben Sie alle Aspekte der Aufgabenstellung bearbeitet?
- Haben Sie Ihre Argumentation begründet und Beispiele gegeben?
- Ist Ihr Text zusammenhängend und klar gegliedert?
- Sind Wortwahl und Stil dem Thema und der Textsorte angemessen?

Modelltest 1

Modul Sprechen, Teil 1

Dauer: 10 Minuten

Produktion

Wählen Sie aus den beiden Themen ein Thema aus.

Thema 1: Einkaufen per Mausklick

Sie sind Teilnehmer/-in am Seminar „Internet im Alltag" und halten dort einen fünfminütigen Vortrag zum Thema „Einkaufen per Mausklick". Im Anschluss beantworten Sie Fragen dazu.

Wägen Sie unterschiedliche Standpunkte ab. Sie können sich an folgenden Zitaten orientieren. Geben Sie auch Beispiele.

> „Das Internet hat keine Öffnungszeiten: Man kann jederzeit bestellen, was man braucht – Lebensmittel, Kleider, Druckerpapier, alles ist verfügbar."
>
> „Es ist zwar einfach und bequem per Mausklick einzukaufen. Weist die Ware jedoch Mängel auf, so wird es mit Umtausch oder Reklamation kompliziert und der Aufwand steigt mit der Rücksendung."
>
> „Man kann die Ware zwar von allen Seiten betrachten, man wird jedoch weder beraten noch kann man die Dinge ausprobieren."

Thema 2: Schatzsucher oder Raubgräber

Sie sind Teilnehmer/-in am Seminar „Hobbyarchäologen" und halten dort einen fünfminütigen Vortrag zum Thema „Schatzsucher oder Raubgräber". Im Anschluss beantworten Sie Fragen dazu.

Wägen Sie unterschiedliche Standpunkte ab. Sie können sich an folgenden Zitaten orientieren. Geben Sie auch Beispiele.

> „Nicht selten landen Hobbyarchäologen sensationelle Glückstreffer und fördern bei ihrer Schatzsuche archäologische Funde zu Tage."
>
> „Die Wühlarbeit der Amateure unterminiert die Arbeit der Historiker und Denkmalschützer, sind die Laien doch meist nur am Objekt selbst interessiert und nicht am Kontext."
>
> „Hobbyschatzsucher, die ihre archäologischen Funde ordnungsgemäß an die Behörden abgeben, verlieren nicht nur jeglichen Anspruch daran, sondern oft bleibt auch die Anerkennung für den wertvollen Fund aus."

Achten Sie darauf, dass Sie

- Ihren Vortrag gut strukturieren,
- eine anspruchsvolle Sprache (Wörter, Strukturen) verwenden und
- Ihre persönliche Einstellung zum Thema klar machen.

Modul Sprechen, Teil 2

Dauer: 5 Minuten

Interaktion

Wählen Sie aus den beiden Themen **ein Thema** aus.

Thema 1: Schuluniformen

Sie sind zum genannten Thema zu einer Diskussion eingeladen und gehen mit Ihrer Gesprächspartnerin/Ihrem Gesprächspartner der Frage nach, was für oder gegen das Einführen von Schuluniformen spricht.

Pro

> Die Marken-Mentalität wird unterbunden, da beim Tragen einer Uniform nicht zu sehen ist, aus welchen sozialen Verhältnissen die Schüler stammen.

Contra

> Die Schüler werden in ihrer freien Entfaltung eingeschränkt.

Thema 2: Generelles Rauchverbot in öffentlichen Einrichtungen

Sie sind zum genannten Thema zu einer Diskussion eingeladen und gehen mit Ihrer Gesprächspartnerin/Ihrem Gesprächspartner der Frage nach, wie praktikabel ein generelles Rauchverbot in öffentlichen Einrichtungen ist.

Pro

> Gerade Restaurants werden durch ein generelles Rauchverbot viel familienfreundlicher.

Contra

> Der Zigarettenkonsum wird auch durch ein Rauchverbot nicht eingedämmt werden.

Zum Ablauf der Diskussion:

- Vertreten Sie Ihre Meinung und geben Sie Beispiele.
- Gehen Sie auf die Argumente Ihrer Gesprächspartnerin/Ihres Gesprächspartners ein.
- Versuchen Sie, Ihre Gesprächspartnerin/Ihren Gesprächspartner von Ihren Argumenten zu überzeugen.

Modelltest 2

Modul Lesen, Teil 1

Dauer: 25 Minuten

Lesen Sie die folgende Stellungnahme. Wählen Sie bei den Aufgaben **1–10** die Lösung **a**, **b**, **c** oder **d**. Es gibt nur eine richtige Lösung.

Gentrifizierung oder wem gehört die Stadt?

Seit Jahrzehnten greift in westlichen Großstädten ein Phänomen um sich: Ursprünglich preisgünstige Wohngebiete werden plötzlich aufgewertet und geraten ins Blickfeld von Immobilienhaien. Doch wer sind die Gewinner, wer die Verlierer dieser Entwicklung?

Die Zeiten der Stadtflucht gehören der Vergangenheit an. Einst sprach man den Stadtzentren
5 jegliche Lebensqualität ab, sie galten als laut, schmutzig und kinderfeindlich. Daher strebte jeder, so irgend möglich, das Häuschen im Grünen zwischen zahllosen anderen Eigenheimen mit Garten und dem Zweitwagen vor der Tür an. Im Notfall tat es auch ein Reihenhaus, dessen Garten dann meist nicht mehr nennenswert war. Nun aber richten schon seit geraumer Zeit vor allem jüngere Leute auf der Suche nach dem idealen Wohnraum ihren Blick auf die Großstädte.
10 Mehrere Umstände lassen das Haus fern des Stadtzentrums mittlerweile nicht mehr als kleines Paradies erscheinen: Zum einen sind es die Skandale um Bio-Lebensmittel, zum anderen die Erkenntnis, dass die langen Wege auf dem Land beschwerlich sein können und somit das Leben dort relativ umweltbelastend ist. Schließlich spielt auch der demographische Wandel eine Rolle. Viele derer, die älter, gut gestellt und allein lebend sind und deren Zahl stetig
15 zunimmt, bevorzugen ebenso wie junge, erfolgreiche Leute, die heute oft bewusst als Singles leben, den Stadtkern. Aber auch Familien mit Kindern bietet die Stadt eine größere Vielfalt an Möglichkeiten und eine beträchtliche Zeitersparnis durch den Wegfall räumlicher Distanzen zu Bildungseinrichtungen oder Freizeitvergnügen.

Diese Bessergestellten, Gebildeten haben es zum Statussymbol erhoben, in der Stadt zu leben.
20 Wirklich repräsentativ aber ist nur der schön restaurierte Altbau im entsprechenden Viertel – heute für Normalverdiener in vielen Städten unbezahlbar und gerade deshalb so erstrebenswert. In München beispielsweise verschlingt die Monatsmiete für eine zentral gelegene Dreizimmerwohnung in einem Altbau leicht den gesamten Monatsverdienst einer Friseurin, für die der bloße Gedanke an den Kauf einer solchen Immobilie abwegig ist. Somit entsteht in den
25 sanierten Altbauvierteln mit hochwertiger Bausubstanz eine homogene Bewohnerschaft aus Besserverdienenden, während andere, ebenso begehrte Viertel eher eine Art Kultstatus haben, der aber mit den horrenden Immobilienpreisen durchaus konform geht. Just diese Gegenden sind dann bei Touristen besonders beliebt, scheinen sie doch in angenehmer Weise die Couleur der jeweiligen Stadt auszumachen. Es wirkt alles „wie früher", jedoch viel schöner, sauberer,
30 kultivierter. Inmitten hübscher Cafés, kleiner Geschäfte und freundlicher Gassen lässt sich hier auch eine verhältnismäßig preiswerte Unterkunft finden. Diese Altbauviertel sind zu den beliebtesten Zielen vieler Städtereisender geworden, denn sie vermitteln ihnen für die ruhigen Stunden zwischen dem Museumsbesuch und der Fahrt durch die Vorstädte den Eindruck, dass sie am städtischen Leben teilhaben, ohne jedoch mit den Abseitigkeiten der jeweiligen
35 Gesellschaft konfrontiert zu sein.

Das stellt dann das Ende einer Entwicklung dar, die mit dem negativ belegten Begriff „Gentrifizierung" bezeichnet wird. Weshalb aber wird diese Gentrifizierung, die doch solch angenehme Wohnverhältnisse und bei Touristen begehrte Viertel entstehen lässt, zum kontrovers diskutierten Thema? Wessen klagen Stadtsoziologen und engagierte Bürger diese
40 Gentrifizierung an?

Beispiel

0 Unter Stadtflucht versteht man
- ☐ a eine niedrige Lebensqualität.
- ☐ b das Haus mit Garten auf dem Land.
- ☒ c die Tendenz, auf das Land zu ziehen.
- ☐ d den idealen städtischen Wohnraum.

1 Welche Vorteile hat ein Leben in der Stadt für Familien mit Kindern?
- ☐ a Ihnen steht ein breiteres Spektrum an Angeboten zur Verfügung.
- ☐ b Sie können sich in ihrer knapp bemessenen Freizeit vergnügen.
- ☐ c Sie bekommen hier die Chance auf ein höheres Bildungsniveau.
- ☐ d Sie können sich leichter von den Bildungsstätten distanzieren.

2 Die Bewohner in den sanierten Vierteln
- ☐ a sind finanziell ganz unterschiedlich gestellt.
- ☐ b sind gepflegt und sehr kultiviert.
- ☐ c verfügen über ein überdurchschnittliches Einkommen.
- ☐ d sind Menschen ganz unterschiedlicher Couleur.

3 Touristen schätzen an diesen sanierten Stadtteilen, dass
- ☐ a man leicht die Sehenswürdigkeiten erreicht.
- ☐ b sie so interessant wie die Vorstädte sind.
- ☐ c sie den Touristen mit der Realität konfrontieren.
- ☐ d man hier keinen Randgruppen begegnet.

4 Wogegen protestierten die Studenten?
- ☐ a Gegen das Überhandnehmen marktwirtschaftlicher Gesichtspunkte bei Entscheidungen in der Wohnungspolitik.
- ☐ b Gegen die kontroverse Diskussion der Stadtsoziologen und engagierten Bewohner in Bezug auf die Gentrifizierung.
- ☐ c Gegen das Beflaggen der Gebäude durch links gerichtete, junge Akademiker.
- ☐ d Gegen das zunehmende Verkehrsaufgebot in den Städten, das zu einer Gefahr für die Altbausubstanz wurde.

5 Wie reagierten einige Städte auf die Instandbesetzungen?
- ☐ a Sie machten die Besetzer zu regulären Mietern oder Eigentümern.
- ☐ b Sie bewahrten die alten Häuser vor dem Verfall.
- ☐ c Sie richteten die Altbauten nicht wieder her.
- ☐ d Sie machten den Besetzern inakzeptable Kaufangebote.

Modelltest 2

Gewiss ist: Die Ankläger dieser Entwicklung sind nicht unter den Bewohnern der gentrifizierten Stadtviertel zu finden – und doch haben nicht selten eben diese Bewohner, bevor sie als junge, gut verdienende Akademiker hier Einzug halten konnten, einst als damals links orientierte, sozial denkende Studenten gegen eben solche Entwicklungen protestiert. Sie hatten sich „wer sich nicht wehrt, der lebt verkehrt" auf die Fahnen geschrieben und wollten Widerstand gegen eine unter Hintanstellung sozialer Gesichtspunkte nach rein marktwirtschaftlichen Grundsätzen handelnde Wohnungspolitik leisten.

Diese Studenten hielten leer stehende, baufällige Altbauten besetzt, oft in Form von Instandbesetzungen, das heißt, sie bezogen illegal den Wohnraum, jedoch in der Absicht, ihn vor dem gänzlichen Verfall zu bewahren. Ziel der Studenten und jungen Handwerker war es, die Bausubstanz zu erhalten und die oft noch erkennbar einst schmucken Stadthäuser herzurichten. So manche Stadt entschloss sich angesichts der konstruktiven Haltung der Besetzer, das Verhältnis zu legalisieren, Kaufangebote zu unterbreiten und günstige Mietverträge anzubieten. Aber auch der sonstige Wohnraum war in jenen Gegenden der Städte billig, ebenso die Mieten für die kleinen Läden. In den meist heruntergekommen Altbauten wohnten alte Leute seit Jahrzehnten, in die von ihnen altersbedingt aufgegebenen kleinen Geschäfte zogen Alternative und Künstler mit ihren Ateliers. Die preisgünstigen Wohnungen waren zudem für Migrantenfamilien attraktiv, die aufgrund ihrer wirtschaftlichen Lage kaum Ansprüche stellen konnten.

Die Viertel wandelten sich, blieben aber doch authentisch und bunt und wurden daher zum Anziehungspunkt für von außen Kommende, die von der besonderen Atmosphäre, der Multikulturalität, den außergewöhnlichen kleinen Läden und Cafés angelockt wurden. Angezogen wurden jedoch auch die Marketing-Strategen. Eine gewisse Ironie wohnt der Tatsache inne, dass gerade die Entstehung einer solchen authentisch alternativen Hausbesetzer-Szene für sie stets der Frühindikator für ein gutes Geschäft ist. Die Erfahrung hat gezeigt: Solche Gegenden mit einer spannenden Protestkultur steigen in Kürze zu den begehrtesten Vierteln der Stadt auf. Als Beispiel lässt sich hier Kreuzberg in Berlin nennen, wo die multikulturelle Bewohnerschaft Käufer von Investitionen zunächst abzuhalten drohte, das sich aber dann zu einem der beliebtesten Viertel Berlins entwickelte. Die sanierungsbedürftigen Altbauten lassen sich günstig erwerben, die besetzten Häuser werden, soweit sie sich in Privatbesitz befinden und keine Legalisierung der Wohnverhältnisse stattgefunden hat, kurzerhand polizeilich geräumt. Die alte Dame aus dem Erdgeschoss, das greise Paar aus dem zweiten Stock und die vielköpfige Migrantenfamilie aus dem vierten Stock werden umgesiedelt: In einigen Monaten wird „ihr" Haus wie neu, „aufgehübscht" und bequem sein – und für sie unbezahlbar. Nicht selten bleibt nur die Fassade stehen und dahinter entsteht ein aufwändig errichteter Neubau mit allen Finessen modernen Wohnens. Es zeigt sich unmissverständlich, welche Zielgruppe die auf Profit bedachten Bauherren im Auge haben. Die hier gewachsene Nachbarschaft ist zerstört. Wer über kein Vermögen verfügt, zieht nun an den Rand der Stadt, dorthin, wo Wohnraum billig und wo das einzig Verbindende ein Vertrieben-Sein ist. Vertrieben sind sie aus der gutbürgerlichen Gesellschaft, vertrieben durch die Armut in ihrer Heimat oder eben „weggentrifiziert". Hier, am Rande der Stadt und der Gesellschaft, interessiert sich niemand mehr für sie und ihr Schicksal. Für Protest ist es zu spät, und sie gehören ohnehin keiner gesellschaftlichen Gruppe an, die sich Gehör zu verschaffen vermag.

So mancher karrierebewusster Jungakademiker aber besinnt sich auf das zentrale Stadtviertel, in dem er einstmals aus Widerstand gegen eine Entwicklung, die ihm nun just zugute kommt, einen Altbau instandbesetzte. Er verfügt mittlerweile über die Mittel zum Erwerb oder zur Anmietung einer der begehrten Wohnungen im sanierten Altbauviertel. Der studentische Protest gegen die Immobilienhaie und ihre einst als so untragbar herzlos eingestuften Strategien gerät schnell in Vergessenheit. Das Viertel entbehrt nun zwar der Ursprünglichkeit, dafür ist man ganz unter sich. Diese selbstzufrieden erlebte Homogenität, die Bequemlichkeit und die Ästhetik im gentrifizierten Stadtviertel lassen Träume vom Wohnen im Grünen längst nicht mehr aufkommen.

6 Die Stadtviertel
☐ a wurden durch von außen Kommende besetzt.
☐ b wurden zum Lockmittel für viele.
☐ c blieben ganz so, wie sie waren.
☐ d blieben immer noch ursprünglich.

7 Investoren wissen die Protestkultur zu schätzen, denn
☐ a in diesen Vierteln gibt es kaum soziale Spannungen.
☐ b sie steigert die Attraktivität für Käufer.
☐ c sie ist letzten Endes nicht authentisch.
☐ d niemand lässt sich davon leicht abschrecken.

8 Dass die Bauherren nur für sehr Wohlhabende bauen, zeigt sich daran, dass
☐ a stets die alte Fassade als schönster Bestandteil stehen bleibt.
☐ b die Fassaden ausgesprochen anziehend wirken.
☐ c man bei der Verbindung von alt und modern keine Kosten scheut.
☐ d sie unverhohlen einzig und allein nach dem Gewinn schielen.

9 Warum protestieren die einstigen Bewohner nicht?
☐ a Ihr Schicksal ist ohnehin bekannt.
☐ b Sie haben sich bereits erfolglos gewehrt.
☐ c Sie gehören keiner regierenden Partei an.
☐ d Sie zählen nicht zu einer Interessengemeinschaft, die ihrer Meinung Geltung verschaffen kann.

10 An Stadtflucht denkt hier niemand mehr, denn
☐ a man kann sich das Landleben ohnehin nicht leisten.
☐ b man hat die Stadtflucht als Option vergessen.
☐ c man lebt im sanierten Viertel unter sich.
☐ d die Proteste führen zu erschwinglichen Immobilien.

Modelltest 2

Modul Lesen, Teil 2

Dauer: 20 Minuten

Sieben der folgenden Aussagen entsprechen dem Inhalt des Artikels „Kinder einer Generation". Ordnen Sie die Aussagen den jeweiligen Textabschnitten (**11–16**) zu. Eine Aussage ist bereits als Beispiel markiert und zugeordnet. Zwei Aussagen passen nicht. Markieren Sie Ihre Lösungen auf dem **Antwortbogen**.

Beispiel

0   Ein Tausch in der Rollenverteilung der Geschlechter war in der vorangegangenen Generation so gut wie unbekannt.

Aussagen

A   Frauen haben heute viel länger Zeit, sich mit der Mutterschaftsfrage auseinanderzusetzen.

B   Es hat sich einiges verändert, dennoch sinkt die Geburtenrate weiter.

C   Ein Abweichen von der klassischen Mutterrolle führt neben mehreren Nachteilen auch nicht selten zu einem schlechten Gewissen.

D   Die zur Verfügung stehende Zeit verfliegt oft unbemerkt.

E   Die Frau von heute sieht die Verteilung der Rollen anders als das Mädchen von damals.

F   Die Ansichten früherer Generationen prägen uns, obwohl sie nicht mehr aktuell sind.

G   Auch heute diktiert die Gesellschaft noch eine klassische Rollenverteilung.

H   Die Gesellschaft sieht die Mutter nach wie vor als beste Betreuerin.

Kinder einer Generation

Das Mutterbild früherer Zeiten liegt immer noch wie ein Schleier über unserer Gegenwart. Zugleich ist die neue Rollenerwartung so hoch, dass vielen Frauen angst und bange wird.

Beispiel

0 Ein Tausch in der Rollenverteilung der Geschlechter war in der vorangegangenen Generation so gut wie unbekannt.

Als Mädchen war ich im Leichtathletikverein des Nachbarortes, einer Kleinstadt in der süddeutschen Provinz. Irgendwann stand ein neuer Trainer auf dem Sportplatz. Er war ein freundlicher Typ. Wir mochten ihn. Irgendwann sagte jemand, dass unser Trainer, wenn er nicht auf dem Sportplatz stand, den ganzen Tag zu Hause sei, dass er für seine Töchter Mittagessen koche und mit ihnen Hausaufgaben mache, dass er wasche und putze, während seine Frau zur Arbeit gehe. Das Wort Hausmann kannten wir nicht, nur Väter, die arbeiteten, und Mütter, die morgens nicht ins Büro fuhren, sondern den Haushalt machten. Irgendetwas, dachten wir, stimmte mit unserem Trainer nicht.

11 _____ Vieles hat sich seitdem verändert, und denkt man darüber nach, was sich alles getan hat in Sachen Geschlechtergleichheit, dann muss man bei aller Unzufriedenheit, dass die derzeitige Situation nicht eine noch bessere ist, einmal festhalten, dass die Veränderungen fast so tiefgreifend sind wie der Sprung von der Schreibmaschine zum Computer. Väter, die sich über Jahre um das Wohl der Kinder kümmern, während die Frau Karriere macht, sind immer noch selten. Aber es ist selbstverständlich geworden, dass Frauen arbeiten, und es gibt Strukturen, die das auch Müttern ermöglichen. Zum Beispiel gibt es Vätermonate und viel mehr Kita- und Krippenplätze als früher, und es gibt Kinder- und Elterngeld. Trotzdem reicht das nicht aus, um zu verhindern, dass die Anzahl der Babys, die geboren werden, immer weiter sinkt.

12 _____ Händeringend wird nach Ursachen gesucht, und es vergeht kaum eine Woche, in der nicht irgendwo darüber gesprochen, geschrieben oder gestritten wird und in der keine Vorwürfe und Vorschläge gemacht werden, die kinderlose Frauen, auch wenn dies niemals so deklariert werden würde, zum Kinderkriegen animieren sollen. Ich höre dann sehr genau zu. Denn es geht dabei um mich und um viele meiner Freundinnen, die wie ich in den Achtzigern noch Mädchen waren, deren Mütter Hausfrauen gewesen sind und die sich über Hausmänner wunderten, weil sie mit einem anderen Rollenverständnis aufgewachsen sind.
Jetzt tickt, wie es so unschön heißt, unsere biologische Uhr, wir sind in den entscheidenden Jahren. Längst geht es dabei nicht mehr nur um ein Ja oder Nein zum Mutterglück, sondern auch darum, wo wir heute und wo wir eines Tages in dieser Gesellschaft stehen werden. Es ist schon jetzt nicht immer leicht zu ertragen, wie über uns gesprochen wird. Jeder glaubt, er habe etwas Bedeutendes mitzuteilen zu diesem Thema, das eigentlich ein sehr intimes ist, das dann aber, als klar wurde, dass Deutschland sich auf einen demographischen Gau zubewegt, zu einem Thema von Politik und Öffentlichkeit wurde. Die Frauen meiner Generation finden sich in dem deprimierenden Zahlenwerk von Statistiken wieder, die belegen, dass sie zum Grundübel einer überalterten Gesellschaft geworden sind. Wie konnte das passieren?

13 _____ Unsere Mütter haben uns dazu angehalten, zu studieren oder einen Beruf zu lernen, um, anders als sie, finanziell unabhängig zu sein. Alles andere, Partner und Familie, das war selbstverständlich und würde sich schon irgendwie ergeben. Mit Mitte zwanzig ist man schließlich noch keine dreißig, und mit dreißig die 35 noch weit weg. Das Zeitfenster, in dem man Kinder bekommen kann, schien groß genug. Es füllte sich mit Praktika, mit Jobwechseln, mit Auslandsaufenthalten und Umzügen, mit der Suche nach dem passenden Partner. Dass das Zeitfenster da schon fast nicht mehr vorhanden war, bemerkten viele Frauen nicht.

14 _____ Auch im deutschen Hier und Jetzt wirken die Sichtweisen früherer Generationen. Wir alle sind durch sie geprägt. Sie liegen wie ein Schleier über der Gegenwart, die nichts mehr mit jener zu tun hat, in der unsere Eltern sich vor dreißig, vierzig Jahren dazu entschlossen, Kinder zu bekommen. Die ökonomische Situation ist eine andere. Frauen haben sich weiter emanzipiert. Die Politik und die Institutionen hinken den Veränderungen hinterher, als noch träger aber erweist sich die Mentalität. Was nicht in diese Zeit passt, sind nicht die Kinder, wie jetzt manchmal behauptet wird, sondern die Anforderungen an Mutterschaft.

15 _____ Sie kommen aus einer Zeit, in der die Kinderbetreuung allein Frauensache war. In Deutschland, das haben Studien ergeben, herrscht die Meinung vor, dass ein Kind nur in Anwesenheit der Mutter glücklich ist. Und natürlich sind die Mütter nicht frei davon. In Internetforen gibt es seitenweise Einträge von Frauen, die, obwohl sie wissen, dass ihr Kind bei der Tagesmutter oder in der Kita in guten Händen ist, ein schlechtes Gewissen plagt. Mit Biologie lässt sich das nicht begründen. Entscheidend sind die Einstellungen, mit denen wir aufgewachsen sind, und auch, ob und wie diese in Frage gestellt werden.

16 _____ Bisher ist der typische Berufsweg einer Mutter von mehrjährigen Unterbrechungen geprägt, die in jene Lebensjahre fallen, die für die Karriere entscheidend sind. Den meisten Frauen gelingt es danach nicht mehr, dort anzuknüpfen, wo sie ausgestiegen sind. Das ist aber nicht das einzige Problem. Frauen in Deutschland verdienen noch immer deutlich weniger als Männer. Allein schon deshalb müssen sie später mit einer geringeren Rente rechnen. Steigt eine Frau nun für Jahre aus dem Beruf aus, weil sie Mutter geworden ist, verschärfen sich die Konsequenzen aus dem Lohngefälle weiter. Denn mit ihrer Abwesenheit, während der sie ihr Kind versorgt, verringern sich nicht nur ihre Chancen auf einen Karrieresprung, der eine höhere Gehaltsstufe bedeuten könnte, sondern sie bekommt später, durch den Wegfall zahlreicher Beitragsjahre, auch noch deutlich weniger Rente. Haben wir Frauen studiert, um beruflich und gesellschaftlich so zu enden?
Ich kenne keine kinderlose Frau, die diese Frage nicht beschäftigt und die sich nicht fragt, ob sie ihr Kind leichten Herzens in eine Kita geben würde. Und ich kenne kaum eine, die sagt, dass sie keine Kinder haben will. Es ist ein Dilemma, und egal, wie die Entscheidung ausfällt - jede hat einen negativen Beigeschmack.

Modelltest 2

Modul Lesen, Teil 3

Dauer: 25 Minuten

Lesen Sie die folgende Reportage, aus der Textabschnitte entfernt wurden. Setzen Sie die Abschnitte in den Text ein (**17–22**). Ein Textabschnitt passt nicht. Ein Abschnitt ist bereits als Beispiel eingefügt. Markieren Sie Ihre Lösungen auf dem **Antwortbogen**.

Wie viel Erbe ist gerecht?

Die Deutschen besitzen so viel Vermögen wie nie zuvor: Drei reiche Nachkommen über ihr Schicksal, in Geld zu schwimmen.

Sie müssen noch etwas warten, dann sind sie reich. 111 Nachfahren des deutschen Firmengründers Fritz Henkel (1848 bis 1930) dürfen demnächst frei über Aktien verfügen und die sind im Augenblick mehr als sechs Milliarden Euro wert. Oder pro Kopf, rein rechnerisch: um die 56 Millionen Euro. So viel Geld hat kein Lottogewinner in Deutschland jemals kassiert. Die wenigsten Unternehmer erreichen vergleichbare Summen, und Arbeitnehmern gelingt es quasi nie. Ein Durchschnittsverdiener bekommt in Deutschland 3.300 Euro im Monat und müsste für diesen sagenhaften Betrag mehr als 1.400 Jahre lang arbeiten.

Beispiel: Textabschnitt 0
Nein, in Deutschland gibt es vor allem einen Weg zum Reichtum: Man erbt ihn. Erstmals nämlich rückt eine Generation auf den Tod zu, die mehr als 60 Jahre Zeit hatte, Wohlstand aufzubauen – ohne Krieg, ohne Hyperinflation oder Währungsreform.

So entstanden vor allem in Westdeutschland ungeheure Vermögen. Allein die Wahrscheinlichkeit, ein Haus zu erben, hat sich bereits verdoppelt. Und viele Menschen bekommen noch viel mehr: Millionenvermögen, ein- oder gar zweistellige. Sie erben so viel, dass sie nie wieder arbeiten müssen.

Eine Multimillionärin hat eingeladen, sie zu Hause auf dem Dorf zu besuchen. Dort lebt sie in einem unscheinbaren roten Backsteinhaus. Kein repräsentativer Garten, in der Garage ein Mittelklassewagen. Statt einer Klingel eine Schnur, an der man ziehen muss.

17 Textabschnitt:

Früher habe sie selbst geglaubt, dass man Leuten ihr Geld an Kleidung, Schmuck und Auto ansehe, sagt sie. Das stimme aber nicht. Viele führten ein ziemlich normales Leben. Dennoch ist sie sich bewusst, dass sie sich in einer besonderen Situation befindet.
Wenn sie von ihrer „Situation" spricht, meint sie damit diesen enormen Reichtum, für den sie nichts tun musste, der einfach da war – und den sie selbst für ungerecht hält.
Was Ise Bosch übrig hat, stiftet sie. Rund 40 Millionen Euro steckte sie in verschiedene Projekte und Gesellschaften, die sich für die Rechte der Frauen einsetzen. Es ist der Versuch eines gewissen Ausgleiches. Denn verdient habe sie das Geld nicht, da gebe es keinerlei Rechtfertigung, sagt sie. „Erben ist nicht gerecht."

18 Textabschnitt:

Reich wird, wer in die richtige Familie geboren wird.
Die zu vererbenden Vermögen sind sehr ungleich verteilt: Die Hälfte der Bevölkerung

hat kaum Ersparnisse, während die reichsten zehn Prozent fast zwei Drittel aller Besitztümer auf sich vereinigen. Westdeutsche Akademiker haben besonders hohe Chancen auf ein hohes Erbe. „Umgekehrt haben Hauptschüler, Geringverdiener und Ostdeutsche wenig zu erwarten", sagt Szydlik. Sogar die Partnerwahl spiele eine Rolle, sagt der Soziologe. „Da häufig beide Partner aus einer höheren sozialen Schicht kommen, wird doppelt geerbt."
Ein anderer Erbe hat sich lange gegen das Erben gewehrt. Peter Vollmer wuchs in einer schönen Villa auf, sollte den väterlichen Betrieb übernehmen, einen mittelständischen Verlag in Wuppertal.

19 Textabschnitt:

Als sein Vater starb, rührte der Sohn das Erbe nicht an. Stattdessen wurde er Fabrikarbeiter und lebte ohne das Wissen seiner Kollegen mehr als 20 Jahre lang als solcher und nicht als der Multimillionär, der er eigentlich war. Er ging sogar in den Betriebsrat, legte sich mit Vorgesetzten an und wehrte sich gegen zahllose Versuche, ihn rauszuwerfen. Bei einem dieser Prozesse kam schließlich heraus, dass dieser renitente Arbeiter Millionen besitzt. Kollegen, Mitstreiter und Vorgesetzte waren verblüfft, manche wütend. Dass er ihnen das verschwiegen hatte! Einige Jahre später kündigte Vollmer, erschöpft von den vielen Kämpfen. Der Unterschied zu vielen seiner Kollegen: Er konnte es sich leisten.
Heute, als Rentner, hat Peter Vollmer festgestellt: Mit seiner Arbeiterrente kommt er nicht zurecht. Der Erbe wider Willen lebt nun doch vom Vermächtnis seines Vaters und wohnt in einem schönen Haus, das ihm gehört.
Es sind keine typischen Vertreter reicher Erben, die bereit sind, für diesen Artikel über sich zu reden. Wer in Deutschland reich ist, wahrt Diskretion. Den reichen Industriellenspross, der ein öffentliches Leben führte, gibt es nicht mehr.

20 Textabschnitt:

„Trotzdem", stellt Vollmer bedauernd fest, „bin ich jetzt der reiche Mäzen, der ich eigentlich nie sein wollte."
Wie viel Felix Fiege einmal erben wird, lässt sich schwer beziffern. Seine Eltern haben stark darauf geachtet, dass er nicht als verzogenes reiches Kind aufwächst, dass er ein Arbeitsethos entwickelt, indem er beispielsweise in den Schulferien als Hilfsarbeiter in einer Lagerhalle arbeitete.
Der 33-Jährige wird nun eines Tages eine Firma besitzen, die für einige der größten Unternehmen Transport und Lagerung übernimmt. Ein Milliarden-Geschäft in Familienhand. Ist das jedoch als persönlicher Reichtum zu betrachten, da das Unternehmen verantwortlich ist für Arbeitsplätze, Gemeindesteuerzahlungen, die Wirtschaftsaussichten seiner ganzen Nachbarschaft?
Felix und sein Cousin Jens Fiege, beide Betriebswirte, besitzen bereits Unternehmensanteile. Dass sie deshalb reich seien, bestreiten die Fieges aber.

21 Textabschnitt:

Aber wo macht man dann einen Schnitt? Die einen sagen: Erbschaftsteuern auf betrieblichen Besitz lassen den Mittelstand ausbluten und führten zum Verlust von Arbeitsplätzen, weil Erben Teile des Unternehmens verkaufen müssen.
Andere sagen: Lasst die Erben doch selber entscheiden, Gutes zu tun, lasst sie stiften! Viele Erben stiften ja auch tatsächlich freiwillig. Allerdings, halten andere dagegen, stellten die edlen Stifter kaum so schnöde Dinge bereit, wie der Staat sie dank seiner Steuergelder leisten kann: den Lebensunterhalt von Hartz-IV-Empfängern zum Beispiel oder die Gehälter von Lehrern.
Tatsache ist auch, dass Deutschland diejenigen besonders stark mit Abgaben belegt, die für ihren Lebensunterhalt arbeiten. Nahezu zwei Drittel aller öffentlichen Einnahmen stammen aus Steuern und Abgaben auf Löhne.

22 Textabschnitt:

Deshalb schrumpfen die Erträge aus dieser Steuer kurioserweise, obwohl die Nachlässe immer größer werden. Ob all das überhaupt noch verfassungsgemäß ist, muss das Bundesverfassungsgericht klären. Es ist höchste Zeit.

Modelltest 2

Teil 3

0
Nein, in Deutschland gibt es vor allem einen Weg zum Reichtum: Man erbt ihn. Erstmals nämlich rückt eine Generation auf den Tod zu, die mehr als 60 Jahre Zeit hatte, Wohlstand aufzubauen – ohne Krieg, ohne Hyperinflation oder Währungsreform.

A
Einer wie Vollmer, das ist ein Ausnahmefall, er sucht die Öffentlichkeit für seine Sache: In einer Initiative Vermögender wirbt er derzeit dafür, Leute wie ihn selber stärker zu besteuern und kämpft durch eine Stiftung für eine gerechtere Arbeitswelt.

B
Dennoch wechseln Vermögen im Wert von 260 Milliarden Euro, so schätzt das Deutsche Institut für Altersvorsorge, künftig den Besitzer – Jahr für Jahr. Das ist etwas mehr als das Bruttoinlandsprodukt von Lettland, Litauen, Ungarn und Bulgarien zusammen.

C
Das Unternehmen sei eine Aufgabe, kein Vermögensgegenstand, sagen sie. Darüber könne man nicht frei verfügen und wolle es auch nicht. Die Familie diene dem Unternehmen, nicht umgekehrt. Viele Familienunternehmer vertreten diese Ansicht und wehren sich erbittert gegen Erbschaftsteuern auf betrieblichen Besitz.

D
Hier könnte auch irgendeine alternative Wohngemeinschaft zu Hause sein, und auch die Hausherrin ist schlicht gekleidet. Wie eine reiche Erbin sieht sie jedenfalls nicht aus. Ihr Name: Ise Bosch.

E
Doch als er dort eine Druckerlehre begann, lernte er Arbeiter kennen und staunte, wie anders, wie viel einfacher sie lebten. Der Unternehmersohn fand das ungerecht, stritt mit seinem Vater. Danach ging Vollmer ins Ausland, jobbte, studierte und beschloss irgendwann, dass er auf der Seite der Arbeiter stehen wollte.

F
Verschiedene Reformen haben die Tendenz, Reiche weniger zu belasten, noch verschärft. Die Vermögensteuer wird überhaupt nicht mehr erhoben und die Erbschaftsteuer wurde durch neue Freibeträge und Ausnahmeregeln durchlöchert.

G
Wahrhaftig, gerecht geht es bei alldem nicht zu. Die neue deutsche Erbschaftswelle bedeutet, dass ein wachsender Teil des Wohlstands nach einem Prinzip umverteilt wird, das weder den Leistungsidealen der Marktwirtschaft entspricht noch den Gerechtigkeitspostulaten des Sozialstaates – es ist das Prinzip der Abstammung.

Modul Lesen, Teil 4

Dauer: 10 Minuten

Sie interessieren sich für EU-geförderte Programme. Verschaffen Sie sich schnell einen Überblick über die vier Angebote. Zu welcher Anzeige (**A, B, C, D**) passen die Aussagen (**23–30**). Auf eine Anzeige können mehrere Aussagen zutreffen, aber es gibt nur **eine** richtige Lösung für jede Aussage. Markieren Sie Ihre Lösungen auf dem **Antwortbogen**.

Beispiel

0 _A_ Praktika in Botschaften sind nicht möglich.

23 _____ Studenten können sich im Internet mit Hilfe von Plattformen vorbereiten und sachkundig machen.

24 _____ Sowohl öffentliche als auch private Einrichtungen haben Zugang zu dem Projekt.

25 _____ Das Programm richtet sich nicht nur an angehende und ausgebildete Pädagogen, sondern auch an Schüler.

26 _____ Bei der Länderauswahl sind Interessenten nicht auf EU-Mitgliedstaaten beschränkt.

27 _____ Das Projekt fördert gezielt die internationale Kompetenz.

28 _____ Die teilnehmenden Länder unterstützen sich unter anderem durch einen Austausch von Produktionsmethoden und Erzeugnissen.

29 _____ Dieses Programm ist auch für Menschen ohne abgeschlossene Qualifikation geeignet.

30 _____ Assistenzzeiten können im Ausland absolviert werden.

Modelltest 2

Text A

ERASMUS-Auslandspraktikum (SMP)

Studierende können mit ERASMUS Praktika im europäischen Ausland absolvieren. Die Praktika können in Unternehmen oder anderen Einrichtungen stattfinden. Nicht förderbar sind Praktika in europäischen Institutionen/Organisationen, nationalen diplomatischen Vertretungen sowie Organisationen, die EU-Programme verwalten.

Studierende sammeln dadurch Arbeitserfahrung in einem internationalen Umfeld und lernen die Erfordernisse eines EU-weiten Arbeitsmarktes kennen. Darüber hinaus können sie ihre Schlüsselqualifikationen wie Kommunikations- und Kooperationsfähigkeit, Offenheit und Kenntnisse über andere Kulturen und Märkte erweitern.

Studierende können für ein Pflichtpraktikum oder auch ein freiwilliges Praktikum zwischen drei und zwölf Monaten gefördert werden.

Die Aufenthalte werden in allen EU-Mitgliedsländern sowie in Island, Liechtenstein, Norwegen, der Schweiz und der Türkei gefördert.

Information und Bewerbung

Informationen und Beratung gibt es direkt an Ihrer Hochschule, im Akademischen Auslandsamt oder bei den ERASMUS-Koordinatoren. Auch die Bewerbung für ein ERASMUS-Stipendium ist direkt an die Hochschule bzw. an das Konsortium, dem die eigene Hochschule angehört, zu richten.

Vorbereitung eines Praktikums oder Studiums im Ausland

Unsere Internetplattform eu-community.daad.de bietet Ihnen Informationen und Tipps zur interkulturellen Vorbereitung von Studium und Praktikum in Europa:

- Interkulturelles Online-Training
- Tipps und Links von Experten und Alumni
- Erfahrungsberichte anderer Studierender
- Forum

Text B

Leonardo Da Vinci

Das europäische Programm für die berufliche Bildung

LEONARDO DA VINCI ist das Programm der Europäischen Union für die Zusammenarbeit in der beruflichen Aus- und Weiterbildung. Es ist nach dem italienischen Universalgenie der Renaissance benannt.

Das Programm unterstützt und ergänzt die Berufsbildungspolitik der teilnehmenden Staaten. Dazu wird die Europäische Union bis nächstes Jahr ein Gesamtbudget von 1.725 Mio. Euro zur Verfügung stellen. Das LEONARDO DA VINCI-Programm fördert zum einen europäische Bürgerinnen und Bürger beim Erwerb internationaler Kompetenzen. So soll die Anzahl an Praxisaufenthalten in Betrieben und Berufsbildungseinrichtungen in einem anderen europäischen Land auf mindestens 80.000 pro Jahr erhöht werden. Zum anderen trägt es durch europäische Modellversuche sowie durch den Transfer bereits entwickelter Produkte und Verfahren zu Innovation und Verbesserung der Berufsbildungssysteme und -praxis bei.

LEONARDO DA VINCI unterstützt zentrale europäische Reformvorhaben wie die Entwicklung eines Kreditpunktesystems in der beruflichen Bildung (ECVET) und eines Europäischen Qualifikationsrahmens (EQR).

Zielgruppen

LEONARDO DA VINCI richtet sich an alle Akteure der beruflichen Bildung:

- Einrichtungen der beruflichen Bildung wie berufsbildende Schulen, außer- und überbetriebliche Bildungsstätten,
- Unternehmen,
- Sozialpartner und ihre Organisationen, Berufsverbände und Kammern.

Geförderte Aktivitäten

Im Programm LEONARDO DA VINCI werden folgende Aktivitäten gefördert:

- Auslandsaufenthalte in der beruflichen Aus- und Weiterbildung,
- Projekte zum Transfer und zur Entwicklung von Innovationen,
- Partnerschaften,
- Netzwerke,
- Vorbereitende Besuche und Kontaktseminare.

Text C

Comenius - Das europäische Programm für die schulische Bildung

Die europäische Integration gestalten und den Herausforderungen der Globalisierung begegnen: Wer dafür Verständnis wecken möchte und junge Menschen beim Erwerb von Fähigkeiten und Kompetenzen unterstützen will, die für ihre persönliche Entfaltung, ihre Beschäftigungschancen und eine aktive Bürgerschaft erforderlich sind, muss Europa im Unterricht und in der Schule erfahrbar machen und die Qualität der schulischen Bildung sicherstellen. COMENIUS unterstützt die Mobilität von Schülern, Lehramtsstudierenden und Lehrkräften, fördert das Erlernen moderner Fremdsprachen und ermöglicht innovative Wege der Zusammenarbeit und Partnerschaft schulischer Einrichtungen in Europa.

Zielgruppen
COMENIUS richtet sich an vorschulische Einrichtungen und Schulen bis zum Ende des Sekundarbereichs II sowie an Einrichtungen und Organisationen der Schulverwaltung und der Lehreraus- und -fortbildung.

Geförderte Aktivitäten
Im Rahmen der dezentral durchgeführten Aktionen unter COMENIUS werden gefördert:

- multilaterale und bilaterale Schulpartnerschaften und die Mobilität von Schülern;
- Regio-Partnerschaften im schulischen Bereich zwischen Regionen und Gemeinden;
- Vorbereitende Besuche und Kontaktseminare
- Assistenzzeiten von Studierenden der Lehramtsfächer an Schulen im Ausland;
- Fortbildungskurse für Lehrkräfte im Ausland.

Zu den zentral verwalteten Maßnahmen unter COMENIUS zählen:
- Projekte für die Zusammenarbeit von Einrichtungen der Lehrerausbildung und Lehrerfortbildung;
- thematische Netzwerke von Bildungseinrichtungen.

Nationale Agentur
Mit der Durchführung des Programms in Deutschland ist der Pädagogische Austauschdienst (PAD) der Kultusministerkonferenz – Nationale Agentur für EU-Programme im Schulbereich – beauftragt.

Weitere Informationen zum Programm COMENIUS finden Sie auf der Internetseite des PAD unter http://www.kmk-pad.org

Text D

Grundtvig
Das Europäische Programm für die allgemeine Erwachsenenbildung

GRUNDTVIG ist das Programm für die allgemeine Erwachsenenbildung. Namensgeber ist der dänische Theologe und Pädagoge Nikolaj Frederik Severin Grundtvig (1783 – 1872). Er gilt als Nestor der Heimvolkshochschule und hat dem lebenslangen Lernen wichtige Impulse gegeben.

Zwei spezifische Ziele stehen bei GRUNDTVIG im Vordergrund: Zum einen sollen die durch die Alterung der Bevölkerung entstehenden Bildungsherausforderungen angegangen werden. Zum anderen unterstützt das Programm Erwachsene bei der Erweiterung und Vertiefung ihres Wissens und ihrer Kompetenzen. Im Blickpunkt stehen dabei neben älteren Menschen auch Erwachsene, die ihren Bildungsweg ohne Grundqualifikation abgebrochen haben.

Zielgruppen
Das Programm GRUNDTVIG umfasst alle Bereiche der Erwachsenenbildung und steht Einrichtungen der formalen, nicht-formalen und informellen Erwachsenenbildung in den Teilnehmerstaaten offen. Dies können öffentliche Institutionen sein wie Behörden, Verwaltungen und Regierungsstellen, oder Einrichtungen in öffentlicher oder privater Trägerschaft wie Initiativen, Vereine, Volkshochschulen oder Nichtregierungsorganisationen. Antragsberechtigt sind die Beschäftigten dieser Einrichtungen wie Lehrende, Multiplikator(inn)en, Wissenschaftler/-innen sowie Personen, die mit Erwachsenen oder benachteiligten Jugendlichen arbeiten.

Geförderte Aktivitäten
Im Programm GRUNDTVIG werden folgende Aktivitäten gefördert: Vorbereitende Maßnahmen,

- Besuche und Austausche,
- Assistent(inn)en,
- Weiterbildung für Bildungspersonal,
- Workshops,
- Lernpartnerschaften,
- Freiwilligenprojekte 50+,
- multilaterale Projekte,
- multilaterale Netzwerke,
- flankierende Maßnahmen.

Nationale Agentur
Mit der Durchführung des Programms GRUNDTVIG in Deutschland ist die Nationale Agentur Bildung für Europa beim Bundesinstitut für Berufsbildung (NA beim BIBB) beauftragt. Weitere Informationen zum Programm GRUNDTVIG finden Sie auf der Internetseite der NA beim BIBB unter http://www.na-bibb.de

Modelltest 2

Modul Hören, Teil 1

Dauer: circa 12 Minuten

14 🎧 Modelltest 2 - Hörverstehen 1

Sie hören fünf Ausschnitte aus Radiosendungen zu verschiedenen Themen. Zu jedem Ausschnitt gibt es drei Aufgaben. Entscheiden Sie, ob die Aussage mit dem Textinhalt übereinstimmen oder nicht. Kreuzen Sie an. Sie hören die Texte **einmal**.

Beispiel

	Sie hören einen Ausschnitt aus einem Radiobericht zum Thema Solarflugzeug.	Ja	Nein
0	Piccard und Borschberg wollen eine Weltumrundung ohne Schadstoffproduktion erreichen.	☒	☐
1	Das Solarflugzeug kann auch nachts fliegen.	☐	☐
2	Beim Jungfernflug nach Paris war auch ein Ehrengast an Bord.	☐	☐
3	Die Idee zu Solar Impulse kam Piccard während seiner Weltumrundung im Heißluftballon.	☐	☐

	Sie hören einen Ausschnitt aus einem Radiobericht über Bienen.	Ja	Nein
4	Imhoof lüftet das Rätsel um die Dezimierung der Bienen.	☐	☐
5	Bienen leisten einen beträchtlichen Beitrag zu unserer Nahrung.	☐	☐
6	Pestizide sind ausschließlich für den Rückgang der Bienenpopulation verantwortlich.	☐	☐

Sie hören einen Ausschnitt aus einem Radiobericht über Privatschulen. | Ja | Nein

7   Beim Thema Privatschulen scheiden sich die Geister.

8   Viele setzen private Bildungsinstitutionen immer noch mit finanzieller Elite gleich.

9   Abgeschiedene Einrichtungen der Geldaristokratie gehören längst der Vergangenheit an.

Sie hören einen Ausschnitt aus einem Radiobericht über den neuen Knigge*. | Ja | Nein

10   Die neuen Benimmregeln richten sich speziell an Frauen.

11   Im Berufsleben ist nach wie vor das Geschlecht maßgebend.

12   Es gilt die Devise „ganz oder gar nicht", denn Halbherziges bedeutet oft das Gegenteil.

Sie hören einen Ausschnitt aus einem Radiobericht über eine Mumie aus einem Gletscher der Ötztaler Alpen. | Ja | Nein

13   Von der Klärung der Todesursache versprechen sich Forscher neue Erkenntnisse für die Pathologie.

14   Keiner der Forscher hatte nach so langer Zeit mit einem Blutnachweis gerechnet.

15   Die Blutzellen der Mumie unterscheiden sich in ihrer Form erheblich von denen eines Menschen der heutigen Zeit.

*Benimmregeln und Bücher zur Etikette

Modelltest 2

Modul Hören, Teil 2

Dauer: circa 5 Minuten

15 🎧 Modelltest 2 - Hörverstehen 2

Zwei Schüler, Chiara und Felix, unterhalten sich über Mobbing in der Schule. Entscheiden Sie, ob die Meinungsäußerung nur von einem Sprecher stammt oder ob beide Sprecher in ihrer Meinung übereinstimmen.

Es gibt nur **eine** richtige Lösung. Sie hören das Gespräch **einmal**.

		Person 1 Chiara	Person 2 Felix	beide
Beispiel				
0	Das Thema Mobbing wird überbewertet.	☐	☒	☐
16	Raufereien unter Schülern können schon mal vorkommen.	☐	☐	☐
17	Mobbing kann ganz verschiedene Formen annehmen.	☐	☐	☐
18	Mobbing setzt voraus, dass sich die Angriffe über einen gewissen Zeitraum erstrecken und ganz gezielt passieren.	☐	☐	☐
19	Opfer fühlen sich oft hilflos.	☐	☐	☐
20	Gegen Mobbing ist man machtlos.	☐	☐	☐

Modul Hören, Teil 3

Dauer: 20 Minuten

16 Modelltest 2 - Hörverstehen 3

Sie hören ein Interview mit dem Ingenieur und Drohnen-Spezialisten Jürgen Üders. Kreuzen Sie bei den Aufgaben **21–30** die richtige Lösung an (**a**, **b** oder **c**). Es gibt nur **eine** richtige Lösung. Sie hören das Gespräch **zweimal**.

Beispiel

0 Wo wurden Drohnen ursprünglich eingesetzt? - Überall,
- ☐ a wo es Krisen gibt.
- ☐ b aber nur außerhalb von Kriegsgebieten.
- ☒ c wo sie militärische Zwecke erfüllen sollten.

21 Weshalb wird über die Verwendung von Drohnen u. a. diskutiert?
- ☐ a Weil immer mehr Drohnen im zivilen Bereich eingesetzt werden.
- ☐ b Weil der Einsatz von Drohnen moralisch vertretbar sein könnte.
- ☐ c Weil die Frage der zulässigen Menge geklärt werden muss.

22 Im Vergleich zu anderen Bereichen der Luftfahrt
- ☐ a sollte man die Entwicklung von Drohnen nicht unterschätzen.
- ☐ b verläuft die Entwicklung von Drohnen auffallend rasant.
- ☐ c ist die Entwicklung von Drohnen vorprogrammiert.

23 Die Fluggeräte sind heutzutage
- ☐ a für den Hobby-Bastler erschwinglich.
- ☐ b generell nicht mehr unbezahlbar.
- ☐ c in der Oberklasse gerade noch bezahlbar.

24 Drohnen nützen der Polizei im Falle von Demonstrationen,
- ☐ a die Überwachung zu kontrollieren.
- ☐ b das passende Gelände auszuwählen.
- ☐ c den Einsatz zu planen.

25 Mit Hilfe von Drohnen konnte man
- ☐ a einen gefährlichen Sturm vorhersagen.
- ☐ b den Borkenkäferbefall eingrenzen.
- ☐ c den Sturmschäden vorbeugen.

26 Inwiefern ist die Revolution durch die Fluggeräte mit der Entwicklung der Computer vergleichbar?
- ☐ a Beide waren anfangs in riesigen Hallen untergebracht.
- ☐ b Beide kann man leicht selber basteln.
- ☐ c Beide wurden sehr schnell sehr viel billiger.

Modelltest 2

27 Was ließe sich durch Drohnen auskundschaften?
- a Der einzelne Bürger.
- b Die gesamte Nachbarschaft.
- c Das Privatleben von Spionen.

28 Die Entwicklung der Technik
- a hat keine datenschutzrechtlichen Folgen.
- b sprengt den Rahmen aller Überlegungen.
- c läuft der Gesetzgebung davon.

29 Ein Überflugverbot auch für genehmigte Flugobjekte gilt u.a. für
- a Versammlungen.
- b Haftanstalten.
- c Krisengebiete.

30 Die Tatsache, dass die Flugobjekte oft nicht bemerkt werden,
- a setzt Bürger diesem Phänomen schutzlos aus.
- b kann von Kriminellen leicht ausgenutzt werden.
- c führt immer wieder zu großen Demonstrationen.

Modul Schreiben, Teil 1

Dauer: 20 Minuten

Überarbeiten Sie das Kurzreferat in den markierten Passagen und verwenden Sie dabei die Wörter aus der rechten Spalte, die **nicht** verändert werden dürfen.
Nehmen Sie alle notwendigen Umformungen vor.
Schreiben Sie dann die neu formulierten Passagen auf den **Antwortbogen**.

Zwischen Politik und Medien besteht in demokratischen Systemen ein enges Austauschverhältnis, das **(0) durch gegenseitige Abhängigkeit gekennzeichnet ist**. Dieses Dependenzverhältnis wird allerdings durch einen dritten Faktor, die Öffentlichkeit, erweitert, so dass **(1) eine Dreiecksbeziehung entsteht**. In diesem Beziehungsgeflecht ist nun jede der drei Partien **(2) auf die andere angewiesen**, um auf jeweils unterschiedliche Art und Weise die eigenen Interessen so erfolgreich wie möglich durchzusetzen.
Parteien und Politiker **(3) bedürfen der Medien als Vermittler**, um Unterstützung für ihr Handeln bei der Bevölkerung zu bekommen. **(4) Um ihre politische Macht zu erhalten**, sind sie auf die Bevölkerung und ihr Wohlwollen angewiesen. **(5) Für die Medien sind Informationen aus der Politik unentbehrlich**. Sie müssen schließlich **(6) ihrer öffentlichen Aufgabe nachkommen**, nämlich in Form von Informations-, Meinungsbildungs- sowie Kritik- und Kontrollfunktion. Die Bevölkerung ist letztendlich in den meisten Fällen **(7) an die verschiedenen Massenmedien gebunden**, um an Informationen und Nachrichten über politische Entscheidungen von Regierung und Parteien zu gelangen.
(8) Einige der Anliegen dieser drei gesellschaftlichen Gruppen überschneiden sich. Es entsteht ein komplexes Gesamtsystem von Geben und Nehmen, so dass **(9) es schwierig ist, genau einzuschätzen**, wer die politische Meinung in einem Land bestimmt. Eine **(10) Frage, die man nicht vernachlässigen darf**, ist schließlich: „Welche gesellschaftlichen Gruppen bestimmen die politische Agenda - die Parteien, die Medien oder das Publikum selbst?"

(0) dadurch

(1) kommt

(2) abhängig

(3) nötig
(4) Erhalt

(5) verzichten
(6) erfüllen

(7) angewiesen

(8) Was

(9) Einschätzung
(10) vernachlässigende

Modelltest 2

Modul Schreiben, Teil 2

Dauer: 60 Minuten

Wählen Sie aus den folgenden vier Themen **ein Thema** aus.

Thema 1: Medikamentenmissbrauch im Freizeit- und Breitensport
Sie haben in der „Süddeutschen Zeitung" eine Artikelserie zum Thema „Medikamentenmissbrauch im Freizeit- und Breitensport" gelesen. Sie schreiben einen ausführlichen Leserbrief (ca. 350 Wörter) an die Redaktion, in dem Sie sich auf die drei folgenden Aussagen beziehen und Ihre Meinung dazu äußern.

> ▸ Sport ist wichtig, allerdings nur dann, wenn er der Gesundheit förderlich ist. Die Einnahme leistungsfördernder Substanzen erzielt genau das Gegenteil.

> ▸ Eine erschreckende Tendenz ist, dass die Zahl der Jugendlichen steigt, die zu Anabolika greifen, um ihre sportlichen Ziele zu erreichen.

> ▸ Leider kommt dem Spitzensport nicht nur eine Vorbildrolle zu. Daher muss sowohl auf der Breitensport- als auch auf der Spitzensportebene energisch gegen Doping vorgegangen werden.

Thema 2: Gewalt unter Jugendlichen
Sie haben im Fernsehen eine Diskussionsrunde zum Thema „Gewalt unter Jugendlichen" verfolgt. Nach der Sendung wurden die Zuschauer aufgefordert, ihre Meinung abzugeben. Sie schreiben eine ausführliche E-Mail (ca. 350 Wörter) an die Redaktion, in der Sie sich auf die drei folgenden Diskussionsbeiträge beziehen und Ihre Meinung dazu äußern.

> ▸ Oft haben jugendliche Gewalttätige kaum Schuldgefühle und sehen nicht ein, warum sie ihr Verhalten ändern sollen. Nicht selten verharmlosen sie die Vorfälle und schieben dem Opfer die Schuld zu.

> ▸ Gewalt ist eine Strategie, die Kinder erlernen. Dies geschieht nicht selten im Elternhaus, wo die Gewalt von Generation zu Generation weitergegeben wird.

> ▸ Unverzichtbare Maßnahmen im Kampf gegen Gewalt unter Jugendlichen sind Prävention und Jugendarbeit. Dabei muss auf vielen Ebenen angesetzt werden.

Bei der Bewertung wird u. a. auf Folgendes geachtet:

- Haben Sie alle Aspekte der Aufgabenstellung bearbeitet?
- Haben Sie Ihre Argumentation begründet und Beispiele gegeben?
- Ist Ihr Text zusammenhängend und klar gegliedert?
- Sind Wortwahl und Stil dem Thema und der Textsorte angemessen?

Literatur

Thema 3: Briefe in die chinesische Vergangenheit
Sie schreiben für ein deutschsprachiges Literaturfreunde-Blog eine Buchbesprechung zu „Briefe in die chinesische Vergangenheit" von Herbert Rosendorfer.
Die Rezension sollte ca. 350 Wörter umfassen:

- Fassen Sie den Inhalt kurz zusammen.
- Beschreiben Sie unsere heutige Welt aus der Sicht des alten Mandarin.
- Empfehlen Sie das Buch den Leserinnen und Lesern des Blogs.

Thema 4: Kassandra
Sie schreiben für ein deutschsprachiges Literaturforum im Internet eine Buchbesprechung zu „Kassandra" von Christa Wolf.
Die Rezension sollte circa 350 Wörter umfassen:

- Fassen Sie den Inhalt kurz zusammen.
- Charakterisieren Sie die Protagonistin und gehen Sie dabei besonders auf ihr Ringen um Autonomie ein.
- Empfehlen Sie das Buch den Leserinnen und Lesern des Blogs.

Bei der Bewertung wird u. a. auf Folgendes geachtet:

- Haben Sie alle Aspekte der Aufgabenstellung bearbeitet?
- Haben Sie Ihre Argumentation begründet und Beispiele gegeben?
- Ist Ihr Text zusammenhängend und klar gegliedert?
- Sind Wortwahl und Stil dem Thema und der Textsorte angemessen?

Modelltest 2

Modul Sprechen, Teil 1

Dauer: 10 Minuten

Produktion

Wählen Sie aus den beiden Themen **ein Thema** aus.

Thema 1: Gewalt in Fußballstadien

Sie sind Teilnehmer/-in am Seminar „Hooligans oder Fußballfans" und halten dort einen fünfminütigen Vortrag zum Thema „Gewalt in Fußballstadien". Im Anschluss beantworten Sie Fragen dazu.

> „Null-Toleranz gegenüber gewalttätigen Fußballfans muss die logische und zwingende Konsequenz sein, um ein sicheres Stadionumfeld zu schaffen und gewaltfreie Spiele zu ermöglichen."
>
> „Fußball ist ein Spiel, bei dem die Emotionen auch überlaufen können, daher dürfen kleine Handgreiflichkeiten nicht überbewertet werden."
>
> „Nicht alle Fußballfans sind gewaltbereit. Eine Differenzierung muss auch in die Maßnahmen zur Stadionsicherheit einfließen."

Thema 2: Alkoholmissbrauch durch Jugendliche

Sie sind Teilnehmer/-in am Seminar „Alkoholmissbrauch und Prävention" und halten dort einen fünfminütigen Vortrag zum Thema „Alkoholmissbrauch durch Jugendliche". Im Anschluss beantworten Sie Fragen dazu.
Wägen Sie unterschiedliche Standpunkte ab. Sie können sich an folgenden Zitaten orientieren. Geben Sie auch Beispiele.

> „Bei den Extremtrinkern handelt es sich um eine verhältnismäßig kleine Gruppe von Jugendlichen. Umso wichtiger ist es jedoch, diese Gruppe genau unter die Lupe zu nehmen."
>
> „Da nicht alle Maßnahmen gegen den Alkoholmissbrauch auch tatsächlich Wirkung zeigen, ist es unablässig mit den richtigen Maßnahmen dagegen vorzugehen, wie z.B. Ausweiskontrollen bei Alkoholabgabe und Aufklärung."
>
> „Die Akzeptanz von Alkohol in der Gesellschaft ist ein entscheidender Faktor für das Problem: Alkohol gehört zu unserer Kultur und spielt als Genussmittel eine nicht zu unterschätzende Rolle."

Achten Sie darauf, dass Sie

- Ihren Vortrag gut strukturieren,
- eine anspruchsvolle Sprache (Wörter, Strukturen) verwenden und
- Ihre persönliche Einstellung zum Thema klar machen.

Modul Sprechen, Teil 2

Dauer: 5 Minuten

Interaktion

Wählen Sie aus den beiden Themen **ein Thema** aus.

Thema 1: Alternative Behandlungsmethoden

Sie sind zum genannten Thema zu einer Diskussion eingeladen und gehen mit Ihrer Gesprächspartnerin/Ihrem Gesprächspartner der Frage nach, was für oder gegen alternative Behandlungsmethoden spricht.

Pro

> In der Alternativmedizin steht eine ganzheitliche Behandlung im Vordergrund.

Contra

> Die Wirksamkeit vieler Alternativmethoden ist wissenschaftlich nicht bewiesen.

Thema 2: Fremdsprachenkenntnisse

Sie sind zum genannten Thema zu einer Diskussion eingeladen und gehen mit Ihrer Gesprächspartnerin/Ihrem Gesprächspartner der Frage nach, wie wichtig Fremdsprachenkenntnisse vor allem im beruflichen Umfeld sind.

Pro

> Im Zeitalter der Globalisierung sind Fremdsprachenkenntnisse unabdingbar.

Contra

> Wichtig ist die fachliche Kompetenz. Um sprachliche Hindernisse zu überwinden, gibt es Übersetzer.

Zum Ablauf der Diskussion:

- Vertreten Sie Ihre Meinung und geben Sie Beispiele.
- Gehen Sie auf die Argumente Ihrer Gesprächspartnerin/Ihres Gesprächspartners ein.
- Versuchen Sie, Ihre Gesprächspartnerin/Ihren Gesprächspartner von Ihren Argumenten zu überzeugen.

Lösungen und Kommentare: Übungsteil

Modul Lesen, Teil 1

Lösungsweg 1
4. Bearbeitungsschritt   S. 14/15
Ü 3   1b (Z. 17/18), 2c (Z. 21/24), 3a (Z. 29/31), 4d (Z. 42/43), 5d (Z. 54/55), 6a (Z. 64), 7b (Z. 69), 8d (Z. 82/85), 9c (Z. 86/89), 10a (Z. 94/97)

Lösungsweg 2
1. Bearbeitungsschritt
Gesamtaussage   S. 16/17
Dass und wie Lesekompetenz erworben wird, ist für die Bildung des Einzelnen und die Entwicklung der Persönlichkeit äußerst wichtig.

2. Bearbeitungsschritt
Kernaussagen in den sieben Absätzen: S. 18
Absatz 1: Lesefähigkeit bedeutet Bildung im weitesten Sinne.
Absatz 2: Der Erwerb von Lesekompetenz durchzieht die ganze Schullaufbahn, wobei die literarische Kompetenz eine besondere, die Entwicklung junger Menschen fördernde Stellung einnimmt.
Absatz 3: Die ästhetische Kompetenz, zu der das Lesen von Literatur zählt, ist für die Entwicklung der Persönlichkeit ganz wesentlich.
Absatz 4: An Lesen von Literatur muss früh herangeführt werden und es weist erstaunliche Vorteile für Kinder auf.
Absatz 5: Beschäftigung mit Literatur ist eine aktive Auseinandersetzung mit dem Selbst.
Absatz 6: Zahlreiche Bildungsinstitutionen bieten ein vielfältiges Programm einer motivierenden Literaturvermittlung an.
Absatz 7: Literaturvermittlung darf sich nicht durch den modernen Markt dazu verführen lassen, nur auf den Profit zu schauen, sie soll dagegen den Leser zum mündigen Bürger heranziehen.

4. Bearbeitungsschritt   S. 18/20
Ü5   1a (Z. 15/16), 2b (Z. 26/27), 3a (Z. 41/48), 4a (Z. 50/51), 5a (Z. 56/61), 6d (Z. 64/66) 7b (Z. 67/69), 8a (Z. 69/70), 9c (Z. 79/81), 10d (Z. 93/98)

So sehen die Prüfungsseiten aus   S. 21/23
1d (Z. 35/38), 2b (Z. 61/65), 3 b (Z. 63/70), 4d (Z. 86/89), 5b (Z. 97/102), 6c (Z. 116/121), 7c (Z. 139/142), 8b (Z. 149/153), 9a (Z. 156/161), 10c (Z. 164/174)

Modul Lesen, Teil 2

Aufgabe 1   S. 25
1. Bearbeitungsschritt
Ü 3   Im Text geht es um eine Studie, laut der schon Grundschüler unter Stress leiden.
3. Bearbeitungsschritt
Aufgabe 3
Ü 3   11E, 12A, 13H, 14B, 15F, 16G

Aufgabe 4   S. 28
1. Bearbeitungsschritt
Ü 1   Im Text geht es darum, dass der Mensch auf neue Phänomene stets nach einem bestimmten Schema reagiert.
3. Bearbeitungsschritt
Ü 3   11H, 12A, 13E, 14G, 15B, 16D

Prüfungsbeispiel   S. 32/33
11B, 12E, 13A, 14G, 15D, 16C

Modul Lesen, Teil 3

Lösungsweg 1
Aufgabe 1   S. 35
Ü2   Freundschaft zwischen Männern

Aufgabe 2   S. 36
Bezüge: a) Ereignissen, b) Hochwasser, c) Hochwasser, d) „Es hatte … überfordert." e) Ort/Nachbargemeinschaften, f) Sabine, g) „wo… am Fluss standen.", h) „Feuerwehr schritt … ein, wo … standen.", i) Peter, j) Peter, k) Freiwillige, l) versuchten … schützen." m) Sabine und Peter, n) Sabine und Peter

So geht´s
Aufgabe 3   S. 38
Ü2   Schlüsselwörter: Qualität der Freundschaft, verändert / über Schwächen reden
Textbezüge: Etwas, gerade / Etwa

Aufgabe 4   S. 39/41
Ü4   „Es gibt inzwischen" weist auf Veränderungen hin. Es geht im Textabschnitt D um die „Qualität von Männerfreundschaften": An „Bedürfnisse, die als weiblich galten" schließt sich „Etwa, über Schwächen … zu reden" gut an.
Ü5   17G, 18B, 19D, 20A, 21C, 22F; nicht: E

Lösungsweg 2
4. Bearbeitungsschritt   S. 43/45
Ü1   17C, 18G, 19F, 20E, 21B, 22D; nicht: A

Prüfungsbeispiel   S. 46/48
17D, 18G, 19F, 20E, 21A, 22C; nicht B

Modul Lesen, Teil 4

2. Bearbeitungsschritt
Aufgabe 1 S. 50
Ü2 Tierschutzprojekte

Aufgabe 3 S. 51
Ü1 In Abhängigkeit vom Projekt, unterschiedliche Tiere
Ü2 C
Ü3 Je nach Projekt, verschiedenen Tieren S. 52
Ü4 0C, 23B, 24C, 25B, 26C, 27B, 28A, 29D, 30C

Aufgabe 4 S. 54/56
Ü1 23C, 24A, 25D, 26A, 27D, 28B, 29B, 30C

Prüfungsbeispiel S. 57/59
23D, 24A, 25B, 26C, 27C, 28A, 29D, 30B

Modul Hören, Teil 1

Aufgabe 1.1.: psychische Störungen
Aufgabe 2.1.:

0.	Gerade bei schwächeren seelischen Erkrankungen dauert es oft Jahre, bis mit einer Behandlung begonnen wird.
1.	Oft leiden von psychischen Störungen betroffene Patienten auch an diversen körperlichen Beschwerden.
2.	Es ist äußerst wichtig, Warnsignale ernst zu nehmen.
3.	Tritt bei Bekannten oder Angehörigen ein verändertes Verhalten auf, sollte darauf verzichtet werden, dies direkt anzusprechen.

🎧 1 Aufgabe 3.1.: 1. ja, 2. ja, 3. nein
🎧 2 Aufgabe 4.1.: 4. ja, 5. ja, 6. nein
🎧 3 Prüfungsaufgabe: 1. ja, 2. nein, 3. ja, 4. ja, 5. nein, 6. ja, 7. ja, 8. ja, 9. nein, 10. ja, 11. ja, 12. nein, 13. nein, 14. ja, 15. nein

Bearbeitungsschritte:
1. Bearbeitungsschritt: Vor dem Hören → Thema erkennen
2. Bearbeitungsschritt: Vor dem Hören → Schlüsselwörter markieren
3. Bearbeitungsschritt: Während des Hörens → Die richtige Antwort finden
4. Bearbeitungsschritt: Nach dem Hören (des ganzen Moduls!) → Lösungen auf den Antwortbogen übertragen

Modul Hören, Teil 2

Aufgabe 1.2.: Einzelkinder und die Klischees zu diesem Thema
🎧 4 Aufgabe 3.1.

Teil 2

	Person 1	Person 2	beide
16	☐	☐	X
17	X	☐	☐
18	X	☐	☐
19	☐	☐	X
20	☐	X	☐

🎧 5 Aufgabe 4.1.

Teil 2

	Person 1	Person 2	beide
16	X	☐	☐
17	X	☐	☐
18	X	☐	☐
19	☐	X	☐
20	☐	☐	X

🎧 6 Prüfungsaufgabe

Teil 2

	Person 1	Person 2	beide
16	X	☐	☐
17	X	☐	☐
18	☐	X	☐
19	☐	☐	X
20	X	☐	☐

Modul Hören, Teil 3

Aufgabe 1.2. S. 75
Soziologin/Hausfrauen-Dasein
🎧 7 Aufgabe 2 S. 75
1. Arbeitsethik/Verhalten am Arbeitsplatz
2. Schönheitschirurg/ Schönheitsoperationen
3. Ernährungswissenschaftlerin/richtige Ernährung
🎧 8 21.a, 22.c, 23.b, 24.b, 25.a, 26.c, 27.a, 28.b, 29.c, 30.c S. 77
Aufgabe 7 S. 77
vom Evangelischen Entwicklungsdienst/Hilfe in Entwicklungsländern
Beispiel S. 78
mögliche Lösungen: Reiseverhalten/Ausbeutung im Tourismus/Umweltverschmutzung in Reiseländern o.Ä.
🎧 9 21 a 22 c 23 b 24 c 25 a 26 a 27 b 28 c 29 b 30 b S. 78
🎧 10 Prüfungsaufgabe S. 80
21 a 22 c 23 b 24 a 25 c 26 c 27 a 28 b 29 c 30 b

175

Lösungen und Kommentare: Übungsteil

Modul Schreiben, Teil 1

Aufgabe 1 S. 85
Ü2 Es geht um das Geld und seine Bedeutung für das Individuum und die Gesellschaft.

Aufgabe 2 S. 87
(3) verbreiteten: a) etwas ist **über** oder **in** etwas verbreitet = ausgestreut
b) **sich** verbreiten = (langsam) überall vorhanden sein; Form hier: Partizip II
(3) globalen: global = weltweit
(4) Entstehung: die Entstehung **von** etwas **aus** etwas = das Werden von etwas
(4) Wechsel: der Wechsel **von** etwas **zu** etwas = eine Änderung von etwas in etwas anderes
(5) verfügt: a) verfügen **über** = etwas besitzen, beliebig damit umgehen können b) etwas verfügen = anordnen
(5) hat: besitzen, erhalten, verspüren
(6) beteiligen: a) **sich** beteiligen **an** etwas = teilnehmen, mitwirken b) jemanden beteiligen **an** etwas = jemandem einen Anteil geben an etwas
(6) teilnehmen: **an** etwas teilnehmen = partizipieren an etwas, teilhaben an
(7) Änderung: a) eine Änderung **vornehmen, herbeiführen** = etwas ändern, erneuern, umgestalten
b) eine Änderung **tritt ein** = etwas ändert sich
(7) geändert: verändert, umgestaltet, erneuert ; Form hier: Partizip II
(8) Ansehen: a) (ein hohes) Ansehen **genießen** = Hochachtung, Wertschätzung genießen b) etwas **verleiht** jemandem Ansehen = etwas führt dazu, dass jemand ein hohes Ansehen bekommt c) **sich** Ansehen **verschaffen** = etwas tun, um zu Wertschätzung zu kommen d) **an** Ansehen **verlieren** = weniger Wertschätzung bekommen e) dem Ansehen nach urteilen = dem Äußeren nach urteilen f) ohne Ansehen der Person = ohne Berücksichtigung der Stellung einer Person
(8) angesehen: als angesehen gelten = Wertschätzung, Hochachtung erfahren. Form hier: Partizip II in der Funktion eines Adverbs
(9) führt: a) führen = leiten, lenken, ständig haben b) führen **zu** = ein Ergebnis haben
(9) entstehen: etwas entsteht (**aus** etwas) = verursachen, sich entwickeln, sich herleiten
(10) Maße: a) **in hohem** Maße = sehr, außerordentlich b) ohne Maß = grenzenlos c) ein hohes Maß **an** … = eine große Menge von
(10) ganz wesentlich: sehr, entscheidend

Aufgabe 3 S. 88
(3) globalen – (3) verbreiteten
„global" bedeutet „über die ganze Welt verbreitet"
(4) Entstehung – (4) Übergang
VORSICHT: Die Entstehung von x aus y ist der Übergang von y zu x!!
(5) verfügt – (5) hat
„über etwas verfügen" bedeutet „etwas haben"
(6) beteiligen – (6) teilnehmen
„sich an etwas beteiligen" bedeutet „an etwas teilnehmen"
(7) Änderung – (7) geändert
Eine „Änderung herbeiführen" bedeutet etwas ändern
(8) Ansehen – (8) angesehen
„Über Ansehen verfügen" bedeutet, als „angesehen" zu gelten
(9) führt – (9) entstehen
Etwas „führt zu" einer Situation bedeutet, dass die Situation „entsteht"
(10) Maße – (10) ganz wesentlich
„in hohem Maße" bedeutet „ganz wesentlich"

Aufgabe 4 S. 90
Umformung (3)
1. Arbeitsfrage: Im Zeitalter von **was für einem** Kapitalismus?
Antwort: Im Zeitalter des **globalen** Kapitalismus
2. Arbeitsfrage: In einem **wie verbreiteten** Kapitalismus?
Antwort: In einem **über die ganze Welt / weltweit** verbreiteten Kapitalismus
Umformung: Im Zeitalter des **über die ganze Welt / weltweit verbreiteten** Kapitalismus wird unser Leben … geprägt.
Umformung (4)
1. Arbeitsfrage: **Was für ein Übergang** vollzieht sich hier?
Antwort: der Übergang **von** der Naturalwirtschaft **hin zur** Güterwirtschaft
2. Arbeitsfrage: **Welche Entstehung** vollzieht sich hier?
Antwort: Die Entstehung der **Güterwirtschaft aus der Naturalwirtschaft**.
Umformung: Über das Medium Geld vollzog sich **die Entstehung der Güterwirtschaft aus der Naturalwirtschaft.**
Umformung (5)
1. Arbeitsfrage: **Wer** wird von der Gesellschaft ausgeschlossen?
Antwort: Wer kein Geld **hat**.
2. Arbeitsfrage: Wer **verfügt** hier **über** etwas – oder **nicht**?
Antwort: **Wer über** kein Geld **verfügt** oder…
Umformung: Wer **über** kein Geld **verfügt** oder keine Geldanlagen besitzt, wird von der Gesellschaft respektive dem System ausgeschlossen …
Umformung (6)
1. Arbeitsfrage: **Was** kann derjenige nicht?
Antwort: Er kann nicht **am** wirtschaftlichen Leben **teilnehmen**.
2. Arbeitsfrage: Wer **beteiligt sich** wor**an**?

Antwort: Er ... am wirtschaftlichen Leben.
Umformung: Er **kann sich** nicht am wirtschaftlichen Leben **beteiligen.**
Umformung (7)
1. Arbeitsfrage: **Wer** hat **woran** kaum etwas geändert?
Antwort: Die Wirtschaftskrise ... hat **hieran** kaum etwas geändert.
2. Arbeitsfrage: **Wer** hat eine Änderung **herbeigeführt?** / **Wodurch** ist eine Änderung **eingetreten?**
Antwort: Die Wirtschaftskrise ... hat hier **kaum eine** Änderung **herbeigeführt/hervorgebracht.**
Umformung: Auch die Wirtschaftskrise, durch die Armut dort, wo die Menschen massiv betroffen sind, ..., **hat** hier **kaum eine** Änderung **herbeigeführt/mit sich gebracht.**
Umformung (8)
1. Arbeitsfrage: **Als** was **gilt** der, der Geld hat?
Antwort: Er gilt **als** sozial **angesehen.**
2. Arbeitsfrage: Wer **genießt** ein Ansehen?
Antwort: .. wer Geld hat, **genießt** sozial**es** Ansehen
Umformung: Weiterhin zeigt sich das Wesen des Geldes als Prestigeobjekt, denn wer welches hat, **genießt** im weitesten Sinne **soziales Ansehen.**
Umformung (9)
1. Arbeitsfrage: **Wer** oder **was** entsteht?
Antwort: ... , so entstehen Vorurteile
2. Arbeitsfrage: **Was** führt wo**zu**?
Antwort: dies/das **führt zu** Vorurteilen
Umformung: Werden diese Eigenschaften auf ein ganzes Volk übertragen, so **führt dies/das zu** Vorurteil**en** wie **dem vom** sparsamen Schotten oder **dem vom** großzügigen Amerikaner.
Umformung (10)
1. Arbeitsfrage: **In welcher Weise** bestimmt Geld unser gesellschaftliches Miteinander?
Antwort: **ganz wesentlich**
2. Arbeitsfrage: In welcher Weise bestimmt also Geld unser gesellschaftliches Miteinander?
Antwort: **in hohem Maße**
Umformung: Geld ist also nicht nur Tausch- und Zahlungsmittel, es besitzt einen hohen Symbolcharakter und bestimmt **in hohem Maße** unser gesellschaftliches Miteinander.

Aufgabe 5   S. 93/95
1. Bearbeitungsschritt
In diesem Text geht es um die Liebesromanze im Film.

2. Bearbeitungsschritt
(2) „In ihrem Ablauf ..." (Modaladverbium) etwas läuft ab = etwas geschieht auf eine bestimmte Weise
(3) „... Zueinanderfinden, das den Höhepunkt ... darstellt" = bildet „etwas besteht in etwas" = ist etwas (hier nicht „bestehen aus" = ist Bestandteil, nicht „bestehen auf" = beharren auf)
(4) „... die Liebesromanze im Film" – Was für eine Liebesromanze? Eine verfilmte.
(5) „... das Zueinanderfinden (5) ausgedehnt abzuhandeln" (WIE abzuhandeln? Modaladverbium) – „in allen Einzelheiten" (fester Ausdruck)
(6) „... erfolgt ... nach wiederkehrenden Mustern" (nach was für Mustern? Partizip I in Attributsfunktion) Muster kehren wieder
(7) „Die Folge ist ... Darstellung" – darstellen als
(8) „Für die Geschichte spielt ..." – „Was ... betrifft ..."
(9) „... Filmromanze spiegelt ... nicht nur..." - „und"
(10) „... Ergebnis ihrer filmischen Aufarbeitung" (Genitiv!) – „etwas wird ... aufbereitet"

3. Bearbeitungsschritt
(2) „Der **Ablauf**" einer Handlung zeigt, wie sie **abläuft.**
(3) Das Zueinanderfinden **stellt** den Höhepunkt **dar**, das heißt, der Höhepunkt **besteht im** Zueinanderfinden.
(4) Etwas „**im Film**" ist etwas, das „**verfilmt**" wurde.
(5) Etwas „**ausgedehnt**" tun, heißt, es „**in allen Einzelheiten**" tun.
(6) „**wiederkehrende** Muster" sind Muster, „**die wiederkehren**".
(7) „dass Mann und Frau ... **dargestellt werden**" bedeutet...**Darstellung** von Mann und Frau.
(8) „**Für** die Geschichte spielt ... kaum eine Rolle" entspricht „Was die Geschichte **betrifft** ..."
(9) „**nicht nur ... sondern** (auch)" ist so viel wie „**und**".
(10) „**filmische Aufbereitung**" bezieht sich darauf, wie etwas filmisch **aufbereitet wird.**

4. Bearbeitungsschritt
(0) Erfundene Erzählungen, die eine Liebesgeschichte zum zentralen Thema haben, 0) ~~nennt~~ bezeichnet man **als** Liebesromanzen.
(1) Solche Geschichten in Form von Unterhaltungsliteratur ~~sind~~ erfreuen sich seit dem Ende des 19. Jahrhunderts sehr **(1)** ~~beliebt~~ **(sehr) großer Beliebtheit** und haben erst die Vorstellung von Romantik geprägt.
(2) **Darin, wie sie** ~~in ihrem~~ **(2)** ~~Ablauf~~ **ablaufen,** haben sich diese Handlungen bis heute wenig geändert.
(3) Die Entstehung und Entwicklung von Liebe zwischen Mann und Frau läuft auf das Zueinanderfinden hinaus, **worin / in dem** ~~das~~ meistens auch ~~den~~ **der** ersehnte~~n~~ Höhe- und Schlusspunkt des Romans oder des Films **(3)** ~~darstellt~~ **besteht.**
(4) In meinem Vortrag beziehe ich mich nun auf die **(4)** Liebesromanze, die **verfilmt** wurde **(4)** ~~im Film~~.
(5) Für den Filmaufbau sind in einer Einführung die Figuren von Mann und Frau und ihre Eigenschaften zu skizzieren, sodann das Kennenlernen, die Partnerwahlkriterien und das Zueinanderfinden **(5)** ~~ausgedehnt~~ **in allen Einzelheiten** abzuhandeln.
(6) Da die Geschlechterbeziehung in jeder Liebesromanze im Mittelpunkt steht, erfolgt in Spielfilmen nach **(6)** ~~wiederkehrenden~~ Mustern, **die wiederkehren,** eine notwendige Reduktion der Figurenzeichnung, eine sogenannte Reduktion der

Lösungen und Kommentare: Übungsteil

Komplexität.
(7) Die Folge ist **(7)**, ~~dass Mann und Frau klischeehaft dargestellt werden~~, **eine/die klischeehafte Darstellung von Mann und Frau,** wobei auch die kulturellen Muster dabei vor allem in den besonders erfolgreichen Filmen zunehmend nivelliert sind.
(8) **(8)** ~~Für~~ **Was** die Geschichte **betrifft,** so spielt der Ort der Handlung kaum noch eine Rolle.
(9) Die Filmromanze spiegelt **(9)** ~~nicht nur die Art der Geschlechterbeziehung zu der jeweiligen Zeit, sondern~~ **die Art der Geschlechterbeziehung zu der jeweiligen Zeit und** ist gleichzeitig Sozialisationsvorbild.
(10) Die gesellschaftliche Konstruktion von „Liebe" ist damit gleichzeitig Ausgangspunkt für Spielfilme und Ergebnis **(10) dessen, wie sie** ~~ihrer~~ **filmisch**~~en~~ ~~Aufbereitung~~ aufbereitet wird.

Prüfungsbeispiel S. 96
(1) Zum einen mag das **darauf** (1 Punkt) **zurückzuführen sein, dass** (1 Punkt) **sie unergründlich sind,** …
(2) und auf die mythologische Aufladung, **die** (1 Punkt) **daraus** (1 Punkt) **resultiert.**
(3) **Sie sind** (1 Punkt) **malerisches Beiwerk, Ort der Erholung, der Stille, der Träumerei, aber auch** ~~als~~ (1 Punkt) **Verursacher von Phobien.**
(4) ein Element, **auf das** (1 Punkt) **man nahezu nicht verzichten** (1 Punkt) **kann.**
(5) sondern **spielt** (1 Punkt) aktiv **in der** (1 Punkt) **Geschichte** (aktiv) **eine** (aktive) **Rolle,** …
(6) nicht möglich, ~~auf~~ (1 Punkt) **alle erdenklichen Aspekte der Walddarstellung zu behandeln** (1 Punkt).
(7) Romantik **dient** (1 Punkt) **der Wald als Mythenspeicher und Sehnsuchtsfantasie des städtischen Bürgertums** (1 Punkt).
(8) Immer schon **gibt es** (1 Punkt) **den** (1 Punkt) Wald
(9) **Das (heutige) Bild** (1 Punkt)**, das** (1 Punkt) **wir (heute) vom Wald haben,** …
(10) der **findet sich** (1 Punkt) **buchstäblich in der Gesellschaft und ihrer Kultur wieder** (1 Punkt).

Modul Sprechen, Teil 1

Aufgabe 1
Ü1 S. 115

Vorteile	Nachteile
überall und jederzeit erreichbar	Abhängigkeit
Mit Diensten wie Skype u.ä. lassen sich auch große Distanzen überbrücken, zudem sind sie kostengünstig, wenn nicht umsonst.	lenkt Aufmerksamkeit ab
Auch wenn man unterwegs ist, können wichtige Fragen geklärt werden.	Private Bereiche werden nicht mehr abgegrenzt.
mehrere Funktionen auf einmal erfüllt, z.B. E-Mail, Internet, Telefon	Stören anderer, z.B. Mobiltelefon im Restaurant
Alarmierungsmöglichkeit im Notfall, selbst in Abgeschiedenheit	Man vergeudet Zeit, durch langes Surfen im Internet, Überflutung durch elektronische Post, etc.
Elektronische Kommunikation dämmt Papierflut ein, zudem ist sie zeitnah.	Sicherheitsrisiken, Bluetooth-Verbindungen lassen sich aus der Nähe ausspionieren.

Ü2

Meiner Meinung nach …	Ich finde es …, dass / wenn …
Meines Erachtens …	Ich stehe auf dem Standpunkt, dass …
Ich glaube / meine / denke / bin davon überzeugt, dass …	Ich könnte mir vorstellen, dass …
Mir scheint, dass …	Ich bin sicher, dass …
Ich habe den Eindruck / das Gefühl, dass …	
Ich finde, dass …	

5. Bearbeitungsschritt S. 120
Prüfungsaufgabe 1

Vorteile	Nachteile
Hoher Benzinverbrauch wird eingedämmt.	Einschränkung der individuellen Freiheit
Unfallrisiko sinkt	Behinderung des Verkehrsflusses
Raser werden zu sozialem Fahren gezwungen.	Unterstützen des Fahrstils von Sonntagsfahrern
	Negative Einflüsse auf die Absatzchancen bestimmter Automobile

Prüfungsaufgabe 2

Vorteile einer Legalisierung	Nachteile einer Legalisierung
Beschaffungskriminalität sinkt.	Verharmlosung des Produkts
Der Cannabis-Konsum in den Niederlanden liegt unter demjenigen in Ländern, in denen der Konsum verboten ist.	Anzahl der drogenabhängigen Menschen könnte steigen.
Schwer kranke Menschen können ihre Leiden durch den Konsum von Cannabis verringern.	Durch den Wegfall der rechtlichen Grenze kann die Hemmschwelle zum Konsum sinken.
Steuern können gespart werden durch die Tatsache, dass Polizei und Gerichte entlastet würden und somit Ermittlungsverfahren, die viel Geld verschlingen, nicht mehr benötigt werden.	Durch die steigenden Kosten für Entzugstherapien werden die Gesundheitskosten insgesamt ebenfalls steigen.

Modul Sprechen, Teil 2

Aufgabe 1
Ü2 S. 123

Pro Märchen	Contra Märchen
zeitlos	Werte veraltet
Werte werden vermittelt	Werte wandeln sich
Das Gute siegt; das gibt Hoffnung	Schwarz-Weiß-Malerei: gut gegen schlecht; schön gegen hässlich usw.
machen Kindern Spaß	stereotypes Rollenbild
klare Botschaft	Gewalt

Aufgabe 2
Ü1

Redemittel zum Einstieg
Ich habe den Standpunkt ... gewählt und glaube, dass ...
Ich habe mich für das Pro-/Contraargument entschieden.
Meine Wahl ist auf das Argument ... gefallen, denn ich meine, ...

Redemittel zum Untermauern
Für mich steht fest ...
Ich bin sicher, dass ...
Ich bin der Überzeugung, dass ...
Es besteht für mich kein Zweifel, dass ...

Aufgabe 2
Ü2 S. 124

Redemittel zum Widersprechen
Ich kann Ihr Argument nachvollziehen, ich finde jedoch, dass ...
Ich teile Ihre Meinung nicht (ganz), denn ...
Leider teile ich Ihre Meinung nicht (ganz).
Dieser Aussage kann ich leider nicht zustimmen.
Damit bin ich nicht ganz einverstanden.

Aufgabe 3
Ü2 S. 125

Pro	Contra
Lebensqualität für Unfallopfer verbessern	Schönheitswahn
körperliche Beschwerden beheben	nicht älter werden wollen
neues Selbstbewusstsein	kein natürliches Erscheinungsbild
gestärktes Selbstwertgefühl	Komplikationen

Lösungen: Modelltest 1 und 2

Modelltest 1

Modul Lesen, Teil 1
1a (Z. 6/7), 2c (Z. 12/15), 3a (Z. 21/23), 4b (Z. 25/26), 5c (Z. 31), 6c (Z. 38/43), 7d (Z. 50/52), 8a (Z. 55/59), 9b (67/70), 10b (Z. 77/78),

Modul Lesen, Teil 2
11G, 12A, 13D, 14H, 15E, 16C, nicht: F und B

Modul Lesen, Teil 3
17C, 18G, 19B, 20F, 21E, 22A ; nicht: D

Modul Lesen, Teil 4
23D, 24A, 25C, 26A, 27B, 28C, 29B, 30D

Modul Hören, Teil 1
1 nein, 2 nein, 3 ja, 4 nein, 5 ja, 6 nein, 7 nein, 8 ja, 9 ja, 10 ja, 11 ja, 12 ja, 13 ja, 14 nein, 15 nein

Modul Hören, Teil 2
16 Pers. 2, 17 beide, 18 Pers. 2, 19 beide, 20 Pers. 1

Modul Hören, Teil 3
21c, 22a, 23c, 24b, 25b, 26a, 27a, 28c, 29b, 30a

Modul Schreiben, Teil 1
(0) Weil **es** (1P) ganz bestimm**te** gesellschaftlich**e** Entwicklungstendenzen gibt, (1P)
(1) wenn man **den** (1P) demographischen Wandel **berücksichtigt** (1P),
(2) muss bedacht werden, **dass** (1P) **das** (1P) Durchschnittsalter ansteigt,
(3) **muss** (1P) beachtet werden, **dass** (1P) auch die folgenden Generationen nicht vernachlässigt werden. / **müssen** auch die folgenden Generationen beachtet werden. (1P)
(4) **in** (1P) Hinblick **auf** (1P) die Lage und das Wohnumfeld
(5) Gelingt **es** (1P) **den Betroffenen** (1P)
(6) Einfluss **auf die** (1P) Lebensqualität der Bewohner **haben / ausüben** (1P)
(7) **in** (1P) hoh**em** (1P) Maße versucht
(8) **steht** (1P) zwar hauptsächlich **mit** (1P) der schrumpfenden Bevölkerungszahl in Zusammenhang / **steht** (1P) hauptsächlich in Zusammenhang **mit** (1P) der schrumpfenden Bevölkerungszahl
(9) **sollte** (1P) **man** (1P) auch klären / **ist** (1P) auch **zu** (1P) klären / **muss** (1P) **man** (1P) auch klären.
(10) all **diese** (1P) modern**en** (1P) Schwierigkeiten zu bewältigen / bewältigen zu können

Modelltest 2

Modul Lesen, Teil 1
1a (Z. 16/18), 2c (Z. 24/26), 3d (Z. 34/35), 4a (Z. 46/47), 5a (Z. 52/54), 6b (Z. 60/62), 7b (Z. 66/67) , 8c (Z. 76/77), 9d (Z. 83/84), 10c (Z. 88-93)

Modul Lesen, Teil 2
11B, 12E, 13D, 14F, 15H, 16C; nicht: A und G

Modul Lesen, Teil 3
17D, 18G, 19E, 20A, 21C, 22F ; nicht: B

Modul Lesen, Teil 4
23A, 24D, 25C, 26A, 27B, 28B, 29D, 30C

Modul Hören, Teil 1
1 ja, 2 nein, 3 nein, 4 nein, 5 ja, 6 nein, 7 ja, 8 ja, 9 nein, 10 nein, 11 nein, 12 ja, 13 nein, 14 ja, 15 nein

Modul Hören, Teil 2
16 beide, 17 Pers. 1, 18 Pers. 1, 19 beide, 20 Pers. 2

Modul Hören, Teil 3
21a, 22b, 23a, 24c, 25b, 26c, 27a, 28c, 29b, 30a

Modul Schreiben, Teil 1
(0) dadurch gekennzeichnet ist, **dass** (1P) eine gegenseitige Abhängigkeit **besteht** (1P) / **dass** (1P) sie voneinander **abhängig sind / abhängen** (1P)
(1) **es** (1P) **zu** einer Dreiecksbeziehung kommt. (1P)
(2) **von** (1P) **der** (1P) anderen abhängig
(3) **haben** (1P) **die** (1P)Medien als Vermittler nötig
(4) **Zum** (1P) Erhalt ihr**er** politischen Macht (1P)
(5) Die Medien **können** (1P) **auf die** (1P) Informationen aus der Politik nicht verzichten
(6) ihr**e** (1P) öffentlich**e** Aufgabe erfüllen (1P)
(7) **auf** (1P) die verschieden**en** (1P) Massenmedien angewiesen
(8) Was **diese** (1P) drei gesellschaftlichen Gruppen **wollen, überschneidet** (1P) sich / Was die Anliegen dieser drei gesellschaftlichen Gruppen **betrifft/ angeht** (1P), so **überschneiden** (1P) sich diese.
(9) ein**e** (1P) genau**e** (1P) Einschätzung schwirig ist / **es** (1P) schwierig ist, eine genaue Einschätzung **zu treffen** (1P)
(10) **nicht** (1P) **zu** (1P) vernachlässigende Frage

Transkription der Hörtexte des Übungsteils

1 Hörtext 1: Psychische Erkrankungen

Radiosprecher: "Psychische Erkrankungen werden in Deutschland zu spät behandelt." Das sagt der Vorsitzende des Aktionsbündnisses ‚Seelische Gesundheit', Wolfgang Gaebel. Der Psychiater geht von Millionen psychisch Kranken in Deutschland aus, die unerkannt und unbehandelt leiden. So suchten Angsterkrankte im Durchschnitt erst nach sieben Jahren professionelle Hilfe. Auch bei einer der schwersten seelischen Erkrankung, der Schizophrenie, vergehen oft Jahre vom Auftreten der ersten Symptome bis zum Behandlungsbeginn. Dabei seien psychische Leiden – ebenso wie körperliche – umso schwieriger zu therapieren, je länger sie schon bestehen, sagt Gaebel. Experten gehen davon aus, dass aktuell jeder Zehnte in Deutschland an einer behandlungsbedürftigen psychischen Störung leidet. Am häufigsten treten Angsterkrankungen oder Alkoholstörungen auf, gefolgt von Depressionen.
Ängste treten auf, oft kommen eine gedrückte Stimmung, Schlafprobleme und Nervosität hinzu. Vielfach klagen die Patienten über verschiedene körperliche Beschwerden, etwa unerklärliche Schmerzen oder Ohrgeräusche. Scham und Unwissen sind für die Betroffenen häufig ein Hindernis, frühzeitig Hilfe zu suchen. Gaebel appelliert, Warnsignale ernst zu nehmen.
Viele Menschen sind verunsichert, wie sie auf die psychische Auffälligkeit ihres Bekannten oder Angehörigen reagieren sollen. Jana Jünger, Dozentin für Arzt-Patienten-Kommunikation an der Universität Heidelberg, rät, das veränderte Verhalten in jedem Fall anzusprechen. Womöglich habe die Person selbst das Bedürfnis zu reden, traue sich aber nicht.
Unterstützung und hilfreiche Tipps für Verwandte, Freunde und Kollegen für den Umgang mit psychisch Erkrankten bietet das Beratungstelefon SeeleFon des Bundesverbands der Angehörigen psychisch Kranker.

2 Hörtext 2: Audiodeskriptionen

Radiosprecher: Uta-Maria Torp spricht immer dann, wenn alle still sein sollen. Wenn auf der Bühne alle Sätze gesagt sind und nur noch die Gesten zählen, beginnt ihr Part. Ihre Zuhörer zählen auf sie - denn sie sind blind. Seit mehr als zehn Jahren arbeitet Torp für die Deutsche Hörfilm GmbH. Das gemeinnützige Unternehmen bereitet seit 1998 Filme, Theaterstücke, Ausstellungen oder Stadtführungen so auf, dass auch blinde und sehbehinderte Menschen sie nutzen können. Jedes Jahr werden in Deutschland rund 130 Filme mit Audiodeskriptionen nachvertont, rund 5000 Euro kostet jeweils die Produktion. Die Kosten tragen die öffentlich-rechtlichen Fernsehsender, Produktionsfirmen, Filmverleiher oder Spender wie die Deutsche Hörfilm GmbH. Zieht etwa ein Schauspieler eine Waffe, erfährt das ein blinder Zuhörer von Sprechern wie Torp - im Theater über Kopfhörer. Mimik, Gestik und wichtige Handlungen, all das wird in den Dialogpausen beschrieben. Wie, das entscheidet Susanne Linzer. Sie ist die Autorin der Beschreibungen. "Man lernt zuzuspitzen", sagt sie. "Man muss knapp und präzise sein. Das heißt aber nicht, dass die Beschreibung nicht poetisch sein kann." Sprachlich passe sie sich immer ein wenig dem Stil an, einen Actionfilm beschreibe sie anders als ein historisches Drama: "Man wählt automatisch andere Wörter." Bei einem Film spricht Torp den Text im Studio ein. Ohne dabei mitzuspielen, wie sie betont. Die Beschreibung müsse sich klar von den Dialogen im Film abgrenzen. "Es geht wirklich nur um die Information und nicht darum, dass ich mich dabei künstlerisch ausbreite." Ansonsten würde der Sprecher den Film verändern.

Hörtext 3: Beleidigungen in sozialen Netzwerken 3

Radiosprecher: Im Internet ungeniert über Vorgesetzte oder Arbeitskollegen zu lästern, ist keine gute Idee. Das kann Angestellte den Arbeitsplatz kosten. In einem Fall hatte ein Arbeitnehmer im Einzelhandel Kollegen auf Facebook unter anderem als "Speckrolle" und „Klugscheißer" bezeichnet. Für eine fristlose Kündigung reiche das im Prinzip aus, entschied das Arbeitsgericht Duisburg. Wer gegen arbeitsrechtliche Pflichten verstößt, wird normalerweise zunächst abgemahnt; ein sofortiger Rauswurf ist nur in Ausnahmefällen möglich. Bei dem Angestellten, der auf seiner Facebook-Seite über Kollegen schimpfte, hielten die Duisburger Richter die Entlassung für gerechtfertigt. Nur wegen besonderer Umstände kam er trotzdem mit einem blauen Auge davon. Nach Auffassung des Gerichts greift eine grobe Beleidigung bei Facebook stärker als eine Äußerung im Gespräch in die Rechte der Kollegen ein, weil sie bis zur Löschung immer wieder nachgelesen werden kann. Oft unterscheiden Arbeitsgerichte zwischen öffentlichen Einträgen und nur für Freunde zugänglichen Profilen. Im genannten Fall aber zählten so viele Arbeitskollegen zu den Facebook-Freunden, dass die Beleidigungen schnell die Runde machten - bis hin zum Arbeitgeber, der den Angestellten feuerte. Trotzdem werteten die Richter die Kündigung als unwirksam. Sie hielten dem Mitarbeiter zugute, er habe vor seinem Kommentar erfahren, dass Kollegen ihn beim Chef angeschwärzt hatten - und zwar zu Unrecht. Daher habe er im Affekt gehandelt und die Arbeitskollegen zudem nicht namentlich beleidigt, so dass sie im Facebook-Kommentar „nicht ohne weiteres identifizierbar waren".

Geschlechterspezifische Kommunikation

Radiosprecherin: Wir müssen mal reden. Über Männer und Frauen. Im Beruf treffen sie sich täglich. Weltliteratur, Lebens- und Büroerfahrung zeigen: Das kann Probleme geben.
Natürlich denken und reagieren nicht alle Männer gleich, so wenig wie Frauen. Aber die kommunikative Grundausstattung macht einen Unterschied. Erst recht bei der Arbeit. Frauen sprechen oft ausführlicher und leiser, sie sind indirekter und konsensorientierter, scheuen auch vor Privatem nicht zurück. Das hat für Männer im Berufsleben kaum Platz. Sie formulieren sachlicher und geradliniger, neigen zur Vereinfachung - und wirken dabei auf Kolleginnen oft ruppig.
Als "Tipp von Frau zu Frau" rät die Kommunikationsberaterin

Transkriptionen

Claudia E. Enkelmann, „es einem Mann nicht krummzunehmen, wenn ihm das Höflichkeitsmodul fehlt". Weiter sagt Enkelmann: „Seien Sie direkt, damit Ihre Umgebung Sie verstehen kann und Ihnen schnellstmöglich geholfen wird. Sie versuchen ja auch nicht, auf Japanisch um Hilfe zu rufen, wenn Sie an einem italienischen Strand in Gefahr sind zu ertrinken."
Da ist was dran. Im Büroalltag muss eine Angestellte wissen, wie das, was sie sagt, beim Kollegen ankommt. Umgekehrt kann ein Mann weder ein Team mit Frauen führen noch mit einer Chefin zurechtkommen, wenn er keine Ahnung hat, wie Mitarbeiterinnen kommunizieren.

Welttag des Stotterns
Radiosprecher: „Lasst uns bitte ausreden." Diesen Appell richtet das Institut der Kasseler Stottertherapie zum „Weltstottertag" an jeden, der einem Stotterer begegnet. „Nehmen Sie stotternde Menschen als Gesprächspartner ernst, hören Sie ruhig zu, lassen Sie uns ausreden und halten Sie aufmerksam Blickkontakt. Auch die weiche, gebundene Sprechtechnik, die Stotterer flüssig reden lässt, erfordert von den Mitmenschen etwas Geduld und Gewöhnung beim Zuhören", sagt der Leiter des Instituts der Kasseler Stottertherapie, Alexander Wolff von Gudenberg, zum Stottertag.
Von Gudenberg ist Facharzt für Allgemeinmedizin, Stimm- und Sprachstörungen und selbst seit seiner Kindheit Stotterer. Es gebe in Deutschland etwa 800.000 Stotterer, die unter einem verkrampften und herabsetzenden Umgang mit ihnen litten. Das müsse sich ändern, sagt von Gudenberg. Stottern habe nichts mit Dummheit oder neurotischen Störungen zu tun, sondern sei eine organisch verursachte, vererbbare Sprechbehinderung. Stotternde Menschen seien schon gar keine Witzfiguren.
Von Gudenberg fordert Anstand im Umgang mit Stotterern. Niemand solle seinem Gesprächspartner ins Wort fallen oder ihn mitten im Satz unterbrechen. Das sei eigentlich selbstverständlich und gehöre zu einem höflichen und respektvollen Miteinander. Doch im Umgang mit stotternden Menschen scheine dieses ungeschriebene Gesetz außer Kraft gesetzt. Zahlreiche Menschen reagierten auf Stotterer, indem sie einfach für sie weitersprechen, ihnen die Wortfindung abnehmen, ungeduldig Sätze vervollständigen und möglichst auf Blickkontakt verzichten. Hinter solchen Reaktionen stecke meist kein böser Wille. Die Gesprächspartner fühlten sich angesichts des Stotterers vielmehr hilflos, verunsichert und peinlich berührt. Aber Stotterer empfänden dieses Verhalten als entmündigend und demütigend, sagt der Arzt und Stotterer von Gudenberg. Eine andere - nicht minder entwürdigende - Reaktion der Umwelt sei die mitleidsvolle Überbehütung. Gesprächspartner nähmen dann den Stotterer an die Hand und sprächen plötzlich ganz laut und in einfachen Sätzen, als sei ihr Gegenüber geistig eingeschränkt.

Eine deutsche Imbissbude in Wien
Radiosprecher: An seine erste Currywurst in Wien kann sich Andreas Scheuer noch genau erinnern. Zunächst war der Berliner begeistert, als er nur wenige Tage nach dem Umzug nach Österreich das Angebot eines Würstelstandes im ersten Bezirk inspizierte. „ Nicht schlecht!", dachte er, als er dort auch eine Currywurst angeboten sah, und orderte seine Lieblingswurst. Doch was dann auf dem Pappteller lag, bezeichnet er heute, vier Jahre danach, als Schock: eine grobe Bratwurst mit Senf, Currypulver und einer Scheibe Graubrot.
Nach zwei Bissen kapitulierte Scheuer. Auf sein Ansinnen, eine echte deutsche Currywurst herzustellen, reagierte man hier mit Achselzucken und dort mit Gelächter, bis er beim Wursthersteller Trünkel Glück hatte. Gemeinsam mit dem Familienunternehmen tüftelte er eine Currywurst für seinen Imbiss aus. Das Team kostete sich durch die Wurstsorten. „Als Berliner mit jahrelanger Currywurst-Erfahrung weiß ich einfach, wie so ein Produkt aussehen, riechen und schmecken muss."
Scheuer sammelte Curry-, Chili- und Paprikasorten auf dem Wiener Naschmarkt und verbrachte die Abende mit dem Einkochen von Tomaten, Wasser, Zucker und Gewürzen. Am Ende hatte er drei Currysaucen, die nach der Herkunft ihrer Rezepte benannt sind: Berlin, Bochum und Sylt. Drei Tage vor der Eröffnung hatte er endlich auch den ironischen Namen für seine Imbissbude, nach dem er gesucht hatte: „Wurstbotschaft".
Die Saucen kann der Kunde vorher in Probierschälchen aussuchen. Männer bevorzugen „Berlin" mit viel Curry, Frauen „Sylt" mit eingekochten Essiggurken und Zwiebeln. Die Kunden schätzen neben der Qualität auch den zwanglosen Ton am Tresen. Vom Partyvolk, das nachts auf dem Weg in die Beachclubs ist, bis zum Banker, der seine Mittagspause am Kanal verbringt - alle schauen sie bei Andreas Scheuer auf eine echte deutsche Currywurst vorbei.

Biber
Radiosprecherin: Ein Biber hat unzählige Nutzen, vor allem, wenn er tot ist. Zumindest in der Vergangenheit hat das die Menschheit scheinbar so gesehen. Dem Bibergeil – einem Drüsensekret des Bibers – wurde eine heilende Wirkung zugeschrieben. Bis ins 19. Jahrhundert verkauften Apotheken diesen Stoff gegen Gebrechen verschiedener Art. Aus Biberpelz ließen sich warme Mützen und Mäntel nähen, und in der Fastenzeit wurde der pelzige Landschaftsarchitekt gern als Fleischersatz verspeist, weil die Kirche den Wasserbewohner nicht als Säugetier anerkannte. Da der Biber ab und an auch noch für Überschwemmungen von landwirtschaftlichen Nutzflächen sorgte, ist seine starke Verfolgung kein Wunder. 1867 starb er in Bayern aus und drohte aus ganz Deutschland zu verschwinden. Auch die Umgestaltung der Landschaften im Laufe der letzten Jahrhunderte trug zum Lebensraumverlust bei – und dezimierte die Biberpopulation zusätzlich.
Zurzeit leben etwa 14 000 Biber in Bayern: „Sie wurden hier wieder angesiedelt, weil man der Überzeugung ist, dass sie in diese Landschaft gehören", erklärt der Biberberater Schwemmer. Der Biber ist ein Landschaftsbauer. Dort wo er lebt, tummeln sich viele verschiedene Pflanzen- und Tierarten, denn er baut Dämme und schafft so Stillgewässerzonen. Die rote Liste der bedrohten Tierarten wird in Deutschland immer länger. Viele Tiere verlieren ihre Lebensräume. Daher sei der Biber wichtig, denn er schaffe benötigte Rückzugsräume für andere Tiere, sagt

Schwemmer.

Trotzdem gibt es Konflikte mit den pelzigen Nagern. In Teichwirtschaften kann es passieren, dass sie Löcher in Dämme fressen, Wasser abfließt und Fische verloren gehen. Zudem kann der Biber mit seinen Dammbauaktivitäten Überschwemmungen landwirtschaftlicher Flächen herbeiführen oder Abflüsse von Kläranlagen aufstauen. Die Biber unterliegen zwar der Naturschutzgesetzgebung. In bestimmten Fällen dürfen sie aber wieder gefangen oder geschossen werden, etwa wenn sie Straßen untergraben oder erhebliche Schäden durch häufige Überschwemmungen anrichten.

4 🎧 Hörtext 4: Einzelkinder

(Noah: N, Antonia: A)

N: Du Antonia, du bist doch ein Einzelkind.
A: Ja, aber das ist ja nichts Neues. Warum fragst du?
N: Ich habe gestern einen Bericht über die Klischees bezüglich Einzelkinder gelesen.
A: Na, dann lass mal hören.
N: Ein häufiges Klischee ist zum Beispiel, dass Einzelkinder altkluge Schlaumeier oder verwöhnte Prinzessinnen sind.
A: Ja, ja. Das Märchen vom naseweisen Bengel. Das kenne ich. Das wird meist gleich als erstes angebracht. Ich sehe das allerdings nicht so. Meine Eltern haben mir zum Beispiel viel Kontakt mit Gleichaltrigen ermöglicht. Da ist das alte Klischee schnell widerlegt.
N: Das ist klar. Du bist ja nicht wirklich ein Paradebeispiel für ein typisches Einzelkind. Aber das Klischee hat doch schon etwas Wahres. Den naseweisen Bengel, wie du es bezeichnest, gibt es unter den Einzelkindern doch schon.
A: Na, aber ist das ein Phänomen, das nur auf Einzelkinder zutrifft? Denk doch nur einmal an deinen Bruder Simon …
Ohne ihm zu nahe treten zu wollen, er ist doch das perfekte Beispiel eines altklugen Schlaumeiers und trotzdem kein Einzelkind.
N: Da hast du Recht. Ich denke, es lässt sich nicht so allgemein sagen. Es ist wohl eher eine Frage der individuellen Persönlichkeit als der Tatsache, ob jemand Geschwister hat oder nicht.
A: Meine Rede! Genauso oft wird behauptet, dass auf Einzelkindern oft das Gefühl des Alleinseins und ein hoher Erwartungsdruck lasten, weil Eltern ihre eigenen Wünsche und Sehnsüchte auf die Kinder projizieren.
N: Ganz genau. Das kam im Bericht auch zur Sprache. Im gleichen Zusammenhang wurde auch das Überhäufen mit Geschenken erwähnt, was zur Folge hat, dass Einzelkinder verwöhnt, erwachsenenorientiert und egoistisch sein sollen. Ebenfalls gängige Klischees. – Vielleicht mit einer Ausnahme …
A: Und die wäre?
N: Das mit dem Erwartungsdruck, denke ich, hat schon etwas für sich. Denn bei mehreren Geschwistern verteilt sich der automatisch auf mehrere Kinder.
A: Ich weiß nicht. Ich denke, dass es von der Erwartungshaltung der Eltern abhängig ist. Eltern mit zwei oder mehr Kindern können einen stärkeren Druck auf eines oder mehrere ihrer Kinder ausüben als Eltern mit nur einem Kind. Für mich hängt es mehr davon ab, wie die Eltern mit ihrer Erwartungshaltung umgehen, als wie viele Kinder sie haben. Etwas stimmt jedoch schon in Bezug auf Einzelkinder. Da wir ohne Geschwister aufwachsen, fehlt uns die Auseinandersetzung mit Gleichaltrigen innerhalb der Familie.
N: Dafür hattest du mich ja bereits im Kindergarten!
A: Genau, dafür gibt es auch Nachbarskinder oder Kinder von Freunden und Verwandten.
N: Was ich mir vorstellen könnte, ist, dass einem als Einzelkind manchmal aber ein Verbündeter gegen die Eltern fehlt.
A: Das ist schon so. Als echten Nachteil empfand ich es aber nicht. Dafür hatte ich ja meinen Kater, bei dem habe ich mich dann beschwert. Das hatte auch den großen Vorteil, dass er mir nie widersprochen hat.
N: Fazit ist also, dass es typische Sachen bezüglich Einzelkinder gibt, aber auch viele Klischees.
A: Ich würde es anders zusammenfassen. Die Eltern haben es in der Hand, und das unabhängig von der Kinderzahl. Der Erziehungsstil und die soziale Umgebung der Kinder haben entscheidenden Einfluss darauf, wie es den Kindern geht und wie sie sich entwickeln.

Hörtext 5: Computer im Klassenzimmer 🎧 5

(Astrid: A, Peter: P)

A: Du Peter, während der gestrigen Lehrerkonferenz wurde heftig über Computer im Unterricht diskutiert. Dabei ging es auch um die Frage, ob Schulen das Computer-Zeitalter verschlafen. Was meinst du dazu?
P: Der Meinung bin ich nicht. Es gibt doch für fast alle Schüler Unterrichtseinheiten, in denen sie lernen, mit dem Computer umzugehen.
A: Schon, ich bin aber trotzdem anderer Meinung. Denn oft werden die vielen technischen Möglichkeiten gar nicht in Betracht gezogen. Zudem geht es doch schließlich nicht nur darum, einfach die Tasten bedienen zu können, sondern um moderne Wissensvermittlung und völlig neue Formen des Unterrichts.
P: Zum Beispiel?
A: Na, wenn es zum Beispiel darum geht, den Zerfall einer chemischen Verbindung zu erklären oder das Innere eines Vulkans plastisch zu machen, dann ist mit spezieller Software ein kindgerechtes, leichteres und effektiveres Lernen möglich.
P: Das klingt ja alles schön und gut. Aber wie soll das denn im Unterricht funktionieren?
A: Schüler können zum Beispiel nicht nur im Klassenzimmer, sondern auch zu Hause lernen. Zudem können mit den neuen Programmen verschiedene Sinne aktiviert werden, über Schrift, Bild, Ton und Film.
P: Mmh. Ich sehe das schon ein bisschen anders. Viele Schüler sitzen doch schon zu Hause dauernd nur noch vor dem Computer oder spielen konstant auf einem dieser kleinen Dinger rum, statt mal richtig draußen herum zu toben. Dann starren die Kinder auch noch den ganzen Tag in der Schule stumm auf den Bildschirm. Warum nicht einfach ein Buch zur Hand

Transkriptionen

nehmen?

A: Das eine schließt doch das andere nicht aus. Unsere Aufgabe als Pädagogen ist es, zu vermeiden, dass die Kinder ohne jegliche Interaktion nur auf den Bildschirm starren, sondern interaktiv arbeiten. Ich habe schon selbst Projekte gesehen, in denen die Schüler miteinander reden, sich helfen, sehr aktiv sind, während sie vor dem Rechner sitzen. Ich habe ein Sachkundeprojekt in meiner Klasse durchgeführt. Dabei haben wir neben Büchern auch PCs eingesetzt und uns dann sogar mit einer anderen Klasse in Schweden dazu ausgetauscht. Die Mädchen und Jungen in meiner Klasse waren hellauf begeistert – und die Eltern auch. Denn auch sie haben beobachtet, dass sich die Kinder mit mehr Spaß aufs Lernen gestürzt haben.

P: Zwar bin ich kein so großer Fan von Computern überall, aber das ist mir auch schon aufgefallen. Zudem ist der Computer ja nur ein zusätzliches Werkzeug im Unterricht. Er sollte eben auch bei faulen Lehrern kein Ersatz für den Pädagogen sein.

6 Hörtext 6: Tierbesuche in Altenheimen

Mia: Du Malte, ich habe gehört, dass sich Tierbesuche positiv auf Bewohner in Altenheimen auswirken können. Weißt du etwas darüber?

Malte: Ja, das stimmt. Tiere werden in unterschiedlichen Bereichen zur Behandlung eingesetzt, zum Beispiel bei der Behandlung von Behinderten. Oder eben auch in Altenheimen. Wenn Senioren ins Altenheim ziehen, ist das ja nicht immer so ganz freiwillig. Manche werden regelrecht abgeschoben, aber selbst wenn der Einzug freiwillig ist, so ist es doch oft eine große Umstellung und das führt oft zu Depressionen.

Mia: Und da helfen dann die Tiere?

Malte: Kurz gesagt, ja. Ich habe zum Beispiel eine über Achtzigjährige erlebt, die sich völlig zurückgezogen hatte, mit keinem sprach und auch keinen Besuch empfangen wollte. Eine Hündin, ich glaube es war ein Golden Retriever, brachte sie in kürzester Zeit zum Lächeln. Eine ähnliche Geschichte hat mir auch meine Oma erzählt. Bei einer ihrer Freundinnen war es auch so. Sie ist sehr von der Wirksamkeit der Tiereinsätze überzeugt. Ich übrigens auch.

Mia: Unglaublich. Ich hatte ja keine Ahnung, was es für Möglichkeiten gibt und was die alles bewirken können. Toll, dass es Leute gibt, die solche Besuche organisieren. Stell dir mal vor, jeder hätte sein eigenes Tier im Altersheim. Da gäbe es sicher viel Lärm und viel zu putzen.

Malte: Es braucht ja nicht gleich jeder sein eigenes Haustier. Es gibt auch Seniorenzentren, die selbst Tiere halten, zum Beispiel eine Hauskatze. Manche Institutionen erlauben es den Bewohnern auch, ihre eigenen Tiere mitzubringen. Natürlich nur wenn keine medizinischen Gründe dagegen sprechen.

Mia: Na, dann gibt es ja immer noch den Goldfisch.

Malte: Ich bin zwar kein Fachmann auf dem Gebiet, aber ich glaube, ein Goldfisch erfüllt nicht die gleiche Aufgabe. Es sind vor allem Hunde und Katzen, die zum Einsatz kommen.

Mia: Das kann ich mir gut vorstellen. Man nennt den Hund ja nicht umsonst den besten Freund des Menschen. Ich denke gerade Hunde und Katzen können schon durch ihre bloße Anwesenheit die Stimmung aufhellen.

Malte: Die Tiere regen zu Aktivität an und regeln den Tagesablauf. Unabhängig von der momentanen Stimmung und Befindlichkeit, müssen die mit dem Tier verbundenen Pflichten wahrgenommen werden.

Mia: Genau. Diese Verantwortung gibt Stabilität und Struktur.

Malte: Und es ist jemand da, der einen braucht. Man fühlt sich nicht mehr so allein.

Hörtext 7 Hörübung - Erkennen des Themas
(Ansage: A)

A: Sie hören ein Interview mit dem Arbeitsethiker Friedrich Scheumann. Kreuzen Sie bei den Aufgaben 21-30 die richtige Lösung an (a, b oder c). Es gibt nur **eine** richtige Lösung. Sie hören das Gespräch **zweimal.**

A: Sie hören ein Interview mit der Professorin für Schönheitschirurgie Sabine Schneider. Kreuzen Sie bei den Aufgaben 21-30 die richtige Lösung an (a, b oder c). Es gibt nur **eine** richtige Lösung. Sie hören das Gespräch **zweimal.**

A: Sie hören ein Interview mit der Ernährungswissenschaftlerin Gundula Mang. Kreuzen Sie bei den Aufgaben 21-30 die richtige Lösung an (a, b oder c). Es gibt nur **eine** richtige Lösung. Sie hören das Gespräch **zweimal.**

Hörtext 8: Interview mit der Soziologin Elisabeth Henrich
(Interviewer: I, Elisabeth Henrich: H)

I: Frau Professor Henrich, Sie lehren in Berlin „Gender Studies", also Geschlechterforschung, und befassen sich besonders mit der Rolle der Hausfrau. Sagen Sie, ist dieses Thema heute überhaupt noch von Interesse?

H: Ja, natürlich ist es das! Es ist doch völlig verfehlt, die Hausfrau als einen Anachronismus zu betrachten, möglicherweise noch als einen Zustand, der gesellschaftlich unbedingt überwunden werden muss. Heute ist das Hausfrauendasein eher eine frei gewählte weibliche Lebensform unter vielen …

I: Entschuldigung, da muss ich Sie unterbrechen. Was Sie hier zeichnen, ist doch nicht das Bild der Realität! Der Wandel hat sich doch nicht von der Hausfrauenrolle zur Vollerwerbstätigkeit, sondern eher zur Teilzeittätigkeit vollzogen. Die Frage ist doch aber: Wer wählt heute noch das Hausfrauen-Dasein als Lebensform?

H: Wissen Sie, es gibt durchaus moderne Frauen, die spätestens, wenn Kinder kommen, beschließen, Hausfrau zu werden - sofern ihre Männer genug verdienen. Für Kinder eine Zeit lang seinen Beruf aufzugeben: für einige immer noch selbstverständlich, eine edle Frauenrolle und für manche auch ein guter Deal.

I: Na, ich glaube, eine „edle Frauenrolle" sehen nur wenige darin, oder?

184

H: Nein, es sind immer noch nicht wenige. Die Fähigkeit der Frau, für andere zu sorgen, wird durchaus als „edel" betrachtet. Man hat diese Fürsorglichkeit bei Frauen immer gern gesehen, und noch heute ist es ein Talent, für das eine Frau immerhin eine gewisse gesellschaftliche Anerkennung bekommt. Ein Mann leistet bezahlte Produktionsarbeit, sie unbezahlte Reproduktionsarbeit.

I: Ja, aber gerade von der Bezahlung hängt doch heutzutage die Anerkennung ab. Wer nichts verdient, ist abhängig. Lässt sich daran nichts ändern?

H: Einfacher ist es, davon auszugehen, dass Frauen Kindererziehung und Familienarbeit sowieso mehr Spaß machen. So ist es schließlich schon immer gewesen – neu ist nur, dass Frauen jetzt zusätzlich einen Teilzeitjob haben.

I: Dass es „immer schon so gewesen" sei, also die Norm, kann ja nun heute wohl nicht mehr gelten. Sie wollen es – wenn überhaupt - aus persönlichen und unterschiedlichen Gründen –, weil der Job keinen Spaß macht, weil manche Kinder mehr Aufmerksamkeit brauchen.

H: Da haben Sie recht, aber die Hausfrau ist auch heute nicht nur Individuum, sie verkörpert auch eine Idee. Sie erinnert daran, dass es einmal weibliche Pflicht war, so zu leben, und dass eine arbeitende Frau keine Selbstverständlichkeit ist, sondern eine historische Errungenschaft.

I: Aber ist die Frau heute insgesamt freier als zu Zeiten, in denen sie selbstverständlich Hausfrau war?

H: Nicht unbedingt. Die bürgerliche Hausfrau war über Jahrhunderte eine machtvolle Person. Sie herrschte über das Haus, also einen richtigen Betrieb. Sie war Wirtschafterin – Ökonomie bedeutet Haushalt. Ihr Lebensmittelpunkt war die Küche. Sie war Schneiderin, Wäscherin und Bäuerin. Sie war Krankenschwester der alten Eltern. Und sie war Lehrerin einer von ihr selbst geborenen kleinen Schulklasse. All die Aufgaben, die heute an den Kindergarten, die Schule, an das Kaufhaus, das Schnellrestaurant, das Altenheim und den Fernseher delegiert werden, lagen früher in der Verantwortung der Hausfrau. Sie war damit ... nun, sie war...

I: Ja, sie war damit das Zentrum einer Sippe. Aber Sie deuten ja schon an, was alles zum Wandel der Frauenrolle beigetragen hat. Hinzu kommt die Tatsache, dass der Frau heutzutage alle beruflichen Möglichkeiten offenstehen. Das ist ja noch nicht so lange so.

H: Ja, bis 1977 noch machte das Bürgerliche Gesetzbuch alle Frauen zu Hausfrauen. Immer weniger Frauen wollen heute Hausfrau sein. Laut amtlicher Statistik liegt der Anteil der »Nichterwerbspersonen im erwerbsfähigen Alter mit Einkünften durch Angehörige« an der weiblichen Bevölkerung bei 13,8 Prozent. 2001 waren es noch 19,6 Prozent.

I: „Mit Einkünften durch Angehörige" – also doch Frauen in Abhängigkeit. Kann denn der Staat überhaupt so etwas wollen?

H: Ja, doch, der Staat hat immer noch genaue Vorstellungen davon, wie eine Frau und wie ein Mann zu leben haben: Männer arbeiten, Frauen arbeiten ein bisschen, wenn es mit den Kindern gerade passt. Es gibt aus den letzten Jahren keine politische Entscheidung, die daran etwas Wesentliches ändert. Auch das Ehegattensplitting fördert nach wie vor ungleiche Einkommensverhältnisse in Ehen. Geht die steuerlich geförderte Hausfrauenehe auseinander, hat die Hausfrau allerdings Pech gehabt. Sie hat keinen Rechtsanspruch mehr auf Unterhalt. In den Augen des Gesetzgebers ist nur eine verheiratete Hausfrau eine gute Hausfrau.

H: Die Werbung ist da ein ganz interessantes Gebiet, denn sie spiegelt ja gesellschaftliche Entwicklungen. Nun, die Werbung hat zunächst mal keinen Namen für die Hausfrau. Die nicht berufstätige Frau als Hausfrau anzusprechen, ist unvorstellbar.
Es gilt als ein bisschen peinlich, Hausfrau zu sein. Und die Hausfrau verkörpert für viele die antifeministische, antiliberale Gesellschaft. Tausendfach karikiert, gilt sie als Spießerphänomen, eine Minderheit, über die alle Witze erlaubt sind.

I: Und daran lässt sich nichts ändern?

H: Tja, vielleicht brauchen wir jemanden, der diese Lebensform verteidigt, weil sie die Realität einer nicht unbeträchtlichen Zahl von Frauen im Land ist und weil es in einer pluralistischen Gesellschaft unterschiedliche Auffassungen vom richtigen Leben geben sollte. Auch für Frauen.

I: Und wer sollte dieser „Jemand" sein? Eine öffentliche Person?

H: Das ist gar nicht leicht. Dabei gibt es ja durchaus eine Gruppe von Frauen, die sich ganz bewusst – vielleicht auch nur zeitweise - für ein Leben als Hausfrau entscheiden.

I: Ohne eine Ausbildung zu haben?

H: Nein, man sollte Berufstätigkeit schon erlebt haben. Aber wenn man ein Leben voller Abwechslungen gelebt hat, kann es interessant erscheinen, die Rolle der Hausfrau auszuprobieren.

I: Ja, und es käme doch darauf an, was man daraus macht. Eine Hausfrau, die zwischen Spülmaschine und vollautomatischem Wäschetrockner im Eigenheim sitzt und auf ein einsames Kind aufpasst, ist bloß mehr ein Ausläufer jener großen Frauenrolle, die Sie vorhin beschrieben haben.

H: Hausfrau kann heute ein ganz und gar politisch nicht korrekter Lebensentwurf sein, ein Widerstand gegen alle Aufdringlichkeiten des Zeitgeists. Die bewusste Hausfrau ist eine Rebellin gegen die Zwänge des Marktes. Sie macht nicht mit beim großen Rattenrennen. Sie ist nicht immer mobil und erreichbar. Sie sitzt am Sandkasten und schaut den Kleinkindern beim Schaufeln zu. Sie hat, was Kinder zum Großwerden brauchen: Zeit. Zeit zum Spazierengehen, zum Plätzchenbacken, zum Basteln, zum Vorlesen. Sie ist eine Entschleunigungsfigur von einer fast philosophischen Dimension.

I: Die Hausfrau als Kämpferin im Widerstand??

H: Ja, doch. Eine Hausfrau aus Überzeugung ignoriert die ökonomische Forderung: »Wir haben Bildung in dich reingesteckt, jetzt musst du dich amortisieren.« Dabei liegt ihre Ausbildung nicht brach, sondern fließt in die Erziehung der Kinder, denen sie eine Gesprächspartnerin und ein Beistand bis zum Abitur sein kann.

I: Verstehe ich Sie jetzt richtig, dass Sie es befürworten, wenn eine Frau Hausfrau sein möchte?

Transkriptionen

H: Nun, ich selbst hätte mich für diesen Weg nicht entschieden. Es ist nicht unbedingt ein Spaß, Hausfrau zu sein. Ihre Arbeit wird eben nicht wertgeschätzt. Im Gegenteil, die Hausfrau wird, wie gesagt, öffentlich angefeindet und steht unter dem Druck, ihre eigene Biografie dauernd rechtfertigen zu müssen. Dabei arbeiten auch die Hausfrauen an der Zukunft der Gesellschaft. In aller Stille eben. Sie halten die Dinge zusammen und sorgen für eine Atmosphäre, in die man heimkehren kann.

I: Also müsste jeder Mann – wir haben noch gar nicht von den Männern gesprochen – glücklich sein, eine Hausfrau zu Hause zu haben …

H: Nein, unseren Untersuchungen nach, wollen die Männer – besonders wenn es finanziell eng wird, und das ist zunehmend der Fall - eine Frau haben, die zum Familieneinkommen zumindest beiträgt. Mit der alten Rolle des „Ernährers" fühlen viele sich überfordert.

I: Da hat sich dann doch einiges verändert, nicht wahr?

H: Das kann man sagen. Unsere Welt hat sich verändert. Und damit ändern sich auch die Rollen und die Beziehungen. Heute ist eine Partnerschaft eine Vereinbarung, diesen unberechenbaren Hindernisparcours unserer Zeit gemeinsam zu bewältigen. Zwei sind stärker als einer, der eine hält dem anderen den Rücken frei in unsicheren Zeiten – und ein paar Jahre später ist es vielleicht andersherum.

I: Gäbe es für Sie eine Idealvorstellung, was die Rollen betrifft?

H: Ja, schon. Am besten, davon bin ich überzeugt, wäre es, wenn in einer Partnerschaft beide Teilzeit arbeiten, vielleicht zusammen eineinhalb Stellen. Davon könnten die meisten gut leben – und weder müsste sich einer der Partner komplett aufgeben für seinen Job, noch müsste einer auf die gesellschaftliche Anerkennung verzichten.

I: Frau Professor Henrich, vielen Dank für das Gespräch.

9 **Hörtext 9: Interview mit Heinz Fuchs vom Evangelischen Entwicklungsdienst**

(Interviewerin: I, Heinz Fuchs: F)

I: Herr Fuchs, Sie haben die Informationsstelle „Tourism Watch" gegründet und setzen sich so für mehr Solidarität im Tourismusgeschäft ein. Weshalb halten Sie das für nötig?

F: Wer reist, sucht ein Paradies auf Zeit. Doch keine Sehnsucht ohne Schattenseiten: Ein einzelner Passagier etwa verursacht mit einem Flug auf die Bahamas so viel Kohlenstoffdioxid wie zwei Mittelklassewagen ein ganzes Jahr lang. Vor Ort schuften die Hotelangestellten oft für Hungerlöhne, für die Ferienanlage mussten vielleicht Bauern ihre Felder aufgeben.

I: Was macht für Sie eine gute Urlaubsreise aus?

F: Eine gute Urlaubsreise sollte unter fairen Bedingungen zustande kommen - fair vor allem für die Bevölkerung vor Ort. Das betrifft Arbeitsverträge und Löhne genauso wie den Umweltschutz: Wenn eine Ferienanlage mit schönen Schwimmanlagen und sattem Rasen glänzt, während ringsherum die Felder verdorren, läuft bei der Wasserverteilung gehörig etwas schief. Auch für den Küstenschutz, etwa für die Erhaltung seltener Korallenriffe oder anderer landschaftlicher Besonderheiten, muss gesorgt sein. Wünschenswert ist außerdem, dass der Reisende auch die Chance erhält, mit seinem Gastland und dessen Bewohnern zusammenzukommen - und damit meine ich nicht nur Begegnungen zwischen Hotelgast und Kellner oder Zimmermädchen, sondern Begegnungen auf Augenhöhe, von Mensch zu Mensch.

I: Das alles bedeutet also „sanfter Tourismus"?

F: Ja, durchaus - wobei wir mit dem Begriff nicht unbedingt zufrieden sind. Es gibt auch keine international anerkannte Definition von „sanftem Tourismus", auch wenn darüber in unterschiedlichsten Gremien immer wieder diskutiert wird. Andere sprechen lieber von „nachhaltigem" oder „alternativem Tourismus". Wir von „Tourism Watch" verwenden mittlerweile den Begriff „verantwortlicher Tourismus": Das rückt die Rolle der Menschen in den Mittelpunkt und zeigt, dass wir selbst Verantwortung für unsere Reisen übernehmen müssen.

I: Heißt das, es gibt Angebote, von denen man allein aus moralischen Gründen die Finger lassen sollte - zum Beispiel Urlaub in einer geschlossenen Ferienanlage oder besonders günstige All-inclusive-Pakete?

F: Mit Schwarzweiß-Kategorien kommt man in der Frage oft nicht weiter. Es kann Hotelanlagen geben, die manchem Alternativtouristen vielleicht zu steril sind, die aber sehr nachhaltig wirtschaften, indem sie zum Beispiel regenerative Energien nutzen. Da verbringt der Pauschalurlauber seinen Urlaub vielleicht sogar energieeffizienter als der Individualtourist.
Ein gutes Kriterium ist immer die Frage: Wie viel kommt von dem Geld, das meine Reise ins Land bringt, tatsächlich bei den Menschen an? Werden durch den Tourismus die Lebensbedingungen vor Ort verbessert? Wenn in Kenia auf dem Hotelbuffet Butter aus Dänemark und Rucola aus Italien stehen, hat die heimische Wirtschaft nichts davon - dann fließt ein Großteil des Reisepreises wieder hinaus aus dem Land. Aber selbst dort, wo das Geld im Land bleibt, verdienen oft nur Großunternehmen oder mächtige Familienclans daran - so etwa gibt es Länder, wo es seit langer Zeit ein florierendes Touristikgewerbe gibt und gleichzeitig Hungeraufstände. Da wären Strukturen, die von kleinen und mittleren Betrieben getragen sind, auf jeden Fall gerechter. Und ja: Es gibt tatsächlich

Reisepreise, etwa eine Woche Tunesien inklusive Flug für 200 Euro, da muss man sagen: Das kann zu fairen Bedingungen nicht funktionieren.

I: Wie kann ich das als Einzelner denn überhaupt alles herausfinden? Das hört sich an, als müsste ich vor jeder Buchung zunächst eine tagelange Recherche starten.

F: Natürlich will niemand den einzelnen Urlauber mit solchen Fragen überfrachten. Hier sind eindeutig auch die Reiseanbieter und die Politik in der Pflicht. Warum gibt es amtlich festgeschriebene Gesundheitsstandards für Lebensmittel oder Sicherheitsrichtlinien für technische Geräte, aber keine Vorschriften für Urlaubsreisen? Die Politik denkt noch immer, das ließe sich alles über freiwillige Selbstverpflichtungen regeln. Aber das stimmt leider nicht. Ich bin oft völlig baff, wie wenig die großen deutschen Reiseveranstalter darüber Auskunft geben können, was genau in ihren Reisegebieten passiert: welche Auswirkungen ihre Angebote auf die regionale Wirtschaft haben, wie viele Menschen da vor Ort arbeiten und so weiter. Da fehlt es nach außen und in den Unternehmen selbst an Transparenz.

I: Warum gibt es denn für Urlaubsreisen keine Gütesiegel – wie etwa in anderen Branchen das Umweltzeichen „blauer Engel"?

F: Die gibt es durchaus – aber sie sind noch immer viel zu kleinteilig und oft auch lokal begrenzt, weswegen sie kaum einer kennt. Deutschland etwa vergibt die „Viabono"-Auszeichnung für nachhaltig geführte Hotels und Pensionen. In der Schweiz firmiert ein ähnliches Zertifikat unter dem Namen „Steinbock-Label". Auch Österreich kennt ein Umweltzeichen für Tourismus. Selbst in Thailand gibt es das sogenannte „Green Leaf"-Zertifikat. Aber die Standards und Kriterien sind eben alles andere als einheitlich. Wir von „Tourism Watch" haben deshalb gemeinsam mit anderen Organisationen einen Wegweiser durch den Labeldschungel herausgegeben, den man im Internet kostenlos herunterladen kann.

I: Was kann ich noch tun, um mit gutem Gewissen zu reisen?

F: Fühlen Sie Ihrem Reiseanbieter ruhig mal auf den Zahn. Stellen Sie Fragen! Denn je mehr Kunden Auskunft verlangen, umso schneller werden die Unternehmen umdenken.

I: Bleibt das Problem der Fernflüge – so nachhaltig kann eine Ferienanlage gar nicht sein, dass sie all das CO_2 wieder hereinholt, das der Flug produziert hat.

F: Das ist in der Tat ein Dilemma, vor dem wir alle stehen. Ich sage mittlerweile: Wenn man auf Tourismus als Entwicklungsmotor setzen will, als Chance für ein Land, aus der Armut herauszukommen, dann gehören Flugreisen eben dazu. Andererseits wissen wir, dass dieser Planet keine Zukunft hat, wenn wir nicht unsere Emissionen drastisch reduzieren. Ein pragmatischer Weg ist sicherlich, die Emissionen an anderer Stelle wieder einzusparen – etwa über Portale wie „atmosfair" oder den kirchlichen Kompensationsfonds „Klimakollekte": Da wird ausgerechnet, wie hoch die CO_2-Emissionen Ihres Fluges sind, und Sie können dann einen entsprechenden Betrag spenden, um zum Beispiel Wiederaufforstungsprojekte zu unterstützen. Generell muss man sich aber fragen, ob man längere Fernreisen nicht nur alle paar Jahre unternehmen sollte statt jährlich – und sie dann eben intensiver vorbereitet. Auch das kann einer Reise einen sehr hohen Wert geben.

I: Sie würden also nicht sagen, dass man lieber gar nicht mehr in den Urlaub fahren sollte?

F: Gerade in unserer globalisierten Welt finde ich, dass Begegnungen mit anderen Kulturen etwas sehr Bedeutendes sind – fast eine Notwendigkeit, wenn wir friedlich und verständnisvoll miteinander leben wollen. Nicht umsonst sagt man, jemand sei „bewandert" oder „erfahren": alles Begriffe, die sich vom Reisen herleiten. Interkulturelles Lernen, Erfahrungen mit dem Fremden und Toleranz sind genauso wichtig wie Nachhaltigkeit. Und ich denke, wir sollten auf keinen Fall beides gegeneinander ausspielen.

I: Vielen Dank für das Gespräch, Herr Fuchs!

Hörtext 10: Interview mit dem Sprachkritiker Wolf Schneider 🎧 10

(Interviewer: I, Wolf Schneider: S)

I: Herr Schneider, Sie werden heute 85. Wenn aus diesem Anlass eine Rede gehalten würde, was würden Sie sich wünschen, darin zu hören und was lieber nicht?

S: Ach Gott! Auf eine Rede auf einem Geburtstag kann man schlecht antworten, ansonsten bin ich ja für Widerspruch dankbar, weil er meine rhetorischen Talente beflügelt …

I: Sie gelten als der „Levitenleser der Nation", als „Sprachpapst", „Deutschlands bester Deutschlehrer". Sind Sie stolz auf diese Titel?

S: Ja, insofern als sich in ihnen ein gewisser Respekt für meine Rolle äußert schon. Die Wortwahl ist nicht besonders angenehm. Mit Päpsten habe ich überhaupt nichts am Hut, und „Deutschlehrer" ist auch nicht ganz richtig. Der Deutschlehrer lehrt korrekte Grammatik. Mein Hauptthema ist, jenen Berufsschreibern, mit denen ich zu tun habe, nämlich Journalistenschülern und Öffentlichkeitsarbeitern, klar zu machen, was für grauenvolle, unlesbare, langweilige, abstoßende, unverständliche Sätze man mit völlig korrekter Grammatik produzieren kann. Also, ich fange dort an, wo die Deutschlehrer aufhören und wo übrigens auch Bastian Sick aufgehört hat.

Transkriptionen

I: Sie sollen sehr streng mit Ihren Schülern sein. Sind Sie auch streng mit sich selbst?

S: Ja, insofern, als ich den von mir mal in der Journalistenschule in Umlauf gesetzten Spruch „Qualität kommt von Qual" auch auf mich selber anwende. Ich plage mich mit allem, was ich tue. Ich habe mir vor Jahrzehnten abgewöhnt, etwas gut zu finden, bloß weil es von mir ist und schon da steht. Nein, ich schreibe sehr schnell, und dann arbeite ich eisenhart. Ich lasse mir nichts durchgehen. Meine Frau ist meine erste Gegenleserin. Wenn sie über ein Stück sagt, das soll ich nicht abschicken, das ist nicht gut genug, dann bin ich drei Stunden schlechter Laune und dann schreibe ich es neu.

I: Sie sagen, dass nur ein paar wenige sprachliche Grundsätze zu berücksichtigen sind, um so zu schreiben, dass man gelesen wird …

S: Nein, das ist nicht ganz richtig. Für die Verständlichkeit eines Textes gibt es ein paar eiserne Grundregeln, die kann man an den Fingern einer Hand abzählen. Aber die Verständlichkeit ist nicht alles. Die kulminiert ja vernünftigerweise in der Gebrauchsanleitung für einen Feuerlöscher, und die liest sich, wenn es nicht brennt, nicht interessant genug. Man muss also über die Verständlichkeit, die immer dazugehört, wenn man viele Leser haben möchte, hinaus attraktiv sein. Man muss die treffendsten Wörter wählen, die hübschesten Beispiele und Vergleiche, den schönsten Anfang – alle möglichen Elemente, die sich nicht messen lassen, über die sich aber die Stil-Lehrer alle einig sind. Ich habe alle Stil-Lehren gelesen, die in englischer und deutscher Sprache je erschienen sind, dies kombiniert mit meiner sehr ausführlichen Berufserfahrung und dem grandiosen Lehrer Henri Nannen ermutigt mich, auch über das schwerer messbare Element des attraktiven Deutsch, das über die Verständlichkeit hinausgeht, ein paar Faustregeln aufzustellen.

I: Und deshalb elf Bücher über die deutsche Sprache?

S: Ich war nach drei Büchern eigentlich satt. Aber dann kamen der Rowohlt-Verlag und das Buch „Deutsch! Handbuch für attraktive Texte". Als aber Rowohlt Berlin mich fragte, ob ich „Deutsch für junge Profis" schreiben wollte, nun noch ein Sprachbuch, habe ich zunächst mal gelacht. Denn erstens: Wie nimmt man dem 85-Jährigen die jungen Profis ab? Dann stellte sich heraus: Ich komme durch meine Seminare so viel mit 20-Jährigen zusammen, wie wenige Leute in Deutschland. Ich weiß also genau, wie die ticken und wo sie der Schuh drückt. Und zweitens, durch Mail, Blog und Twitter wird heute dreimal so viel geschrieben wie vor 20 Jahren, aber keineswegs dreimal so viel gelesen, sondern halb so viel. Und daraus folgt, da die Ungeduld und die Produktion an Geschriebenem gewachsen sind, dass es noch nie so schwer war, gelesen zu werden. Also sind meine alten Ratschläge so wichtig und aktuell wie noch nie: „Wenn ihr euch als Blogger nicht mindestens so plagt, wie Journalisten das hoffentlich seit Jahrzehnten tun, dann habt ihr überhaupt keine Chance gelesen zu werden."

I: Beeinflussen Computer und Internet unsere Sprache?

S: Sehr lebhaft. Einerseits schon im Schreiben, weil eine große Sorglosigkeit um sich gegriffen hat. Der typische Mail-Absender produziert ja dreimal so viel wie früher. Es ist auch gar nicht üblich, dass er eine Kontrolllektüre vornimmt. Häufig wird die Großschreibung unterlassen, Grammatik ist auch nicht so wichtig. Die Texte der Mails sind also drastisch lockerer, weniger korrekt und geschwätziger. Das Ganze bei den Blogs erst recht. Natürlich gibt es hochinteressante und sehr wichtige. Aber das meiste, was bei einem Zufallsgriff in den Computer herauskommt, ist ein merkwürdiges, vollkommen hemmungsloses und entbehrliches Wortprodukt.

I: Vor einem Jahr sind auch Sie unter die Blogger gegangen. In Ihrem monatlichen Video-Blog auf sueddeutsche.de reden Sie Professoren, Deutschlehrern und Feministinnen ins Sprachgewissen. Haben Sie das Internet für sich entdeckt?

S: Nein, ich habe auch diesen Blog nicht für mich entdeckt, sondern Journalisten-Schüler aus Hamburg vom vorletzten Lehrgang haben die Initiative ergriffen. Die kommen so alle paar Monate mit einem Kamerateam und nehmen die nächsten drei, vier Stücke auf. Ich war freudig bewegt, dass junge Leute meinen: Der alte Knacker hat noch was zu sagen. Das ist meine einzige Internetaktivität.

I: Es heißt Sie benutzen keinen Computer, schreiben alles mit der Hand …

S: Das ist richtig. Ich habe mal Stenografie erlernt, die offizielle, und sie durch eine private Stenografie für besonders wichtige Wörter zum jeweiligen Thema ergänzt, und dadurch schreibe ich viel schneller als damals jede Stenotypistin und heute als jeder Texteingeber. Computer gehen ja nicht viel schneller als die elektrische Schreibmaschine. Das dauert mir zu lange. Dazu kommt, dass ich als typischer Sachbuchautor gerne fünf, sechs, sieben Bücher gleichzeitig auf dem Tisch habe, wo passt da ein Computer hin? Ich hätte es lernen müssen, wenn sich nicht meine Frau, als wir nach Mallorca zogen und ich keine Sekretärin mehr hatte, mit Begeisterung auf den Computer geschmissen hätte. Sie sitzt drei, vier, fünf, sechs Stunden täglich davor und beherrscht alles …

I: … und schreibt Ihre Texte in den Computer …

S: Erstens schreibt sie meine Texte, da sie meine Stenografie als einziger anderer Mensch auf der Welt auch noch lesen kann, aber das ist nur die mechanische

Arbeit. Sie macht alle Recherchen, die ich brauche, und das sind sehr viele für meine Sachbücher, und sie polstert mich ab gegen die elektronische Welt. Ich kriege zu meinen Sprachbüchern manchmal ein Dutzend sehr spezielle Anfragen oder Vorschläge pro Woche: Finden Sie nicht, dass der NDR das Wort „sozusagen" ein bisschen zu häufig verwendet? Solche Mails beantwortet meine Frau immer sehr nett. Der typische Computernutzer, wie meine Frau ja auch, verbringt mindestens sechs Stunden am Tag vor dem Ding da, wie soll ich da noch ein Buch schreiben? Es ist eine Abwehr, die durch eine, Gott sei Dank, in späten Jahren ungewöhnlich glückliche Ehe aufs Schönste funktioniert.

I: Wenn Sie auf Ihr Leben zurückblicken: Worauf sind Sie besonders stolz?

S: Hm, hm. ... Ich habe vier Kinder groß gezogen. Die sind ganz wohl geraten. Stolz bin ich auf meine 26 Bücher – vor allem aber auf diese drei: „Wörter machen Leute – Macht und Magie der Sprache", schon 17mal neu aufgelegt und seit nunmehr 34 Jahren im Handel. Meine Weltgeschichte des Ruhms: „Die Sieger". Und meinen Roman der Menschheit: „Der Mensch – eine Karriere", der Neuen Zürcher Zeitung zufolge „ein grandioses, mit gewaltigem Wissen geschriebenes historisches Panorama". Ich habe 330 Journalistenschüler hauptberuflich und mehr als 1000 insgesamt ausgebildet. Ich habe auf 27 Gipfeln von 4000ern der Alpen gestanden, was mir nicht in die Wiege gelegt war. Ich bin kein großer Sportler. Tja, mein Gott, stolz ist nicht das Wort, das mir einfällt. Sondern ich habe den Eindruck: Alles in allem hat mich der liebe Gott auf der Sonnenseite des Lebens angesiedelt, und ich habe immer was draus gemacht.

I: Konnten Sie Ihre Sprachbegeisterung an Ihre Kinder weitergeben oder hat sie Ihre Unerbittlichkeit in sprachlichen Dingen abgeschreckt?

S: Nein, gar nicht. Zwei von ihnen sind Journalisten. Meine älteste Enkelin auch. Umgekehrt. Meine Tochter, Textchefin des SZ-Magazins, ist eine besonders findige Gegenleserin. Schwirige Texte, bei denen ich mir nicht sicher bin und bei denen auch meine Frau sich nicht sicher ist, gehen auch noch an sie als Gegenleserin weiter. Sie ist imstande, mich mit einem einzigen Satz zu einem völlig neuen Kapitel zu verdonnern.

I: Was möchten Sie in Ihrem Leben noch erreichen?

S: Die große Leidenschaft für das Bergsteigen kann nicht mehr stattfinden. Die Knie sind kaputt. Das ist Alters-Arthrose, man nennt es auch etwas freundlicher Bergsteiger-Knie. Bergsteigen ist ja ungesund, wie jeder Sport. Man macht sich bei den langen Abstiegen die Knie kaputt und ich kann nur noch „schreiten", was ich mein Leben lang gehasst habe. Tja, ich hoffe, dass ich noch mal ein gutes Buch unterbringe und dass ich noch viele schöne Reisen machen kann. Sich besonders große Ziele zu stecken, ist wohl nicht mehr realistisch und würde mir auch nicht einfallen. Ich will ja nicht Bundeskanzler werden …

I: Wann wird das Buch erscheinen, an dem Sie gerade arbeiten?

S: Da habe ich den Vertrag noch nicht. Ich habe gesagt, anderthalb Jahre nach dem Vertragsabschluss. Also in zwei, zweieinhalb Jahren. Der Verlag muss sich ja auch überlegen, wie lange er mir noch Vorschuss zahlt. Die Hälfte aller Leute, von deren Tod ich in der Zeitung lese, ist jünger als ich. Wollen Sie das Rezept wissen für meine Frische? Erstens: gute Gene. Zweitens: fröhlich arbeiten, fröhlich essen, fröhlich trinken und nicht zum Arzt gehen.

I: Herr Schneider, ich danke Ihnen für das Gespräch!

> Die Transkriptionen zu den Hörtexten der Modelltests finden Sie auf allango.

Notizen

Quellennachweis

Bildquellennachweis:
www.shutterstock.com/: **S.9:** studioVin; **S.11:** Andresr; **S.21:** pdesign; **S.25:** DenisNata; **S.29:** Oleg Golovnev; **S.33:** Kletr; **S.35:** Greg Eperson; **S.43:** cosma; **S.46:** Anastasios71; **S.52:** Jan-Dirk Hansen; **S.53:** Joe Quinn, Yuttasak Jannarong **S.63:** studio champion; **S.83:** Ditty_about_summer; **S.85:** alexmillos; **S.92:** Darja Vorontsova; **S.98:** jörg röse-oberreich / kelttt; **S.111:** ollyy

Textquellennachweis:
S.11: „Gesundheit in Bewegung" © Landessportbund Niedersachsen, Hannover: http://www.lsb-niedersachsen.de/live/lsb_nds/live.php?lsb_nds_id=201; **S.16:** „Umgang mit Literatur" 1. Quelle: © Prof. Dr. Vanessa-Isabelle Reinwand-Weiss, Universität Hildesheim: http://www.bpb.de/gesellschaft/kultur/kulturelle-bildung/137304/literaturvermittlung; 2. Quelle: www.teachsam.de, teachSam - Lehren und Lernen online, Konstanz http://www.teachsam.de/deutsch/d_literatur/d_litun/deu_litun_2_1.html; **S.21:** „zu Guttenberg: Ich trete aus dem BUND aus" © Musikbüro Enoch zu Guttenberg, Neubeuern; http://www.faz.net/aktuell/feuilleton/enoch-zu-guttenberg-ich-trete-aus-dem-bund-aus-11748130.html; **S.25:** „Schon Grundschüler leiden unter Stress" © SPIEGEL ONLINE, Heike Sonnberger, 21.11.2012: http://www.spiegel.de/schulspiegel/leben/studie-zur-gesundheit-von-kindern-viele-schueler-leiden-unter-stress-a-868476.html; **S.29:** „Als Lesesucht die Menschen krank machte" © Die Welt, Axel Springer AG, Berlin: http://www.welt.de/kultur/history/article110549077/Als-die-Lesesucht-die-Menschen-krankmachte.html; **S.33:** „Fische haben Kompass im Riechorgan" © dpa, Hamburg: http://www.focus.de/wissen/natur/tiere-und-pflanzen/immer-der-nase-nach-fische-haben-kompass-im-riechorgan_aid_779169.html; **S.35:** „Beste Freunde", Jörg Burger, ZEITmagazin, 2012.01.26 © DIE ZEIT, Hamburg: http://www.zeit.de/2012/05/Freundschaft-Essay/komplettansicht; **S.43:** Hinter den Kulissen", Matthias Stolz, ZEITmagazin, 2012.02.09 © DIE ZEIT, Hamburg: http://www.zeit.de/2012/07/Babelsberg-Kulissenbauer/komplettansicht; **S.52-53:** „Wildlife-Conversation in Kenia" © Auszeit-weltweit, Köln: http://www.freiwilligenarbeit.de/kenia-freiwilligenarbeit-wildlife.html; „Wildlife-Volontäre in Kanada" ©Praktikawelten GmbH, München: http://www.freiwilligenarbeit.de/wildlife-volunteer-kanada.html; „Freiwilligenarbeit in Costa Ricas Nationalparks" und „Rette Meeresschildkröten in Guatemala" © Southamerica Inside, Santiago de Chile: http://www.freiwilligenarbeit.de/freiwilligenarbeit-costa-rica-nationalpark.html; http://www.freiwilligenarbeit.de/guatemala-meeresschildkroeten-projekt.html; **S.55-56:** „Praktikum als Handelsmanager/Kundenmanager in einem Kunststoffunternehmen in Barcelona": www.studentsgoeabroad.com/datenbank.html; „Praktikum im Bereich Finanzen/BWL in Irland": www.studentsgoeabroad.com/datenbank.html; „Marketing-Praktikum beim weltweit größten Agenturnetzwerk in Barcelona": www.studentsgoeabroad.com/datenbank.html; © DMFmedia Logo, Berlin: „Praktikum in Neu Delhi": http://www.gls-sprachenzentrum.de/3220_praktikum_in_indien.html; ©GLS Sprachenzentrum, Berlin; **S.58-59:** „Grüne Projekte" © Goethe-Institut, Moskau: http://www.goethe.de/ins/ru/lp/kul/usw/dj12/wet/deindex.htm; „BundesUmweltWettbewerb: vom Wissen zum nachhaltigen Handeln" © Geschäftsstelle BundesUmweltWettbewerb (BUW), Kiel: http://www.ipn.uni-kiel.de/projekte/buw/; „Auf die Plätze, fertig, Vielfalt!" © Deutscher Aero Club e.V. Braunschweig: http://www.daec.de/fachbereiche/umwelt-natur/umweltwettbewerbe/; „Ecoviva – Wirkungsvolle Aktionen und Projekte" © ecoviva Umweltagentur GmbH, Liestal: http://www.ecoviva.ch/umweltprojekte/; **S.64:** „Psychische Störungen" Autorin: Dr. Regina Albers: Erkrankungen der Seele: Millionen Deutsche leiden unter psychischen Störungen, FOCUS online, 28.10.12 / Link zum Artikel: http://www.focus.de/gesundheit/ratgeber/psychologie/krankheitenstoerungen/erkrankungen-der-seele-millionen-deutsche-leiden-unter-psychischen-stoerungen_aid_847885.html; **S.65:** „Audiodeskription" © dapd Nachrichtenagentur, Berlin / Sprecher für Blinde: Ich sage dir, was du nicht siehst, www.spiegel.de, Hanna Hauck/dapd/vet, 25.10.12; **S.66:** „Beleidigungen auf sozialen Netzwerken": SPIEGEL ONLINE, Jochen Leffers, 24.10.12: Wutanfall: erst denken, dann posten: http://www.spiegel.de/karriere/berufsleben/facebook-wie-arbeitsgerichte-ueber-beleidigungen-entscheiden-a-863031.html / „Geschlechtsspezifische Kommunikation": Doppel-Quiz: Versteh einer die Frauen – und die Männer erst, SPIEGEL ONLINE; 16.08.12: http://www.spiegel.de/karriere/berufsleben/doppel-quiz-versteh-einer-die-frauen-und-die-maenner-erst-a-780341.html; **S.67:** „Welt des Stotterns" © Frankfurter Allgemeine Zeitung, Frankfurt: F.A.Z., Weltstottertag: Stotterer fordern ungehinderte Rede, 21.10.12: http://www.faz.net/aktuell/gesellschaft/weltstottertag-stotterer-fordern-ungehinderte-rede-11931362.html / „Currywurst in Wien" © Frankfurter Allgemeine Zeitung, Frankfurt: F.A.Z., Imbissbude in Wien – True Curry Wurst never dies, 24.10.12 : http://www.faz.net/aktuell/gesellschaft/genuss/imbissbude-in-wien-true-curry-wurst-never-dies-11937206.html / „Biber": FOCUS online, Wilde Tiere leben wieder in Deutschland, 28.10.12: http://www.focus.de/wissen/natur/tiere-und-pflanzen/tid-27646/die-rueckkehr-der-exoten-wilde-tiere-leben-wieder-in-deutschland_aid_836489.html; **S.69:** „Typisch deutsch" © gfk/Goethe-Institut: Stereotype: Was ist typisch deutsch? - weiter lesen auf FOCUS Online: http://www.focus.de/wissen/mensch/deutsch/stereotype_aid_21930.html; **S.71:** „Computer im Unterricht" © SPIEGEL-Verlag Rudolf Augstein GmbH & Co. KG, Hamburg: Spiegel-Interview mit Bildungsexperte Alfons Rissberger über Computer im Unterricht, 48/1994: http://www.spiegel.de/spiegel/print/d-13685786.html; **S.78:** „Solidarität im Tourismusgeschäft" © Kerstin Hilt, Planet Wissen: http://www.planet-wissen.de/sport_freizeit/reisen/geschichte_reisen/sanfter_tourismus.jsp; **S.80:** „Ein Schriftsteller im Gespräch (Wolf Schneider)" © Planet Interview, Berlin: http://planet-interview.de/interview-wolf-schneider-07052010.html; **S.84:** Modelle der Politikvermittlung: Jens Buchwald: Wald als Traumlandschaft: Christian Hein; **S.130:** „Bikulturalität und Kindererziehung" © Verband binationaler Familien und Partnerschaften, iaf e.V., Frankfurt/Main: www.verband-binationaler.de/.../Bi kulturelle_Familien-Uslucan.pdf; **S.135:** „Fleischlos den Planeten retten", FAZ Online, Gianna Niewel © Alle Rechte vorbehalten, Frankfurter Allgemeine Zeitung GmbH, Frankfurt. Zur Verfügung gestellt vom Frankfurter Allgemeine Archiv: http://www.faz.net/aktuell/rhein-main/veganer-fleischlos-den-planeten-retten-11856136.html; **S.136:** „Fotos, mit denen man tanzen möchte" © SPIEGEL ONLINE, Gunda Schwantje, 16.11.2012: http://www.spiegel.de/kultur/gesellschaft/der-markt-fuer-fotografie-boomt-william-hunt-ueber-fotos-als-investment-a-866979.html; **S.140-141:** „FSJ bei Schüler Helfen Leben" © Schüler Helfen Leben e.V., Neumünster: http://www.bundes-freiwilligendienst.de/stellen/angebote.html / „Freiwilligendienst in der Reha Alpenrose" © Kimeta: http://www.kimeta.de/OfferDetail.aspx?oid=1038596286935609&r=5 / „Freiwilligenarbeit im Sport" © Landessportbund Nordrhein-Westfalen e.V., Duisburg: http://www.sportjugend-nrw.de/sportjugend/freiwilliges_engagement/freiwilligendienste-im-sport/allgemeine-informationen/bfd-fuer-interessierte/ / „Kita Froschkönig sucht Hilfe" © EKT-Schlachtensee e.V.; **S. 142:** „Ein besonderer Fluggast" © dpa, Hamburg: Co-Pilot erkrankt: Passagier hilft Boeing zu landen - weiter lesen auf FOCUS Online: http://www.focus.de/panorama/welt/co-pilot-erkrankt-passagier-hilft-lufthansa-kapitaen-bei-landung_aid_864761.html; **S.143:** „Tee-Tester" © dpa, Hamburg: http://www.stern.de/lifestyle/lebensart/tee-tester-schluerfen-und-schmatzen-mit-stil-1950130.html./ „Legasthenie" © dapd, Berlin: http://www.spiegel.de/schulspiegel/legastheniker-wenn-buchstaben-raetsel-bleiben-a-291401.html#spRedirectedFrom=www / „Fernsehköche und Fertiggerichte" © Frankfurter Allgemeine Zeitung, Frankfurt: http://www.faz.net/aktuell/wissen/mensch-gene/glosse-sternekueche-12011226.html; **S.157:** „Kinder einer Generation", FAZ Online, Karen Krüger © Alle Rechte vorbehalten, Frankfurter Allgemeine Zeitung GmbH, Frankfurt. Zur Verfügung gestellt vom Frankfurter Allgemeine Archiv: http://www.faz.net/aktuell/feuilleton/mutterbilder-kinder-einer-generation-12002765.html; **S.145-146:** „Grimms Märchen in der modernen Märchenforschung" 1. Quelle: Kathrin Schmiedekampf: Es war einmal in Göttingen, Interview mit Hans-Jörg Uther, ZEIT Geschichte, 2012.12.01: http://www.zeit.de/2012/48/Brueder-Grimm-Erzaehlforscher-Hans-Joerg-Uther/komplettansicht; 2. Quelle: Cicero - Magazin für politische Kultur, Berlin: http://www.cicero.de//salon/maerchen-sind-zutiefst-emanzipatorisch/52330; **S.158:** „Wieviel Erbe ist gerecht?", Kolja Rudzio, DIE ZEIT, 2012.07.19 © DIE ZEIT, Hamburg: http://www.zeit.de/2012/30/Erbenrepublik/komplettansicht; **S.162-163:** „Erasmus" © ERASMUS Hochschule-Wirtschaft, DAAD, Bonn: http://eu.daad.de/eu/llp/informationen-fuer-studierende/praktika/09339.html / „COMENIUS" © Pädagogischer Austauschdienst der Kultusministerkonferenz, Nationale Agentur für EU-Programme im Schulbereich, Bonn: http://www.lebenslanges-lernen.eu/comenius_2.html / „Leonardo" und "Grundtvig" © Bundesinstitut für Berufsbildung (BIBB), Bonn: http://www.lebenslanges-lernen.eu/leonardo_da_vinci_4.html%20%29 / http://www.lebenslanges-lernen.eu/grundtvig_5.html%20%29; **S.164:** „Solarflugzeug" © ZEIT ONLINE, Hamburg: http://www.zeit.de/wissen/umwelt/2011-06/solar-impulse-sonnenkraft / „Bienen" © ZEIT ONLINE, Hamburg: http://www.zeit.de/kultur/film/2012-10/more-than-honey-bienen-film-2; **S.165:** „Privatschulen" © Alex Rühle, Süddeutsche Zeitung, München: http://www.sueddeutsche.de/bildung/privatschulen-warum-der-klassenkampf-keiner-mehr-ist-1.1468487 / „Der neue Knigge" Autor: Tim Pröse: Der neue Knigge: Nie mehr „Ladys first", 18.11.2012 FOCUS OnlineLinke zum Artikel: http://www.focus.de/kultur/leben/der-neue-knigge-nie-mehr-ladys-first_aid_862523.html / „Ötzi" © SPIEGEL ONLINE (ul)

Audio-Dateien

Alle Audios zu diesem Buch finden Sie auf allango (siehe Erklärung auf Seite 1).

Audio-Dateien zum Übungsteil (Modul Hören)

Track	Name
1	Hörtext 1: Psychische Erkrankungen
2	Hörtext 2: Audiodeskriptionen
3	Hörtext 3: Beleidigungen in sozialen Netzwerken / Geschlechterspezifische Kommunikation / Welttag des Stotterns / Eine deutsche Imbissbude in Wien / Biber
4	Hörtext 4: Einzelkinder
5	Hörtext 5: Computer im Klassenzimmer
6	Hörtext 6: Tierbesuche in Altenheimen
7	Hörtext 7: Hörübung: Erkennen des Themas
8	Hörtext 8: Interview mit der Soziologin Elisabeth Henrich
9	Hörtext 9: Interview mit Heinz Fuchs vom Evangelischen Entwicklungsdienst
10	Hörtext 10: Interview mit dem Sprachkritiker Wolf Schneider

Audio-Dateien zu den Modelltests

Datei	Name	Länge
Modelltest 1 - Hörverstehen 1	Typisch Deutsch / Der besondere Fluggast / Teetester / Legasthenie / Fernsehköche und Fertiggerichte	13:24
Modelltest 1 - Hörverstehen 2	Integrativer Behindertensport	05:07
Modelltest 1 - Hörverstehen 3	Interview mit dem Märchenforscher Friedrich Müller	12:57
Modelltest 2 - Hörverstehen 1	Solarflugzeug / Bienen / Privatschulen / Der neue Knigge / Mumie aus den Öztaler Alpen	12:44
Modelltest 2 - Hörverstehen 2	Mobbing	05:13
Modelltest 2 - Hörverstehen 3	Interview mit einem Drohnen-Spezialisten	12:49

Redaktion: Uta Loumiotis
Aufnahmeleitung: Uta Loumiotis und Ingrid Promnitz
Produktion: Bauerstudios GmbH, Ludwigsburg
Sprecherinnen und Sprecher: Hede Beck, Anuschka Herbst, Natascha Kuch, Barbara von Münchhausen, Mario Pitz, Michael Speer, Benedict Walesch, Johannes Wördemann
Tontechnik: Marcel Schechter
Presswerk: Osswald GmbH & Co., Leinfelden-Echterdingen